KB151371

다문화교육과 세계시민교육의 이론과 쟁점

김진희

 박영story

머리말

흔들리는 세계에서 다문화교육과 세계시민교육의 방향은 무엇인가

'한국은 순수 혈통으로 이루어진 단일민족 국가인가?'라는 질문에 대해서 이제는 시민사회에서 고개를 갸우뚱하게 될 만큼 우리사회의 인종적, 민족적 인구 배경과 사회구성체가 달라졌다. 서구와 달리 다문화주의 경험이 짧은 한국 사회에서 다문화관련 정책은 여러 시행착오를 거치면서 전개되어 왔고, 학계에서도 지난 10년 동안 다문화주의에 관해서 다양한 담론과 연구들이 쏟아졌다.

그런데 역설적으로 2018년 제주도에 입국한 예멘 난민사태가 반증하듯이 우리사회의 반(反)다문화 감정, 외국인 혐오와 차별, 다문화 피로감은 더 날카롭게 표출되고 있다. 교육현장에서도 이는 체감된다. 저자는 매 학기마다 전국 시·도 단위의 초중등 교사들에게 다문화교육에 대한 강연을 하면서 현장 교사들이 인식하는 다문화교육의 현 주소와 고충을 경청하며, 다문화교육이론을 분석하는 연구자로서 많은 것을 배우게 된다. 교육현장의 요구는 매우 다면적이며 다층적이고, 때로는 첨예한 갈등과 충돌을 내재하고 있다는 점을 인식하게 된다. 다문화배경을 가진 아동 및 청소년들이 시민사회의 대등한 구성원으로 성장하기 위해서 우리사회가 구축해야 할 제도와 정책, 그리고 우리의 인식 체제에 스며들어야 하는 다문화 감수성은 아직도 먼 길을 걸어가야 한다.

세계질서도 흔들리고 있다. 울리히 벡(U!rich Beck)은 세계경제가 활발한 장

기를 지나 침체하고 있고 지구화, 세계화 담론이 오히려 한 발짝 뒤로 물러나 세계질서는 기존의 진보적 걸음을 멈추고 후퇴하고 있다고 진단했다. 테러, 난민, 지구온난화는 국민국가 안에서 해결되는 것이 아니라, 세계시민적 연대와 협력을 요청하고 있다. 그럼에도 불구하고 국경의 벽을 높이는 트럼프식 국수주의와 브렉시트(Brexit)로 대표되는 탈지구화에 대한 갈망, 그리고 외국인 혐오는 자극적인 대중여론 속에서 세계공동체 의식을 흔들고 있는 시점이다. 이 책은 이러한 거대한 세계적 흐름의 변화 서사를 인식하지 않고는 학습자들이 다문화교육과 세계시민교육을 파편화된 단위 교육의 콘텐츠로만 인식할 우려가 있다는 문제 제기를 한다. 변화하는 글로벌사회에서 다문화교육과 세계시민교육은 그 자체의 궁극적인 교육 목적과 학습자의 인식론 변화를 도모하는 교육이다. 다문화를 바라보는 깊이 있는 사유와 교육의 실제적 방법론 양단을 균형 있게 다져가야 하는 교육이다.

이 책은 다문화교육과 세계시민교육의 이론적, 개념적 토대를 다각적으로 이해하고, 두 교육이 교차하면서 작동되는 국내외의 다양한 교육현상과 실제를 비판적으로 분석하고 있다. 특히 서구의 다문화담론과 결이 다른 한국사회의 특수 맥락에서 다문화교육의 현 주소와 쟁점을 성찰하고, 나아가 다문화교육과 세계시민교육의 도전 과제와 새로운 가능성을 교육학적으로 조망하였다. 여기에 실린 장들은 한국연구재단 KCI 등재학술지인 『한국교육』, 『평생학습사회』, 『다문화교육연구』, 『국제이해교육연구』, 『비교교육연구』에서 출간된 독립 논문을 기반으로 하고 있으며, 동료 학자들의 날카로운 블라인드 심사와 조언을 받아서 보다 탄탄한 논리를 갖출 수 있었다. 특히 거의 1년간 집필과 퇴고 과정을 거치며 탄생한 <제3장>의 예멘 난민 논문은 이주민 연구의 권위자인 이로미 박사님과의 협업이 없었다면 출간될 수 없었을 것이며, 기초 자료 수집을 도와준 한양대 대학원의 하란 선생과 부산대 대학원의 신민정 선생의 노고가 있었기에 다각적 논의를 다룰 수 있었다.

이번 책은 마치 박사학위 논문을 다시 쓰듯이, 한 줄씩 집필하면서 자기 논리를 의심하고 논거를 다시 해체하는 힘들고 지루한 집필 과정을 거치면서 세상에 내놓게 되었다. 매년 해외 학술회의장에서 다문화 세계시민 이론에 대해 다양한 시각을 가진 여러 연구자들로부터 지적인 자극을 받으며, 기존의 좁은 인식의 틀을 다시금 깰 수 있었고, 전국 단위의 강연장에서 만난 교사, 공무원, 대학생들의 날카로운 질문을 받으면서 끊임없이 공부해야 하는 교육학자로서 논리의 깊이를 다져갈 수 있었다.

늘 그렇듯 고마운 분들이 많다. 수십 번을 뒤집고 다시 퇴고하는 과정에서 인내하며 세심하게 편집을 도맡아준 박영스토리의 노영 대표님과 전채린 편집자님의 노고에 깊이 감사드린다. 집필과정에서 조언을 아끼지 않았던 선후배 연구자들, 특히 밤낮으로 돋보기를 쓰고 오탈자를 꼼꼼하게 교정해준 나의 아버지에게도 가슴 깊은 감사를 전한다. 이 책이 다문화교육과 세계시민교육에 관심을 가진 연구자들과 다문화사회의 주역으로 주체적으로 살아갈 학생들, 그리고 변화무쌍한 교육현장을 묵묵히 지켜가는 선생님들께 조금이라도 도움이 된다면 더 바랄 나위가 없을 것이다.

저자는 갓 스무 살을 넘긴 대학생 시절부터 한 번도 가 본적 없는 아프리카의 교육에 설익은 관심을 가지며, 국제교육이라 막연한 개념을 품고 끙끙거리며 졸업 논문을 쓴 기억이 있다. 지금까지 70여 개 국가를 다니면서, 유네스코의 이념처럼 교육이 인간의 마음에 평화를 가져올 수 있는지, 국민국가의 경계를 넘어서 세계시민적 관점에서 '나'와 '타자의 권리'를 얼마나 '승인'하는 민주적 인식론의 변화를 이끌 수 있는지에 대해서 근원적 질문을 가져왔다. 여전히 그 질문에 대한 해답은 찾아가는 여정이지만, 분명한 것은 지금처럼 사회적 신뢰가 흔들리고 불신과 혐오가 커지는 한국 사회가 더 나은 발전을 도모하기 위해서는 '동질성'과 '폐쇄'를 강조할 것이 아니라, 다양성에 대한 '개방성'과 사회통합적 '공존'이 어느 때보다 절실한 시점이라는 것이다. 이런 주장이 탁상공론에 그치거나 외롭지 않도록, 더 많은 교육실천가들이 유동하는 세계 속에서 의미 있는 변화를 현장에서 견인하시기를 염원한다.

2019년 10월
저자 김진희

차례

Chapter 04

브렉시트 시대 영국의 세계시민교육 위축과 제약

다문화교육과 세계시민교육
: 개념, 담론, 관계

요약

이 논문은 전 지구적 이동(global mobility)이 증대하고 세계간 상호영향력
이 심화되는 오늘날, 글로벌교육의 주요 교육영역으로서 부상한 다문화교육
과 세계시민교육의 특징과 그것의 교육적 함의를 비교·분석하는 데 목적을
두었다. 이를 위해 다문화교육과 세계시민교육의 이론과 담론 동향을 각각
분석하고, 다문화교육과 세계시민교육이 조우할 경우 개념적·실천적 측면에
서 나타나는 유사성과 특수성 등 다층적인 관계를 분석하였다. 이미 다문화
사회로 진입한 한국의 교육지형은 글로벌화·다문화 맥락이 투영되면서 조금
씩 변화하고 있으나, 여전히 현장의 교육자들은 다문화교육과 세계시민교육
의 다양한 기호들로 인해서 개념적 혼란을 겪으며 그것의 실천 방안에 물음
표를 제기하고 있는 것이 사실이다. 이에 이 글에서는 두 교육 개념의 이론
적 윤곽을 정교화하고 교육실제에 대한 이해의 지평을 넓혔다. 마지막으로
다문화교육과 세계시민교육이 새로운 시대의 교육적 필요와 학습자의 다변
화된 수요를 능동적으로 반영할 수 있도록, 단순히 학령기의 정규 교육 플랫
폼에서뿐만 아니라 평생학습 차원에서도 지속적으로 외연을 확장해야 한다
는 큰 방향을 논리적으로 제시하였다.

주제어: 다문화교육, 세계시민교육, 평생학습

Ⅰ 서론: 글로벌시대의 교육 변화

　전 세계적으로 인간, 노동, 정보, 기술, 자원, 문화 간 이동과 교류가 급속하게 진행되고 있다. '글로벌(global)'이라는 수식어가 어느덧 익숙하게 다가올 만큼 세계체제는 긴밀한 상호연관성을 맺으며 변화하고 있고, 세계 간 상호의존성 역시 매우 높아지고 있다. 이러한 상황에서 교육영역에서도 변화가 나타나기 시작했다. 우리나라에서도 기존의 정통 교육학 영역에서 그다지 회자되지 않았던 다문화교육, 국제이해교육, 세계시민교육 등의 용어가 1990년대 후반부터 문헌과 논문에서 등장하였다. 이러한 흐름을 이어받아 2000년에는 유네스코 중심의 국제교육협력 사업을 아우르는 국제교육의 다양한 분야를 연구하는 한국국제이해교육학회가 설립되었고, 2008년에는 다문화·다인종사회로 변화되어가는 한국 사회에 필요한 교육 이론과 실천을 연구하기 위해서 한국다문화교육학회가 설립되었다. 아울러 과거에 선진 공여국의 원조를 받던 우리나라가 2010년에는 OECD DAC(Development Assistance Committee, 공적개발원조위원회)에 정식 회원국으로 가입하는 변환을 경험하면서 국제개발협력의 장이 본격적으로 열리게 되었다. 또 시민사회 단체를 중심으로 지구촌의 빈곤 해소와 인권 강화를 위한 글로벌 나눔 운동이 더욱 활성화되면서 세계시민교육도 다시금 주목받고 있다.

　그러나 여전히 많은 교육학자들과 관련 전문가들은 이와 같이 글로벌시대에 새롭게 논의되는 교육에 대해 서로 상이한 방식으로 정의를 내리거나, 개념 간의 모호한 관계성과 증층성으로 인해서 합의된 논의를 끌어내지 못하고 있다. 오히려 현 시점에서 무리하게 논의와 합의를 이끌기보다는 이론적 이해와 실천적 초석을 다지기 위해서 다양한 토론과 논쟁이 필요하다고 할 수 있다. 그러한 논의의 물꼬를 여는 의미에서 이 글은 전 지구화 맥락에서 교육계의 변화 동향을 보여주는 주요한 교육 기제로 주목받는 두 개의 기둥으로서 '다문화교육'과 '세계시민교육'에 대해서 살펴보고, 두 교육 영역의 유사성과 특수성, 융합가능성 등 상호 관계를 통해 교육 현장에 주는 시사점을 제시하고자 한다.

그리하여 본고에서는 다문화교육과 세계시민교육이 지향하는 이론과 실제의 특성이 무엇이고, 두 영역의 유사성과 차이점이 무엇인지를 파악함으로써 향후 어떠한 교육 내용이 융합적으로 반영되어야 하는지, 또한 정책적 실천이 어떻게 전개되어야 하는지 방향성을 탐색하고자 한다. 구체적인 연구 질문은 다음과 같이 명료하게 정리될 수 있다. 첫째, 다문화사회에서 주목받고 있는 다문화교육의 개념과 특징은 무엇이며, 그것의 도전과 한계는 무엇인가? 둘째, 글로벌화 맥락에서 전개되어 온 세계시민교육의 이론적 기반과 특징은 무엇이며, 그것의 도전과 한계는 무엇인가? 셋째, 다문화교육과 세계시민교육의 개념적·교수학습 차원의 유사성과 차이점은 무엇이며, 두 교육 영역이 융합할 경우 고려할 지점과 추후 과제는 무엇인가? 이로써 본 연구는 오늘날 거시적으로 '국제교육'으로 개념화되는 두 개의 교육 영역을 인식하는 데 이해의 지평을 넓힌다는 점에서 의의를 가진다.

Ⅱ 다문화교육의 개념과 특징

1. 다문화교육의 개념적 이해

다문화교육을 이해하기에 앞서 '다문화'가 무엇인지에 대한 논의가 필요하다. 일반적으로 포괄적 개념으로서의 '다문화'는 국민국가 내에 인종, 언어, 역사, 문화적 동질성과 이질성을 가진 공동체가 다수 공존하는 현상을 말한다. 국가가 정책적으로 선포한 다문화주의와 시민들이 생활세계에서 체감하고 상호작용하는 다문화적 실천이 괴리가 있듯이(김진희, 2012; Soutphommasane, 2006) 다문화주의의 유형과 개념화도 조금씩 차이가 있고 접근방식도 상이하다.

다문화주의를 둘러싼 다양한 담론들 가운데, 여기서는 크게 네 가지를 살펴보고자 한다. 첫째, 문화적 다원주의는 문화다양성의 존중과 문화적 상대주의를 강조하는 보편적 담론으로 자주 활용된다. 말 그대로 다른 어떤 맥락보다 '문화'에 방점을 둔 접근이라 할 수 있다.

둘째, 자유주의적 다문화주의는 인종적 문화적 차이점을 존중하되, 기능론적 관점에서 세계 간 상호 연관성과 의존도를 활용하는 관점이다. 다문화주의를 수요와 공급의 원칙에 따라 관광 상품이나 자원 개발, 마케팅 등에서 접근하는 경우가 이러한 관점을 빈번하게 반영한다.

셋째, 급진적 분리주의는 다양하고 특수한 문화공동체 혹은 집단의 정체성, 그리고 그것의 고유성을 강조하면서 '통합'보다는 특수성을 보존하기 위해서 '분리'와 '독립'을 강조하는 관점이다.

넷째, 비판적 세계시민주의는 오늘날 자본과 힘의 논리로 재편된 세계화와 기능주의적 다문화주의를 반대하는 저항적이고 비평적인 관점을 견지한다. 여기서는 시민이 국민국가에 소속된 파편화된 개인이 아니라, 세계시민사회의 일원으로 규정되면서 전 지구적 민주시민의식의 제고와 연대를 강조한다. 이처럼 다문화주의가 정치 사회적 입장이나 정책시행 방식에 따라 여러 유형으로 구분된다는 점은 다문화주의 담론이 작동되는 맥락이 상이하고 복잡다단하다는 것을 보여준다.

다문화주의란 폭넓고 다양한 가치들을 반영하는 이념이기 때문에 한 마디로 정의하기는 어렵지만 대체로 한 사회 내 다양한 인종이나 민족 집단들의 문화를 단일한 문화로 동화시키지 않고 서로 인정하고 존중하며 공존하게끔 하는데 그 목적 있는 이념체계와 정부 정책을 가리킨다(윤인진, 2008: 73). 여기서 다문화교육의 방향성과 가치 역시 투영되고 있다. 다문화교육은 이질적 배경을 가진 사회 구성원들의 편견과 갈등을 해소하고, 차이와 다양성을 인정하면서 함께 살아갈 수 있도록 도모하는 '모든 이를 위한 교육'이다. 아울러 모든 사람들이 자신의 민족, 인종, 언어, 국적, 성별 요인에 의해서 차별받지 않고 동등한 교육 권리를 보장받으면서 양질의 학습기회를 향유할 수 있도록 하는 교육적 기획이다.

실제로 다문화주의를 반영한 교육학 논의는 인종, 민족, 계층, 성, 언어의 차이로 인해 발생하는 불평등한 권력관계와 소외 현상을 비판적으로 분석하고, 교육을 통해 억압된 소수 집단의 자율성과 공정한 교육 권리를 보장하기 위한 논의로 전개되어 왔다(Banks & Banks, 2010; Gudtavsson & Osman, 1997).

한 사회에서 다문화교육을 어떠한 관점에서 규정하고, 어떠한 방식으로 받아들이고 있는가는 그것이 적용되는 토양의 다변성만큼이나 중요하다. 그런데 지금까지 우리나라 교육계에서 인종적, 민족적, 계층적, 언어적 요소로 인해 다문화적 배경을 가진 학습자의 교육과 학습 경험에 대한 논의는 다양하고 풍성하게 전개되지 못했다. 그동안 한국의 교육 연구 및 실천 세계에서 압도적으로 조명되어 온 혈연 기반의 단일민족(blood centred mono-ethnic) 배경을 가진 학습자, 동질 문화 중심의 정치, 경제, 사회 문화적 환경이 교육 연구 담론에 정형화된 울타리를 설정해 왔기 때문이다.

2. 다문화사회의 교육 지형 변화와 다문화교육

오늘날 많은 현대인은 다양한 매체와 직간접적 경험을 통해서 '지구촌(global village)'의 상호의존성과 관계성을 체감하고 있다. 정치, 경제, 사회 전면에서 지구마을에서 일어나는 많은 일들을 '강 건너 불 보듯이' 할 수 있는 시대가 지나가고 있고, 세계의 문제가 곧 '나'와 '우리'의 이슈로 삶의 영향권 안에 들어오고 있는 것이다(김진희, 2012: 209). 이러한 경향은 근대 국민국가 중심(nation-state centred)의 언어, 정체성, 인종, 민족의 닫힌 컨테이너의 틀을 넘어서 다인종, 다문화, 다국적 코드가 결합되면서 새로운 논의를 발산하고 있다.

우리나라에서 다문화담론은 단일민족신화를 깨고 다양한 인종적, 문화적 배경을 가진 구성원들이 한국 사회에 공존하고 있음을 환기시키는 데 기여한 측면이 있다. 문자 그대로 '다문화'란 국민국가 내에 인종, 민족, 언어, 역사, 문화적 차이를 가진 다양한 개인과 집단이 다수 존재하는 것을 의미하기 때문에 급속하게 다문화·다인종사회로 전환된 우리 사회의 새로운 사회구성체를 인식하는 주요한 틀을 제공한다. 인구통계학상 다문화국가는 인종적, 민족적, 문화적 배경을 달리하는 외국 태생 인구 비율이 전 인구의 5% 이상을 차지할 경우를 통상적으로 지칭하며 인종적, 민족적, 문화적 배경을 달리하는 구성원들이 그 사회를 채우는 것을 의미한다(Castles & Miller, 2003). 2018년 12월 기준으로 장·단기 체류외국인은 236만 7천 607명으로 전체 인구 대비 외국인 비율은 4.57%에 육박한다. 이를 볼 때 현재 체류 외국인의 수는 한국 사회가 다문화사회로 재구성되고 있음을 보여주는 극명한 지표라 할 수 있다. 그런 측면에서 우리 사회에서 다문화에 대한 다양한 언표들이 범람하고 있다. 그러나 다문화주의 언표의 범람에도 불구하고 그것의 편향된 방향성에 대한 우려의 목소리 역시 높다. 윤인진(2008: 89)은 다음과 같이 지적하고 있다.

> 한국사회에서 다문화주의가 소위 '붐'이 되면서 시민단체들이 정부와 민간영역으로부터 다문화가족 관련 위탁 사업을 수령하고자 경쟁적으로 나서게 되자 시민단체 내에서 자성의 목소리가 나오기도 했다. 첫째는 여전히 외국인 이주노동자들의 노동권과 인권문제가 심각한데도 시민단체들은 돈도 안 되고 힘만 드는 이주노동자 문제를 외면한다는 지적이다. 둘째는 국제이주여성의 문제를 다루기 위해서는 성인지적 관점과 다문화적 관점이 필수적인데 여전히 가부장적이고 한국문화중심적인 사고를 가진 사람들이 다문화가족 관련 사업을 진행한다는 지적이다. 그리하여 이주여성들에게 다도(茶道), 한복 입는 법 배우기, 전통예절 배우기 등 다문화적 가치와 배치되는 프로그램들을 진행하게 되는 것이다.

진정한 의미의 다문화주의는 다양한 문화의 공존과 상호 존중인데, 우리사회의 지배적인 다문화정책은 이질적 배경을 가진 사회구성원을 '동화'하고 흡수시키는 관(官)주도의 통치 이데올로기로서 활용되는 측면이 있다. 특히 다문화인구의 60% 이상을 차지하는 이주노동자 집단은 국적(nationality) 이슈로 인해서 교육과 노동, 문화권에서 소외되는가 하면, 다문화가족 및 국제결혼 이주여성에 대한 절름발이식 지원이 이루어지고 있는 것이다. 실제 2012년 다문화가족 지원 예산은 8개 부처 887억으로 전년 대비 41%가 증액되었다. 기획재정부에 따르면 2013년 1,232억원(지자체 사업비 포함시 2,000억원대 추정)이 투입되었다.

다문화현상이 엄연히 우리 주변을 둘러싸고 있는 새로운 '현실'은 우리 사회 곳곳의 제도와 문화를 재구조화하고 있다. 특히 교육 영역의 변화는 뚜렷하다. 체류 외국인 수의 급증과 맞물려, 정규 학교교육 체제로 진입하는 이주민 자녀들도 매년 급증한다. 2018년 11월의 통계청 자료에 따르면 국내 초·중·고에 다니는 다문화 학생은 12만 2,212명으로 전체 학생의 2.2%를 차지한다. 이들의 대다수는 국제결혼가정의 자녀로서, 그 자녀가 초등학교에서 중등학교로 진학하고, 나아가 노동과 시민사회에 참여하는 성인이 되는 연이은 과정을 거치면서 다문화사회로의 성장이 예견되고 있다. 달라진 사회에서 달라진 교육이 요구된다는 것은 분명하다.

여기서 다문화교육은 우리사회에서 이전에 본격적으로 경험한 적이 없는 다문화주의를 교육적으로 대응하기 위한 기획으로 전개되고 있다. 다문화교육에서 새로운 학습집단과 교육요구가 대두되었기 때문에 기존의 단일문화 중심적 교육체제가 변화와 굴절을 일으키면서 교육과 학습의 프레임워크가 달라지고 있다(김진희, 2011b; Jarvis, 2007). 누가 교육을 받는가? 누가 우리교육 세계의 학습자인가? 무엇을 학습하는가? 어떻게 가르쳐야 하는가? 기존의 단일문화중심의 교수 학습의 철학과 방법론이 균열을 일으키고 있는 것이다.

따라서 다문화맥락에서는 교육과 학습에 대한 논의가 달라지며, 교육 철학도 재구성되어야 한다. 다문화사회에서 다양한 배경을 가진 학습자의 잠재력과 역량을 개발하고, 이들에게 공정하고 수월성 높은 교육과 학습 기회를 제공하는 교육이 바로 다문화교육인 것이다. 왜냐하면 오늘날 다문화가정 자녀들은 교육 결손집단이자 학습 취약계층으로서 교육의 사각지대에 놓여있기 때문에 이들에 대한 교육적 지원을 다양한 층위와 실제적 수요에 조응하여 마련하는 것이 시급하다(서덕희, 2013). 아울러 다문화교육은 다문화 배경을 가진 구성원은 물론 일반 정주민들의 인식전환을 통해서 차이와 다양성을 상호 존중하는 다문화 역량을 키우고, 편견을 해소하면서 함께 어울려 살아가기 위한 '모두를 위한 교육'으로 전개되어야 한다. 그리하여, 학습자가 다문화적 세계와 상호작용하고 다문화적 '경험'을 재구성하는 과정 자체가 중요해진 것이다.

요컨대 이러한 흐름에서 다문화교육의 세부 영역은 다음과 같이 고찰된다. 교육목표, 교육내용, 교육방법, 교육평가 측면에서 구분해서 인식하면 다문화교육의 특성을 파악할 수 있다. 첫째, 교육목표에서는 다양성과 평등성을 강조하고, 학습자의 자아정체성 확립을 중요시한다. 학습자들은 다문화교육을 통해 문화다양성을 존중하면서 공동체의식을 함양할 수 있다. 이것은 나아가 세계시민성의 발달을 도모할 수 있다. 둘째, 교육내용에서는 주로 다양성이해, 인간존엄과 편견감소, 다문화이해교육, 다문화경험에 대해서 체계적으로 다룰 수 있다. 셋째, 교육방법 측면에서는 교사는 다양한 배경을 가진 학습자를 위해서 평등한 교수법을 활용하고, 협동학습방법, 통합형교육, 다문화적 교수·학습 자원의 적극적 활용을 도모할 경우 학습효과를 높일 수 있다. 넷째, 교육평가에서는 다문화가치인식을 측정하고, 다문화 실천도를 평가하고, 학습의 결과보다는 과정중심평가를 실시하는 것이 보다 유의미한 접근이다. 이로써 다문화교육의 개념과 교수·학습 실제를 이해할 수 있다.

3. 다문화교육의 도전과 한계

우리 사회에서 다문화교육에 대한 관심이 일어나기 시작한 것은 분명히 고무적이다. 그러나 이를 둘러싼 교육적 명암이 선명하다는 점에서 다문화교육의 도전과 한계를 체계적으로 진단해 볼 필요가 있다. 여전히 우리나라의 교육체제와 일상적 생활세계(life world)에서 이주민에 대한 이중적 소외와 '타자화'(othering) 현상은 팽배하다. 이들이 학교에서 공부를 하고, 직장을 구하고, 주택을 찾고, 커뮤니티의 구성원이 되는 일련의 사태에서 보이지 않은 차별과 불편한 시선이 존재하고 있다. 이질적 배경을 가진 타인을 얕은 수준에서 '인식'은 하되 이해관계가 충돌할 때는 다양성에의 '인정'과 '승인'이 기능하지 않는 것이다.

예컨대 2006년부터 정부와 시민단체, 학계가 주도해온 친(親) 다문화주의가 풀뿌리 지역사회에서 그다지 효과적으로 작동하지 않는 사례를 보여준 사건이 있었다. 2011년 10월 언론 보도는 일제히 "외국인이 목욕탕 들어오면 에이즈 걸려", "외국인은 AIDS 우려로 대중목욕탕에 출입할 수 없다"는 자극적 보도 문구를 통해서 다문화주의가 일상 시민영역에서 충돌하고 있음을 방증하였다. 부산광역시 동구 초량동에서 집 근처 목욕탕을 이용하려던 국제결혼 귀화 여성이 대중목욕탕 출입을 저지당했다. 우즈베키스탄 출신 귀화인인 구수진 씨(당시 30·여)는 2002년 국내에 들어와 2년 뒤 한국인 남성과 결혼하였고 2009년 귀화한 한국인이지만, 목욕탕 직원과 업주는 "외국인이 사우나의 물을 더럽힐 수 있고 에이즈(AIDS) 문제도 있기 때문에 한국 손님들이 거부감을 느껴 외국인은 절대 출입을 할 수 없다"는 말을 하면서 그는 목욕탕 입구에서 저지를 당한 것이다. 당황한 구씨는 한국 정부가 발행한 주민등록증을 보여주었지만 '생김새가 외국인'이기 때문에 출입을 거부당하였다. 구씨가 업소 측의 부당한 차별에 항의하기 위해 경찰에 신고했지만 경찰 역시 외국인의 출입을 거부하는 것을 규제할 법률이 없는 상황이라 아무런 조치를 취하지 못했다. 이 사건을 계기로 우리 사회에서 '인종차별금지법'이 마련되어야 한다는 목소리가 확산되게 되었으나 서명운동 이후는 아직까지 진전된 성과는 없다.

또한 2009년 7월 10일 인도 출신 남성이 버스에 탔다가 다른 승객으로부터 "더럽고 냄새 난다"는 모욕을 당한 사건도 있었다. 인도 출신 보노짓 후세인(당시 28·남) 씨는 한국인 친구 한모(여)씨와 함께 시내버스를 타고 이야기를 나누고 있었다. 그때 버스 뒷자리에 앉아 있던 남성이 그를 향해서 삿대질과 욕설을 해댔다. "너 어디서 왔어, 이 냄새나는 ××야"라고 시비를 걸었다. 국가인권위원회는 2001년 11월부터 2013년 5월까지 피부색, 국적, 인종 등의 이유로 차별을 당했다며 진정서를 접수한 건수만 230건이라고 밝혔다. 공식적으로 집계되거나 신고 되지 않은 차별 피해 사례는 이보다 훨씬 많다는 것을 쉽게 짐작할 수 있다.

이와 같은 다문화관련 사회적 갈등과 충돌을 함의하는 지표 가운데 다문화수용성지수(KMAI)를 들여다 볼 필요가 있다. 2011년 12월부터 2012년 1월까지 실시한 우리 국민의 다문화수용성지수(KMAI)는 51.17점으로 유럽의 다문화수용성지수보다 20점 이상 낮다. 흥미로운 점은 외국 이주민을 친인척으로 둔 국민의 수용도(51.81점)가 친구(57.91점)나 학교, 직장동료(53.77)를 이주민으로 둔 사람보다 낮다는 것이다. 보완하여 상술하자면, 국제결혼을 통해 형성된 다문화가족 구성원들이 외국출신배우자의 문화를 이해하고 수용하기보다는 그들에게 일방적 적응과 동화를 강조하는 것이 더 높다는 것을 의미한다. 동반자로서의 부부 관계보다, 여성이 무조건 남성을 섬겨야 한다는 부부관계의 일방적 가족 규범이 고착화되고 있는 사태는 국제결혼 부부의 늘어가는 이혼율을 되짚어보게 한다. 2007년 통계청에 따르면 한국남성과 외국인 여성 배우자의 이혼은 5,794건으로 2006년보다 44.5%가 늘어났고 이혼 상담 비율도 40% 이상 상승한 것이 분석되었다(김진희, 2011b: 12).

주시할 것은 교육 영역에서 다문화 배경을 가진 학습자의 학습소외 현상과 차별은 더욱 심각하다는 점이다. 현재 학령기 중도입국 다문화 자녀 약 5천명은 청소년기(14~19세)의 학습자이며, 이들 가운데 정규 학교에 재학하고 있는 학생 수는 대략 2,532명(52.2%)이다. 즉 2명 중 1명은 '탈학교' 상태에 놓여 있어, 교육 기회와 학습권의 사각지대에 놓여 있는 것을 알 수 있다. 인종적 언어적 차이로 인한 어려움과 차별로 인해서 학교부적응 상태에 놓여 있는 학생들이 다수를 차지한다. 설령 학교를 다니고 있다고 하더라도 다문화 배경 학습자들의 건강하고 평등한 학교생활은 차별과 편견의 벽에서 부딪히고 있다. 다문화가정 자녀의 37%는 학교 폭력 및 왕따를 경험했고(국가인권위원회, 2012) 다문화 학생들은 일반 한국 학생들에 비해서 낮은 학업 성취도와 자아효능감 문제를 겪고 있는 것으로 나타났다(류방란·오성배, 2012).

다문화 학습자들을 가르치는 교사들의 정서적 거리감과 보이지 않는 '경계'도 상존한다. 초등교사의 다문화교육 인식과 실행을 연구한 장인실·전경자(2013)의 연구에서 교사들은 다문화 학생들을 잘 가르쳐야 하는 책무감은 가지지만 '어떻게 가르쳐야 할지 모르겠다', '솔직히 이 학생들에게 큰 기대가 없다' 그리고 '정서적 교감이 얕고 거리감이 크다'는 목소리를 들려주었다. 이는 이주 배경을 가진 학습자들이 또래 관계와 교사 관계 양단에서 이중 차별의 소외에 놓여 있는 것을 알 수 있다.

아직까지 발아 단계에 놓인 다문화교육은 이와 같은 한계와 도전 사항에 노출되어 있다. 이러한 흐름이 지속되어 우리사회에서 주변화된 학습자들이 청장년으로 성장하게 될 경우 그들의 교육권과 노동권 그리고 시민권은 불안한 악순환을 거듭할 우려가 있다. 다문화교육을 오랫동안 실시해 온 영국과 프랑스에서도 이주(migration) 배경을 가진 청년들이 일으킨 무차별 방화와 폭동 사례가 일어난 것은 그들의 낮은 교육 수준과 교사들의 낮은 기대감, 높은 실업률, 그리고 타자화로 인한 사회적 박탈감과 불신이 축적되어 발생한 사태이다. 단순히 무상급식을 제공하고 복지수당을 높여주는 것이 능사가 아니다. 오히려 자신이 살아가는 사회에서 길들여진 무기력한 존재가 아니라, 자기만의 삶의 비전을 가지고 적극적으로 살아가는 사회구성원으로서 실존적 가치를 인정받지 못했기 때문이다.

이러한 난관과 제약점은 기존의 다문화교육이 동화주의적이고 처방주의적 접근 방식을 취해왔기 때문이다. 다문화 배경을 가진 학습자에게 단발적이고 시혜적인 사회복지 프로그램이 제공되고, 이들이 한국어를 익히고, 한국문화를 이해하여, 우리 사회에 적응할 수 있는 '제2의 한국인'으로 동화되는 것만 강조해 온 측면이 적지 않다. 예컨대 중도입국 자녀를 위한 다문화예비학교인 '서울시작 다문화학교', 경기도다문화교육센터의 '찾아가는 다문화교육프로그램', 다문화가정협회의 '다문화꿈나무 배움터', 각급 학교와 시민단체의 '문화적응프로그램' 및 '이중언어교실' 등은 오늘날 우리나라의 다문화교육의 실제 단면을 보여주는 사례들이다. 물론 새로운 사회에 배치된 학습자에게 정주하게 된 한국 사회에서의 그들의 교육적 필요를 채워주는 '문화'와 '언어 프로그램'은 의미있다. 문제는 교육 내용을 어떻게 전달하고, 어떤 형태의 교수방식을 취하는가이다. 현재의 다문화교육은 다문화 배경을 가진 학습자의 비판적 사고력과 문제해결 능력을 함양하여 그들의 다양한 역량을 키워주는 형태로 이루어지기보다는, 기존의 교육체제에 적응하고 동화되는 순응주의적 접근을 취하고 있는 것이다.

당초에 다문화교육의 철학적 원류와 방향성은 처방주의적 교육보다는 새로운 변화를 모색하는 교육에 방점을 찍고 있다. 즉 한 국가 내에서 다양한 이민족간의 갈등과 불공정을 해소하고 공존을 모색하기 위해 다문화교육은 발현된 것이다. 그런 측면에서 다문화교육은 '사회변화를 위한 교육'이다(Banks & Banks, 2010; Sleeter & Grant, 2009). 그것은 성, 인종, 민족, 국적, 계층의 차별로 인해 지배집단으로부터 소외된 소수집단을 포용하기 위해, 기존의 불평등한 교육체제를 비판적으로 성찰하고 보다 공정한 교육기회를 모든 이들에게 제공하는 것이다. 그렇기에 다문화교육은 단순히 문화적 다원주의를 가르치는 교육이 아니라, 학교의 변화, 교육과정의 변화, 사회의 변혁을 모색하는 교육개혁적 태제를 가지고 있다.

그런데 앞서 고찰하였듯이 여전히 다문화교육은 이상과 현실의 괴리라는 실험대에 놓여있다. 우리보다 수십 년 앞서 다문화주의를 정책적으로 반영해 온 미국, 영국, 호주, 프랑스, 독일 등의 다문화 선도 국가에서도 이주민의 사회의 통합과 적응 문제는 늘 도전적인 과제임에 분명하다. 실제로 최근에 유럽의 우경화 바람과 함께 이주민 수용정책이 보다 엄격해지고, 외국인 혐오증이 확산되면서 다문화교육은 그 입지가 흔들리는 형상을 보이기도 한다. 노르웨이의 반(反)다문화정책 테러 사건, 영국과 프랑스의 다문화 이주민 청소년의 폭동과 방화사건, 호주의 난민 차별 문제 등은 다문화교육이 차이와 다양성을 존중하는 공존 교육으로 실현되기에는 역부족이란 것을 방증하는 사례들이다.

예를 들어 호주에서 난민 청소년들의 교육적 성취와 실패에 관한 Russel (2005)의 연구는 오랜 난민촌 생활과 긴 심사 과정을 통해 드디어 '선진국' 호주에 정착이 '허가'된 난민들이 어떻게 좌절하게 되는가를 경험과학적 연구로 보여주었다. 즉, 호주 교육체제에 대한 높은 열망을 가졌지만 실제로 그들이 교육 체제에 진입 후에 겪게 되는 교육 현실의 냉혹한 괴리를 보여주었다. 문화적 다양성을 중핵 가치로 삼고 있는 호주의 다문화교육 정책은 난민 학습자가 가진 상처와 긴장, 그리고 복합적인 성취동기를 교육 현장에서 제대로 수용하지 못한 것이다. 교실 상황에서도 다문화 배경을 가진 학습자와 일반 학급 구성원간의 상이한 생애 경험과 관점을 공유하는 상호작용 학습(interactive learning)이 제대로 활용되지 못하고 아프리카 수단(Sudan)의 음식 문화를 체험하고, 아시아 미얀마(Myanmar)의 전통 복식을 학습하는 '문화이해' 차원으로 표피적으로 전개되는 것이다. 이러한 단편적 경험활동은 우리나라에서 다문화가정 자녀와 청소년들이 한국 사회에 수동적으로 적응시키며, 이들을 수동적인 학습 '객체'로 '대상화'하는 프레임을 재생산할 수 있다. 이제는 각기 가진 상이한 능력(skill)과 목소리(voice)를 일반 학생들과 상호작용하면서 키울 수 있도록 근본적으로 변화가 필요하다는 것을 보여준다.

특히 혈연 중심의 민족주의(blood-centred nationalism)를 고수해 온 우리나라의 경우, 그동안 인종적, 민족적, 문화적 이질성(heterogeneity)을 다양한 측면에서 경험하는 토양이 마련되지 못했다. 따라서 소위 '다문화'를 하나의 형식적 트렌드로서, 임시방편 식으로 처방하는 접근은 다문화 배경을 가진 학습자를 교육 내적으로, 그리고 교육 외적으로도 억압할 우려를 가진다.

요컨대 현재의 다문화교육이 직면한 도전과 한계를 극복하기 위해서는 교육 개혁적 접근이 필요하다. 기존의 교육철학과 교수목표, 교육내용을 성찰하면서 앞으로 다문화교육은 다문화배경을 가진 학령기 학습자를 위한 교육이 아니라, 모두를 위한 다문화학습으로 평생교육 차원에서 전개되어야 한다. 교육내용 측면에서도 문화이해교육, 언어교육, 통합교육에 한정되기보다는, 학교-가정-시민사회의 교육적 경험과 자원을 연계하면서 전 생애에 걸쳐 사회구성원 모두의 다문화적 역량을 키우는 방향으로 나아가야 할 것이다.

Ⅲ 세계시민교육의 개념과 특징

1. 글로벌화 맥락에서 시민성교육 논의의 변화

세계시민교육에 대한 개념은 우선 시민성 논의의 전 지구적 변화를 읽으면서 이해의 폭을 넓힐 수 있다. 그동안 지속적으로 확장되고 변화해온 시민개념의 시원은 그리스 도시국가의 시민(citoyens, 시투아엥)을 어원으로 한다. 영어로 표기된 시민성(citizenship)은 시민(citizen)과 자질, 조건(ship)의 결합으로 이루어졌다. 즉 시민으로서 요구되는 자질, 권리, 의무를 함축하는 총체라고 할 수 있다. 그리스 시대 도시국가의 구성원으로서 아테네 시민은 이성적 능력을 가지고 민회(民會)에서 발언할 수 있는 사람으로 규정되었다. 그런데 모든 구성원들이 시민으로 참정권을 가질 수 있지 않았다. 여성, 노예, 이방인은 시민의 자격이 주어지지 않고, 오로지 자산가로서 성인 남성들만이 참여가 가능했던 것이다. 여기서 시민성을 둘러싼 소외의 정치가 근원적으로 내재되어 있음을 알 수 있다. 즉 '시민'이라는 용어는 그 자체로 중립적이거나 공평한 개념을 내포하지 않는다.

시민성을 교육의 영역에서 다룬다는 것은 시민성의 구성 원리와 요소를 교육 내용으로 투영한다는 것을 의미한다. 그동안 시민성과 교육에 관련한 논의는 주로 학교교육에서 다루어져 왔다. 시민성의 내용을 구성하는 요소가 학교 교육과정에 가장 명시적으로 드러나는 것으로 규정하며, 주로 시민성교육, 시민윤리교육, 사회과 교육, 도덕 교육 등의 다양한 이름으로 불리는 시민성 교육에 대한 분석과 연구가 주류를 이루어 왔다. 예컨대, 민주시민양성을 위한 교육정책의 방향으로서 시민교육을 논의한 브랜슨(Branson, 1998)의 연구, 사회과 교육과정 속에 반영된 헤게모니를 분석한 오스본(Osborne, 1997)의 연구, 시민교육의 내용을 형성하는 지식과 합리성 이념 속에 잠재한 이데올로기를 분석한 지루(Giroux, 1980)의 연구가 있다. 한편 토레스(Torres, 1998)는 민주주의, 시민성 교육은 다문화주의 문제와 분리될 수 없다는 입장에서 시민교육의 모순과 딜레마에 대한 정치적인 분석을 논의하였다.

1990년대를 기점으로 그동안 일원적인 국가중심 시민교육 논의를 탈국가적 시민교육으로 재편하는 탐색적 논의들이 진행되기 시작한다. 다원적 시민성 이론에서 세계시민성 형성의 기초를 탐색하는 히터의 연구(1998)는 탈국가적 시민성 논의의 전환점으로 기록되고 있다. 또한 급변하는 세계에서 시민교육이 지구적인 의식과 연대의 지침을 제공하는 새로운 역할을 강조한 이칠로브(Ichilov, 1998)의 논의도 주목된다. 유사한 맥락에서 콘리(Conley, 1989)와 셀비(Selby, 1994)도 다원적 시민성 논의에 동참한다. 콘리는 사회적 시민성이라는 개념을 통해 국가의 경계를 뛰어넘는 특수한 인종−종족적(ethno−racial), 인종−문화적(ethno−cultural)인 시민성을 논의하고, 기존의 학교교육에서 다루어진 시민교육의 교과과정이 재편될 것을 촉구하였다. 셀비(Selby, 1994) 역시 다원적이고 평행적인 시민성(plural and parallel citizenship)의 개념을 도입하고 새로운 교과 과정에 이를 반영할 것을 제시하였다.

분명한 점은 시민교육의 내용적 구성과 방법론은 시민을 규정하는 시대적 요구와 이론적 입장에 따라 다양하게 전개된다는 점이다. 시민성에 관한 관점이 상이하기 때문에 이에 대한 시민교육의 구성 내용과 방법 역시 차이가 나타난다. 예컨대 자유주의적으로 시민성을 정의하는 경우에는 자유주의적 가치관에 근거하여 개인의 자유와 권리 획득을 위해 시민성 교육이 이루어져야 한다고 보지만, 공동체주의적 관점에서는 공동체의 구성원들이 가져야 할 의무와 책무성을 중심에 둔 시민성 교육을 추구한다. 이러한 맥락에서 히터(Heater, 1998)는 시민교육은 교육을 개인의 발전과 성장에 초점을 둘 것인가, 아니면 교육의 사회화 기능에 초점을 둘 것인가라는 항구적인 긴장감을 제시하는 영역이라 말했다.

이처럼 시민교육은 다양한 관점과 접근 방식에 따라 그 내용과 방법에 차이가 있지만, 그럼에도 불구하고 오늘날 학교 교육에서 이루어지는 시민성 교육 논의는 대부분의 나라에서 그 교육의 일반적 목표가 국가의 정체성과 사회적 응집력의 확보라는 기본적 입장을 공유한다는 점은 부인할 수 없다. 교육과정상에 나타난 시민성의 구성요소와 목표는 대체로 네 가지로 제시된다. 첫째, 민주주의의 기본가치(자유, 평등, 인간의 존엄성 등), 둘째, 합리적 의사결정(문제해결력, 정보처리능력), 셋째, 민주적 기본 질서와 가치 인식, 넷째 사회참여가 그것이다(정세구, 2002: 10-15). 이러한 맥락에서 민주시민 양성으로서 시민교육의 역할을 강조한 브랜슨(Branson, 1998)의 논의는 시민교육을 민주사회 구현의 필수 요인으로 지적한다는 점에서 낯설지 않다. 민주사회에서 시민교육은 자기 조절의 교육이며 교양 있고 책임감 있는 '좋은 시민' 양성을 목표로 한 시민교육은 민주주의의 이상을 실현하는 데 필수적인 영역이 된다.

반면 이와 달리 시민성과 교육에 대한 비판적 논의(Giroux, 1980; Osborne, 1997; Torres, 1998)도 활발하게 이루어져왔다. 지루(Henry Giroux)는 시민교육에서 지배적 합리성(rationality)에 대해 비판적 이론을 제기하면서 사회과(social studies) 교육 속에 반영된 미국의 이데올로기와 학교의 사회문화적 재생산 문제, 그리고 시민교육의 정치성을 근본적으로 해부하고자 하였다. 오스본(Osborne, 1997) 역시 시민교육이 주로 이루어지는 사회과 교육에서 나타나는 헤게모니의 대립과 쟁점을 논의하였다. 시민성과 교육 문제가 직면한 과제는 학교 교과 과정 속에 반영된 국가적 시민성이 다양한 계층과 인종, 성 그리고 문화 간의 심각한 차이를 무시하고 있어서 제약을 가진다. 여기서 국가적 시민성은 정치적, 경제적 엘리트의 자기 의도의 합리화로서 작용하고, 시민교육은 문화적 이데올로기와 사회의 지배 헤게모니를 구축하는 기제로 설명된다. 그 사례로 오스본은 20세기 초에 캐나다의 페미니스트, 노동조합, 사회주의자들의 시민교육에 대한 저항을 소개한다. 즉 당시 시민교육을 통해 학생들에게 군사적 욕구를 부추기고 그 훈련과 활동이 시민성의 필수 구성 요소로 정당화되는 현상에 대한 비판적 저항인 것이다. 이는 시민교육에 깔려 있는 헤게모니가 지배 집단과 종속 집단 간의 갈등, 저항, 타협의 문제를 제기하고 있기에 시민성을 둘러싼 논쟁은 북미에서 가속화 되어왔다.

지구화로 인한 시민교육의 모순과 딜레마를 논의한 토레스(Torres, 1998)는 교육에서 시민성 문제는 누가 교육받은 시민이고, 어떻게 이들 시민이 정치, 문화, 사회적 측면에서 의미를 가지는가에 관한 것이라고 말했다. 이 점에서 시민교육은 민주시민교육이라는 일반적 합의 이면에 모종의 정치성이 내재한 것이라 볼 수 있다. 즉 시민교육의 '정치적 사회화(political socialization)'를 규명하지 못한다면 시민교육이 가정하는 시민적 지식, 기술, 덕성의 정치적 문제를 해결할 수 없다고 역설한다. 즉 토레스는 시민성과 교육의 관계를 분석하기 위해서는 우선 주권 국가가 가지는 권리와 법의 결합, 개인적 지위 같은 역사적 법적 검토를 넘어서 그 시초부터 다시 규명하는 작업이 필요하고, 무엇이 '좋은' 시민이며, '바람직한' 시민교육인가 전제를 재검토하는 것이 요청된다고 날카롭게 지적하였다. 여기서 시민성의 이중적 이론, 즉 '정체성으로서의 시민'과 '시민적 덕성'으로서의 이중적 관심을 주목하고, 시민성과 교육에 대한 정치경제적 차원의 분석이 없는 시민성 논의는 이상주의적인 시민적 덕성만을 강조하는 시민교육으로 전락할 우려가 있다고 본 것이다.

이러한 복잡다단한 논의의 과정을 거쳐서, 마침내 20세기 후반부터 글로벌화가 가속화됨에 따라 새로운 환경 변화를 반영한 초국가적 시민교육 논의가 전개되기 시작한 것이다. 변화하는 시대에서 새로운 역할을 논하는 시민교육(civic education), 시민성교육(citizenship education)은 그동안 자유주의적 시민교육이 가진 탈정치성에 대해 비판적이다. 전 세계 대부분의 국가들의 교육과정에서 기획되는 시민교육은 합의와 조화 그리고 수용만을 강조하면서 정치사회적 논쟁 이슈를 회피하는 탈정치성을 유지해 왔기 때문이다. 이러한 시민교육이 내포한 보수주의적 접근은 오늘날 시급하게 요구되는 평화교육, 다문화교육, 인권교육, 개발교육, 국제교육, 환경교육 등의 초국적 교육 담론과 실천에 부합하지 못한다(Ichilov, 1998: 269). 현재의 시민교육은 젊은 세대의 글로벌 역량과 삶의 질을 향상하는 수월성 함양뿐만 아니라, 시민들이 각자의 사적 세계로 침몰하여 공동체의 분절화를 가속화하지 않도록 저지하는 비판적 민주시민교육으로 나아가야 한다는 점을 강조한다. 세계공동체의 비판적 지성과 연대성을 진작할 수 있도록 국제적 차원에서 공적 영역을 재창조하는 역할이 요구되는 것이다. 바로 이 논의는 시민교육이 지구적 차원의 공적 영역을 고려하는 적극적 시민성을 함양하는 새로운 역할을 수행하도록 나아가야 하며, 지구적 인식과 세계공동체의 공영에 참여할 수 있는 마침내, 포용적 과정의 세계시민교육의 탄생으로 이어진다. 글로벌화의 심화로 세계 간 상호의존성(interdependency)과 상호연계성(inter-connection)의 수준이 깊어짐에 교육 영역은 국경을 초월하여 서로 상이한 집단과 문화의 공존과 발전 문제를 고민하면서 세계의 '시민'으로서 갖추어야 할 의식과 행동 변화를 촉구하는 국제이해교육, 다문화교육, 세계시민성교육 등 유사 개념을 잉태하게 된 것이다.

지금까지 논의를 통해서 본래 시민성은 시민으로서의 권리와 의무, 국가에 대한 시민의 책무 및 애국심과 밀접한 관련을 가지지만 글로벌사회에서는 국민국가에 속박된 시민성 논의가 세계시민교육으로 새롭게 재구조화되고 있음을 알 수 있었다.

2. 세계시민교육의 특징과 최근 동향

세계시민교육의 원류와 특성을 이해하기 위해서는 국제정치사상에서 세계시민적 논의를 뒷받침하는 논의를 찾을 필요가 있다. 그로티우스(Grotian)의 국제주의 전통에 따르면 세계시민주의는 루소(1712-1778)의 평화사상, 엠마뉴엘 칸트(1724-1804)의 영구평화론 등에서 토대를 잡고 있다(Falk, 1994). 이러한 논의는 국가 안에서의 시민적 자유의 실현, 국제사회에서 자유문제를 추구하면서 세계의 완전하고 보편적인 공민적 질서는 국민의 자유와 세계의 자유에서 완성된다고 보았다. 유네스코를 중심으로 전개되어온 국제이해교육 사업과 세계시민교육은 칸트의 세계시민공동체 논의에서 사상적 기반을 확보할 수 있었던 것이다. 이는 교육을 통해서 인간 이성에 대한 신뢰를 높이고, 국가 범위를 넘어 국제적 차원에서 보편적인 질서를 구축하자는 목표와 맥락을 같이한다. 따라서 세계시민교육에서는 '탈국가주의와 세계간 상호의존'이 매우 중추적인 기둥으로 자리 잡고 있다. 1970년대 이후 국제사회를 현실주의와 이상주의라는 이분법적 구도로 접근하지 말고, 제3의 접근방법으로서 탈국가주의가 제시되었다. 이것은 국가 중심적 접근과 이해관계가 주요한 도전 사태를 맞이하면서 '시민'을 보다 큰 지구공동체 차원에서 인식해야 한다는 필요성을 수반하였다. 실제, 국가중심의 이해관계와 종속적 세계질서를 반대하기 위해 뭉친 세계의 노동자들, 시민단체의 활동가들, 국가의 정책과 반하더라도 인권과 평화라는 인본주의적 목적을 달성하기 위해 연대하는 세계인권단체들, 지구적 환경 문제를 해결하기 위한 시민사회 조직의 움직임 등이 세계시민의 실체를 직간접적으로 보여주고 있다.

예를 들어 세계시민교육 프로그램을 제공하는 글로벌 시민단체인 옥스팜(OXFAM)은 세계시민이란 (1) 글로벌화된 세계를 자신의 공동체로 인식하는 사람, (2) 다양성을 존중하고 가치 있게 생각하는 사람, (3) 세계가 어떤 방식으로 돌아가는지를 비판적으로 이해하는 사람, (4) 사회적 정의를 실천하고 작은 공동체에 참여하는 사람, (5) 자신의 의사결정에 책임감을 가지는 사람을 시민으로 규정하였다.

담론 영역에서 세계시민교육을 연구한 두 명의 주요 정치학자로 히터(Heater)와 포크(Falk)의 논의를 살펴보면 보다 명확한 개념화가 가능하다. 히터(Heater)는 세계시민교육은 (1) 하나의 인류 공동체라는 의식, (2) 지구와 지구 공동체에 대한 책임감과 참여의식, (3) 자신의 공동체보다 상위의 도덕 법칙을 준수하고 수용하는 태도, (4) 세계 정부에의 기여, 헌신(지구적 문제 공동대응)을 가르치는 교육으로 정의했다. 한편 포크(Falk)는 세계시민교육은 (1) 전 지구적인 개혁활동, (2) 경제적인 영역의 초국가적 활동, (3) 지구 질서의 관리, (4) 지역적 정치의식 고양, (5) 초국가적 사회 운동을 진작하는 것을 시민교육으로 정의했다.

종합하자면 세계시민교육은 기본적으로 첫째, 세계를 긴밀하게 연결된 하나의 체계로 사고하는 세계적 체제론을 함양시키는 것이다. 둘째 지구공동체에서 '나'와 '타자'에 대한 성찰적 사고를 견지하면서 지구적 사고와 지역적 행위를 연계할 수 있도록 도모하는 교육이다. 셋째, 건강하고 평화로운 지구촌을 발전시키는 책무성을 고양시키는 시민교육이다. 넷째, 세계의 현실과 발전에 대한 주체의식, 소속감, 정의감을 높여서 다양한 수준의 민주적 의사결정에 참여할 수 있도록 하는 교육이다.

Nancy Carksson-Paige(2005)와 Linda Lantieri(2005)는 세계시민교육을 실시하는 준거의 틀로서 지구헌장, 평화를 위한 글로벌캠페인, 사회적 책무성 향상을 위한 교육자협의회 등 3가지를 구체적으로 제시하였다(Noddings, 2005).

지구 헌장 (Earth Charter)	평화를 위한 글로벌 캠페인 (The Global Campaign for Peace)	사회적 책무성을 위한 교육자협의회 (Educators for Social Responsibility)
정의롭고, 지속가능한, 평화로운 글로벌 공동체를 건립하기 위한 근본 원칙 제정 • 1대 원칙: 모든 사람의 건강한 공동체를 위한 존중과 보살핌 • 2대 원칙: 생태계균형과 통합 • 3대 원칙: 사회정의 및 경제 정의 회복 • 4대 원칙: 민주주의, 비폭력, 평화	'평화'를 교육과정의 필수 영역이자 교육 콘텐츠로 심화하기 위한 캠페인 • 평화의 문화는 전 세계 시민들이 글로벌 문제들이 어떻게 전개되는지 인식할 때 달성됨 • 인권, 성평등, 인종적 형평성, 민주주의 등 전 지구적 규범을 인식하고 준수하기 • 문화다양성을 존중하고 지구공동체 통합성을 지지 • 이러한 학습은 평화에 대한 국제적이고, 지속가능한, 체계적 교육이 없이는 이루어질 수 없음	교육자들은 평화와 사회적 정의, 그리고 세계시민성을 함양할 수 있는 평화로운 교실 모델(peaceable classroom model)을 발전시켜야 한다. 11대 강령은 다음과 같다. 1. 공동체 형성과 상호 이해 촉진 2. 공유·협력에 근거한 의사결정 3. 학습자의 민주적 참여 4. 사회적 책무성 강화 5. 다양성에 대한 존중 6. 긍정과 인정 7. 개인적 관계성 확장 8. 돌봄과 효율적 의사소통 9. 감정적 리터러시 10. 협동적, 협력적 문제해결 11. 갈등 관리와 조정

위에서 예시 형태로 제시된 세계시민교육 실천의 준거에서 알 수 있듯이, 세계시민성은 인권과 평화를 추구하고 지구공동체에 기여하는 시민적 자질과 정체성, 그리고 행위까지 포괄하는 것이며, 세계시민성 함양을 목적으로 하는

것이 바로 세계시민교육이다. 다시 말해 세계시민사회의 주체이자 책임 있는 사회구성원으로서 전 지구적 문제를 비판적으로 성찰하고, 민주적 의사결정에 세계적 소속감을 가지고 참여하여 더 좋은 지구촌의 변화를 유도하는 총체적 교육인 것이다. 우리나라에서 세계시민교육은 정규 교육과정에서 다루어지기보다는 유네스코나 글로벌 NGO에서 활발하게 실행되고 있다. 가령 한국 유네스코(2013)의 'Rainbow청소년 세계시민 프로젝트', 월드비전 한국 지부의 '세계시민학교'는 지구마을의 인권, 환경, 빈곤, 평화, 문화다양성 등 다양한 주제에 대해서 체험과 활동 위주의 프로그램을 제공한다.

가장 최근에 세계시민교육에 대한 국제적인 선언이 언급된 것은 2012년 9월 유엔의 교육우선구상사업(Education First Initiative)에서다. 교육은 인류의 번영과 공존을 도모하는 그 어떤 국제개발협력 가운데도 최우선적인 가치와 중대성을 가지며, 앞으로 이를 위해서 세계시민성 함양이 가장 중요하다는 전략이 국제사회에서 발표된 것이다. 여기서 알 수 있듯이 세계시민교육은 태생 자체가 한 국가 내의 화평과 번영을 위한 교육이라기보다는 전 세계공동체의 문제해결과 지구적 평화에 기여하는 시민을 양성하는 교육으로 발현되어 왔다. 그것은 인간의 마음에 평화를 심고자 설립된 유네스코의 인본주의적 가치를 담지하면서 인간 권리, 평등, 지속가능한 개발, 자유와 박애의 가치를 실현하는 목적을 가진다. 세계시민교육과 밀접한 연관을 가지는 세계교육(global education), 국제이해교육(education for international understanding), 코스모폴리탄교육(education for cosmopolitanism) 등 유사개념에서 볼 수 있듯이 세계시민교육은 말 그대로 세계시민의 양성을 도모하는 교육 기제이다.

이러한 교육적 시도는 국가 단위의 경계선에 결박된 시민이라는 인식을 벗어나 비판적 성찰과정을 통해 세계인으로서의 보편성과 합리성을 추구하며 다원적 시민성을 고취하는 교육이다. 과거에 시민성은 국민국가의 맥락에서 국가적 경계에의해 구성된 개인의 정체성을 개념화했다면, 전 지구화로 세계 간 상호의존도와 관련성의 밀도가 높아지면서 다원적 시민성을 강조하는 쪽으로 변화한다(김진희, 2011a; 한양대학교 다문화교육센터, 2012). 시민은 한 국가의 시민일

뿐만 아니라 여러 국가가 연합된 지역의 시민으로서 세계시민적 지위를 다중적으로 가진다(Habermas, 1998). 이에 하버마스는 세계시민의식이 지구사회를 형성하는 기초라고 역설하면서, 세계시민적 연대의식을 함양해야 한다고 주장하였다(Habermas, 1998). 이러한 점을 보건대, 국민국가의 '컨테이너'에서 벗어나서 새로운 형태의 시민사회의 출현과 그에 걸맞은 새로운 형태의 교육이 필요하다는 점에서 세계시민교육은 사상적, 실천적 토대를 갖추고 있다(허영식, 2012).

이 같은 학술 당론을 토대로 최근에는 오프라인을 넘어서 국가와 인종, 종교와 민족이 다른 평범한 시민들이 '세계의 시민'이라는 정체성을 가지고 인권·환경·생명·평화·정의의 문제에 동참하는 움직임이 역동적으로 나타나고 있다.

3. 세계시민교육의 도전과 한계

'세계적(world)', '지구적(global)', 그리고 '코스모폴리탄(cosmopolitan)' 함양교육은 언제나 일관성 있게, 논리적으로 전개되는 것이 아니며, 합의된 개념적 틀도 이루어지지 않았다(Davies, Evans, & Reid, 2005: 77). 그런 점에서 현재까지도 글로벌교육은 분절적이라 할 수 있다. 영국에서 1970년대에 다문화주의를 글로벌 맥락에서 접근하는 교육은 1980년대에는 반인종교육(anti-racist education)으로 대체되며 전개되었다. 미국에서 세계교육은 1980년대부터 교사들이 전 지구적 이슈를 교육과정에서 다루는 교수법을 개발할 때 활발하게 논의되었다. 확실한 것은 2000년대의 글로벌교육은 1980년대보다 더욱 많은 정책적 관심과 주목을 받고 있다는 점이다. 영국 지방 정부들은 교사를 위한 국제교육과 연수(International Education and Training)에 보다 많은 재원과 정책 지원을 아끼지 않았고, 옥스팜과 같은 글로벌시민단체들은 빈곤 타파, 사회정의, 생명, 평화를 지역 현장에서 실천하기 위한 교육적 활동을 전개하고 있다. 아울러 영국의 국제개발청(Department for International Development)은 전 세계 빈곤 해소를 위한 세계시민적 활동을 추진하면서 시민교육의 글로벌 차원에 대한 담론을 주도하고 있다(Davies, Evans, & Reid, 2005).

　　그러나 세계시민교육은 그것의 지향성과 목적의식으로 인해서 국민국가 단위의 교육과정에서 적극적으로 다루어지지 않았으며, 그 개념과 실천에 있어서 도전과 과제를 남겨두고 있다. 특히 세계시민교육을 방법론적으로 추진하는 데 있어서 고려할 도전 사항은 몇 가지 있다. 현대사회는 '국가주의 vs 탈국가주의' 간 괴리가 분명히 존재한다. 국가주의적 관점에서 세계시민교육은 전 세계를 지배할 엘리트시민을 양성하기 위한 도구적 교육으로 변환될 수 있지만, 탈국가주의적 관점에서는 세계평화와 지구공동체의 번영을 위한 시민교육으로 방향성을 찾게 된다. 다시 말해서 세계시민교육은 국가의 글로벌 인재개발교육으로 정치되거나, 혹은 반대로 세계 공영을 위한 시민교육이라는 두 가지의 평행선을 내포하고 있다. 이는 현대세계의 두 가지 모순적 체제와 맞물린다. 하나는 강력한 지역적 자치와 지역주의(localism)이며, 나머지 하나는 보다 강한 글로벌리즘(globalism)의 개념으로서 글로벌 거버넌스(governance)를 지지하는 입장이다.

　　그러나 오늘날 국가간의 이해관계를 대변하는 유엔(UN)의 한계를 인식한다면 글로벌 멤버십이라는 아이디어를 표현할 실질적 장치가 구축되지 않은 현실에서 세계시민적 정체성은 무정부적 자유주의로 변질될 우려가 있다. 자유주의적 전통에서 시민권은 완전히 개인주의적 용어로 구성되기 때문이다. 한편 마르크스주의적 사상에서 시민권은 세계체제가 상정하는 자본의 재생산을 비판하고, 사회적 약자를 위한 아래로부터의 연대를 모색하는 것이 세계시민교육의 실현방법으로 규정할 것이다. 이처럼 세계시민교육은 그것이 가진 이념적 스펙트럼에 따라 다양하게 전개될 수 있고 이상적 담론이 아닌, 실질적인 세계시민교육의 토대를 형성하는 글로벌 거버넌스와 프로그램이 미비한 한계가 노정되어 있다.

　　세계시민주의에 대한 회의적 입장을 탈식민주의 관점, 엘리트 세계시민주의의 관점, 그리고 신슈미트주의 관점이라는 세 측면에서 분석한 허영식의 연구(2012)는 세계시민교육의 제약을 분석하였다. 우선, 탈식민주의적 관점은 글로벌 이동이 빈번한 이주사회에서 세계시민의 모습은 관광객과 방랑자로 표현될 수 있기 때문에 하버마스의 공공적 담론을 통해 세계시민성을 재구조화할 필요가 있다. 여기서 지구적 수준에서 발생하는 불평등의 구조를 파악하고, 탈식민주의적 역사적 성찰이 요구된다. 다음으로 엘리트 세계시민주의는 문화적 자본을 갖춘 교육 받은 시민, 지식인, 예술가들이 '아래로부터의 세계시민주의'를 설파하는 계몽적 세계시민성이 강조하고 있어서 지역 풀뿌리 차원의 소수자를 포용하는 세계시민주의적 민주주의를 실현하는 데 한계를 가진다는 관점이다. 마지막으로 신슈미트주의적 관점에서는 오늘날 세계시민주의적 민주주의가 기존의 권력 구도의 재편을 민주화하려는 혁신적 시도를 취하는 교육개혁으로 이어지지 못하는 한계가 있으며, 심각한 글로벌 이슈를 평화적으로 해결하는 절대적 대안이 될 수도 없다는 점을 비판한다. 그 이유는 첫째, 세계시민주의적 민주주의의 구상은 국민국가의 민주화를 전제로 하는 취약점을 갖고 있다. 밑으로부터의 합의도출을 통한 민주주의 구현은 현재로서는 공상적 희망에 가까울 수 있다는 것이다. 둘째, 오늘날 지구촌문제가 민주주의의 보급과 확산을 반드시 보장하지 못한다는 것이다. 오히려 권위주의 정권은 글로벌 이슈의 위험담론을 이용하여 정치적 개입을 강화하고 권위주의적 정권 안정화에 이용할 수 있는 여지가 많다. 셋째, 규범적 원칙과 가치의 결속력이 세계시민교육의 한계를 노정한다는 점이다. 정치적 패권과 지배권이 존재하는 상황에서 인류의 규범과 가치가 모든 국가와 민족을 민주적으로 결속시킬 수는 없다.

따라서 세계시민교육이 국가 단위에서, 또한 초국적 단위에서 제대로 실천되기 위해서는 이러한 담론구조의 복합성과 한계를 분석하고, 탈국가적 시민으로서 성찰적으로 행동하는 행위주체의 참여가 무엇보다 중요하다. 마지막으로 지금까지 세계시민교육에서 '세계'와 내가 몸 담고 살아가고 있는 '지역'의 관계성에 대한 치열한 고찰이 경험적 사례를 통해서 체계적으로 이루어지지 않았다는 점도 도전과제이다. 아울러 세계시민교육이 추상적 개념으로 존재할 뿐, 일상생활 세계에서 지구촌의 미시적인 구성원으로 살아가는 '나'에 대한 반성과 성찰이 그동안 부재했다는 점도 세계시민성의 실천에 한계를 가진다.

Ⅳ 다문화교육과 세계시민교육의 조우: 교육적 함의와 쟁점

지금까지 다문화교육과 세계시민교육의 개념과 특징을 살펴보았다. 개념의 포괄성과 다양한 해석적 접근으로 인해 이들 교육을 한 마디로 정의하기는 쉽지 않다. 교육을 실천하는 각 국가의 교육목표 및 상황에 따라 상이할 뿐만 아니라, 전 지구적 이슈의 발생과 국제 관계의 성격에 따라 조금씩 달라질 수 있기 때문이다. 본 절에서는 다문화교육과 세계시민교육의 관계를 살펴보고 이들이 조우하면서 도출되는 교육적 함의를 분석하고자 한다.

1. 다문화교육과 세계시민교육의 개념적 근접성과 교수방법의 유사성

본 연구의 양대 분석 축을 형성하는 다문화교육과 세계시민교육은 글로벌화가 심화됨에 따라 교육과 학습 양식이 새롭게 재구조화되는 국제교육의 본령을 형성하는 교육 분야이다(Sleeter & Grant, 2009).

다문화주의와 세계시민주의를 융합하게 될 경우, 기존의 국민국가 단위의 문화단일주의에서 설정해 온 교육 내용, 교수법, 교육문화, 그리고 교육 관계는 재구성된다. 2009년 개정 교육과정에 따르면 사회과 교육과정 내용(2011년 고시)에서 예비교원 및 현직교원을 위한 다문화교육의 필요성이 높아지고 있음을 알 수 있다. 또 오늘날 모든 교육지표와 사회지표는 OECD의 세계지표를 기준으로 비교·해석되고 있기에, 세계 간 상호연관성은 교육계에서도 긴밀해 지고 있다. 더욱이 전술하였듯이 2010년에 우리나라가 OECD DAC에 가입하여 공적개발원조 분야에 활발히 참여하면서, 우리나라의 이해관계를 넘어서 세계의 빈곤 해소와 지구 공동체의 발전을 위해서 세계시민교육의 중요성이 강조되고 있다.

이를 볼 때 첫째, 다문화교육과 세계시민교육은 정치사회적 맥락에 따라 그 수요와 필요에 민감한 영향력을 주고받기에 교육적 외재성이 높은 영역이라는 점에서 공통점을 가진다.

둘째, 다문화교육과 세계시민교육은 다양성을 근간으로 하는 글로벌시대에 맞는 창의적이고 능동적인 민주시민을 키우는 교육이라는 점에서도 또한 공통점을 가진다.

셋째, 기존의 교육세계가 준거로 삼아 온 동일한 언어적, 민족적, 집단적 배경을 가진 동형질 국민국가 중심의 접근(nation state-centred approach)에 대한 변화를 기획하는 교육 기제이다. 즉 교육내용, 환경, 방법, 체제에서 '이질성(heterogeneity)'과 '다양성(diversity)'을 인식하고, 학습자의 열린 변화를 촉구하는 교육이라는 점에서 공통의 특징을 가진다.

넷째, 다문화교육과 세계시민교육은 주지주의(主知主義) 교육학이 상정한 이론과 관념 중심의 교육이라기보다는 '경험'과 '활동'을 통해 학습자의 성찰과 실천을 중요시한다는 점에서 유사하다. 즉 교수자는 학습자의 다양한 학습경험을 하나의 유의미한 교수학습의 자원으로 활용한다.

다섯째, 교수방법 및 전략 측면에서 두 교육 분야는 학습자 중심주의 교수법(learner centred pedagogy)과 평등주의 교수법(equity pedagogy)을 적용할 때 높은 학습 성과를 가져올 수 있다.

여섯째, 다문화교육과 세계시민교육은 학교교육의 경계를 넘어서 평생학습 차원에서 지속적으로 전개되어야 하는 교육영역이다. 정해진 학령기 학습자가 특정한 시기에 배워서 한 번에 달성할 수 있는 정형화된 교육목표와 내용을 가진 분야가 아니기 때문에, 정규 교육체제를 넘어서 인간이 전 생애 동안 경험하게 되는 다문화상황, 글로벌화 맥락을 삶의 역동적 단계에서 조응하는 지혜와 역량이 필요하다.

일곱째, 다문화교육과 세계시민교육은 학급환경을 하나의 커뮤니티로 상정하고, 작은 커뮤니티 내에서 폭력, 차별, 편견, 사회정의 등 다문화적이고, 전 지구적인 국제이슈를 상황별로 적용하는 실제 학습(real learning)이 이루어지도록 총체적 접근을 강조한다는 점에서 유사성을 가진다(Noddings, 2005).

마지막으로, 다문화교육과 세계시민교육은 '나'의 개별적 능력을 극대화하고 지식의 총량을 제고하는 교육이라기보다는 '모두가 함께 살아가는 학습(learning to live together)'라는 점에서 모종의 공동체 지향성을 담보하는 교육이다.

2. 다문화교육과 세계시민교육의 통약 불가능한 특수성

근접 개념으로서 다문화교육과 세계시민교육은 공통 요인과 포괄적인 교차 지점을 가지지만, 차이점도 분명히 있다. 비교 분석을 위해 두 교육을 정리하자면, 다문화교육은 인종, 민족, 언어, 종교, 성별, 계층, 장애 등 다양한 구분으로 인해 개인과 집단이 차별받지 않도록 평등한 교육기회를 보장하는 교육이다. 이는 단순히 문화 간 이해 증진 교육이라기보다는 형평성(equity), 다양성(diversity), 정의(justice)를 핵심가치로 추구하며 '사회변화'를 촉구하는 개혁적 민주시민교육이다. 반면 세계시민교육은 국가를 넘어서 전 지구적 문제 해결을 위해 세계공동체의 연대와 협력을 강조하고, 세계인이 전 지구적 이슈를 '이해'하고 '참여'하는 역량을 키우는 시민교육이다. 그런 측면에서 학습자는 국제사회의 시민으로서 지구촌이 직간접적으로 직면하는 빈곤, 인구, 인권, 환경, 평화의 문제에 대한 비판적 사고력과 참여 능력을 함양할 수 있는 교육이다.

다문화교육과 세계시민교육을 실천적 측면에서 보자면, 현재 우리나라에서 다문화교육은 한국 사회가 다인종·다문화사회로 전환됨에 따라서 정부 차원에서 대응책을 마련하고 정책적 지원으로 실행되고 있으나, 세계시민교육은 탈국가적 시민성을 강조하는 특성으로 인해서 국민 국가 단위의 정부가 적극적인 정책의지를 가지고 교육과정 내에서 중핵적으로 다루는 주류 교육이 아니라는 점에서 차이가 있다. 물론 2015년 인천 송도에서 열린 세계교육포럼(World Education Forum) 이후 유엔 중심의 국제사회에 세계시민교육을 한국정부의 아젠다로 상정하고 브랜드화하려는 노력을 했지만, 중장기적 철학과 전략을 가지고 세계시민교육을 활성화하지 못했다. 그동안 탈국가적 세계시민의 본질에 대한 정부, 학계, 시민사회의 다각적인 토론과 성찰은 간과되어 온 측면이 크다. 전자는 사회통합을 위해서 필수불가결한 교육적 처지이자 개입으로 인식되지만, 후자는 어느 정도 중요성은 인정되지만 중장기적인 지구사회의 과제이기에, 국가의 교육 정책으로서 민감도와 우선수위에서 유약한 것이 사실이다.

지금까지 다문화교육과 세계시민교육을 비교·분석한 연구는 거의 없었지만, 다문화교육과 유사 개념으로서의 국제이해교육 및 세계시민교육을 논의한 연구들(강순원, 2009; 김진희, 2011a; 김진희, 2013; 김현덕, 2007; 설규주, 2004)에서는 다양한 해석을 시도한다. 김현덕(2007)은 다문화교육은 국가 내 이민족간의 갈등을 해소하고 공존을 목적으로 발현된 교육이며, 국제이해교육은 공동체적 시각을 통해 세계 간 상호이해와 세계문제를 공동으로 해결하기 위해 출발한 교육으로 정의하면서, 초기에 갈등구조에 놓여있던 다문화교육과 국제이해교육은 그 발전과정에서 점차 통합적 양상을 보인다고 설명하였다. 강순원(2009)은 현재의 다문화교육은 분리주의에서 융합주의로 나아가고 있다고 진단하고, 국제이해교육은 인민의 평등권, 평화유지, 인종차별금지, 지속가능한 개발과 국제협력교육의 일환으로 전개되고 있음을 설명하였다. 그는 다문화에 대한 존중과 이해는 자칫 문화상대주의로 흐를 수 있음을 경계하고 세계시민교육은 가치 중심의 정체성과 실체가 없는 세계정부의 가버넌스(governance)로 인해서 한계를 가진다는 점을 비판하였다. 김진희(2011b)는 한국사회에 유입된 새로운 구성원으로서 결혼이주민과 이주노동자에 대한 실증 연구를 통해서, 일반시민과 이주민 모두를 위해서 복합적 시민성(plural citizenship)을 개발하고 평생학습 차원의 세계시민교육이 전개되어야 한다고 주장했다. 이민경(2008)은 다문화교육이 국민국가 유지를 위한 사회화의 도구로 활용되는 기능주의적 교육론으로 접근되는 경우가 많기 때문에 이제는 다문화적 지식 제공보다는 다문화사회에서, 넓게는 세계공동체에서 살아가는 비판적이고, 책임 있는 글로벌 시민의 태도를 함양해야 한다고 주장했다.

이러한 논의들을 볼 때, 다문화교육은 지식과 내용에 초점을 두고 있고 교육 체제 내에서 반편견교육과 평등교육을 실천함으로써 사회구조적 변화를 유도하는 교육이지만, 세계시민교육은 지구적 이슈에 대한 인식을 함양함으로써 학습자들이 학교 담장을 벗어나서 세계시민적 행위를 실천할 수 있도록 유도하는 보다 거시적인 시민교육이다. 말하자면 다문화교육과 세계시민교육은 여전히 통약 불가능한 그 나름의 상이점과 특수성을 가지고 있다고 하겠다.

다문화교육의 주된 목적은 인종, 민족, 언어, 종교, 성별, 계층, 장애, 성적 취향 등 다양한 특성을 가진 개인들이 어떠한 형태의 차별이나 소외로부터 자유로운, 평등한 교육기회를 누리는 데 목적을 두고 있다. 즉 다민족 '국가 내' 민족 간의 갈등 해소와 공존을 모색하기 위해 시작된 교육으로서 다양한 집단 간의 차이점이나 공통점에 대한 '이해'보다는 이들의 특성을 존중하고 평등과 사회정의를 위해 '개입'하자는 측면에서 '차별을 해소하는 사회변혁적 교육'을 가리킨다 (김진희, 2012; 김현덕, 2009; Banks & Banks, 2010). 형평성(equity), 다양성 내의 통합(unity within diversity), 정의(justice) 등을 핵심가치이자 목표점으로 해서 민주사회를 형성해야 한다는 것이다. 특히 미국의 다문화교육은 (1) 평등교수법을 실천하는 평등지향운동을 목표로 하고, (2) 다양한 관점에서의 교육과정을 재검토하는 교육과정개혁이며, (3) 자신의 문화적 관점뿐만 아니라 타인의 문화적 관점도 이해하게 되는 과정으로서 다문화적 역량을 함양하고 (4) 인종차별주의, 계급차별주의와 같은 모든 유형의 차별과 편견에 대한 저항으로서 사회정의를 지향하는 가르침을 실행하는 것을 그 목표로 설정하고 있다(Bennett, 2010).

그러나 세계시민교육은 발생배경 자체가 세계화와 밀접하게 관련되어 있다 (허영식, 2012). 국가 내의 갈등과 문제가 아니라, 국가를 넘어서 전 지구적 문제 해결을 위해 지구적 연대와 협력을 강조한다. 그것은 국경을 초월해 세계인이 하나의 공동체 시각을 갖고 세계체제를 '이해'하고 전 지구적 이슈를 '해결'하는 역량을 키우는 교육이다. 여기서 교육 목적은 학습자들이 국제사회의 시민으로서 타국의 문화와 세계문제에 대한 이해를 증진하여 지구촌 전체가 직간접적으로 경험하고 있는 빈곤, 인구, 인권, 환경, 교육의 문제에 관심을 갖고 이에 대한 공동체적 해결방안을 모색하는 데 초점을 둔다. 즉, 세계시민교육은 국가 간 이해와 세계 공존, 평화교육, 국제사회 문제해결, 국제사회 책임의식 등에 세계적 시각과 참여적 태도를 강조하는 것이다. 이는 단순히 하나의 국가 내에서 소수 민족집단 간의 평등 및 조화로운 균형의 문제라기보다는, 모든 지구촌 구성원 간의 열린 태도와 초국적 상호학습 맥락(transnational learning context)을 존중하는 교육이다. 따라서 다문화교육은 소수 집단이 주류사회에서 차별과 소외를 받지 않도록 공정한 학습기회를 제공하는 '사회변혁적' 교육이라면, 세계시민교육은 세계를 하나의 단위로 인식하여 세계 안에 다양한 문화 및 사람들과의 상호 의존성을 이해하는 '보편적 인류 공영'을 추구하는 가치지향적 교육이자 그 실천이라는 점에서 차이점을 가진다.

이러한 이질성과 특수성으로 인해서 다문화교육학자는 세계시민교육이 국내 문제에 무관심하고 지역 내 다양성과 평등한 교육 기회에 대해 개입하지 않는 국제적 엘리트주의자의 허상이라고 비판하고, 반면 세계시민교육론자들은 다문화교육이 소수자의 지위 향상만 강조함으로써 오히려 문화적 분리주의를 조장하고 세계가 당면한 국제 이슈와 세계 간 불평등과 차별에 대해서는 안일한 태도를 견지하는 협소한 개혁이라고 비판하는 것이다(김현덕, 2007). 이러한 맥락에서 다문화교육을 많이 받은 학습자라 할지라도 반드시 세계시민적 역량이 높다고 장담할 수 없고, 세계시민교육을 충분히 받은 학습자라 할지라도 다문화역량 및 다문화 실천도가 반드시 높다고 할 수 없을 것이다.

3. 다문화교육과 세계시민교육의 융합

다문화교육과 세계시민교육은 그것의 관계론적 유사성과 차이점이 있지만, 두 교육 영역의 조우는 오늘날 교육현장에 주는 시사점이 적지 않다. 학계에서도 다문화교육과 세계시민교육은 분명히 구별해야 한다는 입장, 다문화교육이 세계시민교육을 포괄한다는 관점, 역으로 세계시민교육이 다문화교육을 포괄하면서 종합적인 글로벌교육으로 나아가야 한다는 관점 등이 상이하게 혼재되어 있다. 분명한 것은 '다문화'와 '세계시민성'은 태생적 차이를 가진 개념이고, 실제로 이를 교육 영역에서 반영하고 수렴하는 것은 교육적 상황과 맥락에 따라 달라질 수 있다는 점이다.

설규주(2004)는 상호 양립 불가능한 성격을 내재한 두 교육 분야를 설명하면서 다문화교육은 태생적으로 '다양성'을 잉태한 개념이고, 세계시민교육은 특수성을 초월하는 인류 '보편성'을 강조한다는 점에서 선명한 차이를 가진다고 보았다. 그러나 그는 이어서 세계시민교육의 보편성이 획일주의로 환원되지 않도록 지원하고 개입하는 교육이 다양성을 중시하는 다문화교육일 수 있으며, 특수한 집단과 정체감의 폐쇄성이 문화적 분리주의와 방관적 다문화주의로 고착화되지 않도록 보완하는 교육이 세계시민교육이 될 수 있다고 보았다. 이를 볼 때 다문화교육의 핵심적 가치는 문화적 다양성의 인정과 인간의 존엄성 그리고 보편적 인권에 대한 존중이라는 점에서 그것은 세계시민교육이 지향하는 바와 양립 불가능한 대척지점에 놓여 있지는 않다.

따라서 다문화교육과 세계시민교육은 상보적 관계를 형성할 수 있는 것이다. 다문화주의의 출발이 한 국가 내에서의 다양한 문화의 존재를 인정하고 이해하는 것이라면 이것이 한 단계 나아가, 국가 단위를 초월해 세계 수준으로 확장시켰을 때는 '함께 살아가는 교육'이 국가적(national) – 지역적(regional) – 국제적(international) 단위에서 전개될 수 있는 것이다. 그런 측면에서 다문화교육과 세계시민교육은 단순히 교육과정을 일부 개정하거나 학교체제의 변화에 머무는 것이 아니라, 글로벌 시대에 살아가는 우리 구성원들이 주체적으로 사고하고 참여하면서 사회 전체의 질적인 변화를 도모하는 평생학습차원의 민주시민교육으로 볼 수 있다(김진희, 2012).

이를 볼 때 두 교육영역의 상호 보완을 통해서 융복합 교육프로그램이 개발되는 것은 유의미하다. 즉 다문화교육과 세계시민교육의 융복합 프로그램의 목표는 "우리 동네와 내 삶의 다문화적 동태를 바라보고, 세계의 눈을 통해 다시 우리(지역)를 돌아보고 참여할 수 있는 성찰적 세계시민을 키워내는 교육"으로 재구조화될 수 있다.

향후 우리 교육계에서는 보다 깊은 고민과 성찰이 필요하며, 다음과 같은 과제를 제시하고자 한다.

첫째, 우리사회에서는 누구나 인종, 종교, 국적, 계층, 성의 배경에 차별받지 않고 평등한 교육 기회를 전 생애에 걸쳐 향유할 수 있도록 보장하는 교육적 안전망이 필요하다.

둘째, 혈연 중심의 민족주의, 국가주의를 넘어서 자신이 살고 있는 세계 공동체의 책임 있는 시민으로서 지역 커뮤니티와 국제사회에 긍정적 영향을 끼칠 수 있는 시민 양성이 이루어져야 할 것이다.

셋째, 글로벌교육으로 범주화되는 다문화교육과 세계시민교육을 보다 활성화시키기 위해서는 대화와 소통을 유도하는 공론의 장이 폭넓게 마련되어야 할 것이다. 예컨대 우리사회에서도 절대 빈곤상태로 살아가는 취약 계층이 엄연히 존재하는데, 왜 굳이 저 멀리 떨어진 아프리카 대륙에서 에이즈(AIDS)와 기아로 죽어가는 어린이를 지원해야 하는지에 대한 논쟁부터 의미 있을 것이다. 하버마스의 의사소통행위이론(theory of communicative action)은 공론의 장에서의 합리적 의사소통과 개별주체의 반성이 건강한 시민사회를 형성하는 기제라는 것을 역설하였다. 따라서 인식의 공유와 토론, 이를 통한 사회적 환기는 우리 사회를 민주적으로 성숙하게 하는 소통의 시발점이라 할 수 있다.

넷째, 교육현장의 변화를 이끄는 물꼬는 교사에서부터 출발해야 한다. 교사도 끊임없이 배우는 학습자이다. 글로벌교육 체제에서 강조되는 다문화교육과 세계시민교육의 핵심 가치와 내용을 교육과정(형식적/잠재적 교육과정)에 유의미하게 융합할 수 있도록 교사 스스로 세계시민적 정체성을 가지고 새로운 배움을 지속적으로 이어질 수 있도록 교직사회의 문화적 토양이 형성되어야 한다. 이는 글로벌 체제가 강화되는 새로운 변화의 시대에 교사와 학생간의 교육적 감화가 시작되는 토대라는 점에서 중요하다.

다섯째, 다문화교육과 세계시민교육의 성숙을 위해서는 특정한 연령, 시기,

공간에서 단시간에 이루어지는 교육이 아니라, 생애에 걸쳐 지속적으로 재구성되는 평생학습과정이며, 평생교육적 실천이 수반되어야 한다.

Ⅴ 결론: 담론적 연대와 향후 과제

지금까지 본 연구는 다문화, 글로벌화 맥락에서 새로운 교육적 대응으로 주목받고 있는 다문화교육과 세계시민교육의 제 특징과 관계성, 그리고 교육적 함의를 고찰하였다. 새로운 교육환경의 도래는 다문화주의와 세계시민주의를 반영한 교육 철학의 재정립, 다문화·세계공동체적 인식론을 융합한 교육 내용의 변화, 다양한 인종적, 민족적, 문화적 배경을 가진 학습자 및 초국경 학습 경험에 대한 이해, 비판적 사고력과 실천을 강조하는 평생학습 차원의 교수방법의 다각화, 세계 체제적 관점에서의 교사교육 지평 확장 등 교육 사회의 변화를 요청하고 있다.

본고는 다문화교육과 세계시민교육은 모두가 함께 살아가는 학습(learning to live together) 여정이라는 것을 강조한다. 이에 두 교육 영역은 특정 시기, 특정 대상, 특정 공간을 넘어서 학교 안과 밖의 경계를 넘나들면서 시민사회에서 꾸준히 전개되는 것이 보다 바람직하다. 다문화교육과 세계시민교육은 다른 어떤 교육보다도 '세계'와 '나'의 관계성을 고찰하는 학습자의 성찰과 반성적 실천(praxis)을 요청하는 교육 영역이다. 따라서 학습자가 수동적으로 '받는' 교육보다는 자신의 경험과 실천을 바탕으로 '참여하는' 교육으로 거듭나, 다양성과 사회정의를 존중하고, 더 나아가 지역사회를 무대로 세계시민교육의 실제가 구현되도록 기획하는 것이 보다 효과적이다.

요컨대 세계 간 상호의존성이 점증하고 전 지구적 영향력이 일상세계까지 미치는 오늘날, 우리는 글로벌시대에 알맞은 창의적이고 혁신적인 교육이 필요하다. 다문화교육과 세계시민교육은 글로벌시대에 재편되는 교육의 내용과 체제

변화를 보여주는 중추적인 교육분야이다. 다시 말해 다문화·다인종사회에서 이질적인 사회구성원들과 소통하며 새로운 변화를 모색하는 다문화교육과 국가의 경계와 범주를 초월하여 사고하고, 성찰하고, 행동하는 것을 도모하는 세계시민교육은 그리 멀지 않다. 다문화교육은 교육자와 학습자, 우리 스스로가 다문화적 존재(multicultural entity)로서 다양한 경계를 넘을 수 있는 유연성을 가지도록 하며 참여와 소통을 통한 다원적 시민성을 키워가는 견인차적 역할을 한다. 또한 문화 다양성을 수용하고, 다문화적 의사소통력을 키우는 것은 세계인으로서의 자질과 태도 형성과 밀접한 관계를 가진다. 세계시민교육의 실현 역시 다문화적 학교환경, 다문화적 지역사회에서 풀뿌리 형태로 전개될 수 있다는 점에서 두 영역은 지속적으로 교차하면서 상보적 관계를 가진다. 따라서 앞으로 교육자들은 다문화교육과 세계시민교육을 교육과정 측면에서, 교육내용 측면에서, 교수방법 측면에서, 학습 성과 측면에서 다양하게 활용하는 연구와 실천적 노력이 필요하다.

앞으로 이를 위해 크게 두 가지 접근이 필요할 것이다. 첫째, 교육 당국은 다문화, 글로벌화에 발맞추어 세계시민으로서의 교수자와 학습자의 정체성을 고양할 수 있는 교육적 지원 사업이 학교교육에서 뿐만 아니라 학교 밖의 다양한 영역에서도 꾸준히 전개될 수 있도록 정책적 지원을 아끼지 않아야 한다. 둘째, 교육현장의 능동적 참여와 변화를 유도하기 위해서는 체계적이고 효과적인 교원 연수 프로그램이 제공되어야 한다. 실제로 교육 현장에서 최근의 일련의 변화에 대해 교사들은 혼돈과 갈증을 경험하고 있으며, 동시에 다문화교육과 세계시민교육을 잘 가르치고자 하는 의욕과 공감대도 여전히 얇다. 따라서 체계적인 교원 연수(직전교육/현직교육)를 통해 교사들이 다문화교육과 세계시민교육에 대한 이해의 지평을 넓히고, 우리나라 교육현장의 질적 변화가 추동되도록 해야 한다. 교사 간 자발적 학습공동체를 통해서 다문화교육과 세계시민교육의 개념과 실제를 연구하고, 교육적 적용 방안을 마련할 수 있다면 글로벌교육이 현재의 교육 체제에서 보다 유의미하게 수렴될 수 있을 것이다.

다문화교육과 세계시민교육을 통해 우리 교육은 새로운 교육사적 여정을 써내려가고 있다고 볼 수 있다. 요컨대 다문화교육과 세계시민교육이 교육의 변방에 머무는 것이 아니라, 달라진 한국교육의 '혁신'을 견인하는 중핵적 교육으로 자리매김해야 할 것이다.

참고 문헌

강순원(2009). 다문화교육의 세계적 동향을 통해서 본 국제이해교육과의 상보성 연구. 국제이해교육연구, 4(1), 5－56.

김진희(2011a). 다문화시대의 한국과 호주의 국제이해교육 특성과 과제. 비교교육연구, 21(1), 33－63.

김진희(2011b). 국제결혼이주여성과 이주여성노동자의 교육 참여 현실과 평생교육의 방향성 모색. 평생교육학연구, 17(1), 25－51.

김진희(2012). 호주사회의 국제난민을 둘러싼 다문화담론과 난민 이주민을 위한 교육.

김진희(2013). 국제개발협력 참여 경험을 통한 간문화 의사소통과 세계시민성 함양: 다문화교육에의 시사점. 청소년대상 다문화시민성 함양 교육 포럼 발표자료집, 23－40.

김현덕(2007). 다문화교육과 국제이해교육의 비교연구: 미국사례를 중심으로. 비교교육연구, 17(4), 1－23.

김현덕(2009). 미국에서의 다문화교육과 국제이해교육과의 통합에 관한 연구: 교사교육과 대학교육을 중심으로. 비교교육연구, 19(4), 29－51.

류방란·오성배(2012). 중도입국 청소년의 교육기회와 적응 실태. 다문화교육연구, 5(1), 29－50.

서덕희(2013). 이주민 집단에 따른 이주 배경 학생의 학교생활: 공통점과 차이점에 대한 메타분석을 중심으로. 다문화교육연구, 6(2), 23－58.

설규주(2004). 세계시민사회의 대두와 다문화주의적 시민교육의 방향. 사회과교육,

43(4), 31−54.

이민경(2008). 한국사회의 다문화교육 방향성 고찰: 서구 사례를 통한 시사점을 중심으로. 교육사회학연구, 18(2), 31−54.

유네스코 한국위원회(2013). 2012 Rainbow 청소년 세계시민프로젝트 활동보고서.

윤인진(2008). 한국적 다문화주의의 전개와 특성: 국가와 시민사회의 관계를 중심으로. 한국사회학, 42(2), 72−103.

장인실·전경자(2013). 초등교사의 다문화교육 인식과 실행에 관한 사례 연구. 다문화교육연구, 6(1), 73−103.

정세구(2002). 시민윤리교육과 도덕교육의 관련성 연구. 서울대학교 BK 21 연구보고서.

한양대학교 다문화교육센터(2013). 청소년대상 다문화시민성 함양 교육을 위한 프로그램 주제 분류 및 가이드라인 자료집.

허영식(2012). 다문화·세계화시대를 위한 세계시민주의의 담론과 함의. 한·독사회과학논총, 22(3), 57−86.

Banks, J. A., & Banks, C. A. (2010). Multicultural education: issues and perspectives. Hoboken, N.J.: John Wiley and Sons.

Bennett, C. (2010). Comprehensive Multicultural Education: Theory and Practice (7th ed). Boston: Allyn & Bacon.

Branson, M. (1998). The Role of Civic Education. A forthcoming Education Policy Task Force Position Pa from the Communitarian Network.

Castles, S., & Miller, M. J. (2003). *The Age of migration: international population movements in the modern world* (3rd ed.). New York: The Guilford Press.

Conley, M. W. (1989). Theories and attitudes towards political education. In M. A. McCleod (Ed.). Canada and citizenship education. Toronto Canadian Education Association.

Falk, R. (1994). The Making of Global citizenship. In B. Van Steenbergen (Ed.),

The condition of citizenship. London: The Sage Publications.

Giroux, H. A. (1980). Critical theory and rationality in citizenship education. Curriculum Inquiry, 10(4), 329 − 366.

Gustavsson, B., & Osman, A. (1997). Multicultural Education and Life − Long learning. In S. Walters (Ed.), *Globalization, adult education and training*. London & New York: ZED books.

Habermas, J. (1998). Die postnationale Konstellation. Frankfurt: Suhkamp.

Heater, D. (1998). World citizenship and government. London: Macmillian Press.

Davies, I., Evans, M., & Reid, A. (2005). Globalising Citizenship Education? A Critique of 'Global Education' and 'Citizenship Education'. British Journal of Educational Studies, 53(1), 66 − 89.

Ichilov, O. (1998). Conclusion: The challenge of Citizenship education in a changing world. Citizenship and Citizenship education in a changing world. London: The Woburn Press.

Jarvis, P. (2007). Globalisation, lifelong learning and the learning society. London: Routledge.

Noddings, N. (2005). Educating Citizens for Global Awareness. Teachers College Press

Osborne, K. (1997). Citizenship education and Social Studies. In I. Wright & A. Sear (Eds.), Trends & issues in Canadian Social studies. Vancourver: Pacific Educational Press.

Russel, T. (2005). Learning to be Australian: provision of education programs for refugee young people on − journey and upon resettlement. UNSW: The centre for Refugee Research.

Selby, D. (1994). Kaleidoscopic mindset: New meaning within citizenship education. Global education, 2, 20−31.

Sleeter, C. E., & Grant, C. A. (2009). Making Choices for Multicultural Education: Five Approaches to Race, Class and Gender(6th ed). Wiley.

Soutphommasane, T. (2006). After Cronulla: Debating Australian Multiculturalism and National Identity. Australian Mosaic, March−April.

Torres, C. A. (1998). Democracy, Education and Multiculturalism: Dilemmas of Citizenship in a Global World. Boston: Rowman & Littlefield.

CHAPTER 02

한국 성인의 다문화수용성 비판과
이주민에 대한 편향적 태도

요약

다문화관련 입법과 제도가 발안된 지 10년이 지난 오늘날, 이 논문은 한국인들의 다문화수용성과 다문화 이해를 비판적으로 고찰한다. 다문화사회를 긍정하든, 부정하든 간에 이미 한국사회는 외형적으로 다문화사회로 급속하게 전환되고 있다. 이 연구의 분석 결과, 다음의 특징과 쟁점이 드러났다. 첫째, 일반 성인들의 다문화에 대한 표면적 이해는 증가했지만 다문화수용성은 분절적이며, 둘째, 특정 외국인·이주민집단에 대한 편향적 선호와 차별 현상이 심화되었으며, 셋째, 젊은 세대의 반(反)다문화 의식이 강화되고 있으며, 넷째, 다문화수용성의 관건은 이주민과의 단순접촉이 아니라, 질적인 상호작용이라는 점이 도출되었으며, 다섯째, 한국인들의 외국인에 대한 지각된 위협의식이 심화되고 있으며 다문화교육에 참여가 미미하다는 특성이 드러났다. 전 국가적으로 볼 때 일반 성인들의 다문화수용성은 다양한 배경을 가진 사회구성원들이 시민사회에서 더불어 살아가기 위한 사회통합 기제로서 중요한 메타포를 함의한다. 본 연구는 일반 성인들의 다문화인식 제고를 위한 교육적 방향을 비판적으로 고찰하고, 향후 평생학습 차원에서 다문화교육을 추진하는 밑그림을 제안하였다.

주제어 : 다문화 수용성, 이주민, 성인학습자, 다문화교육, 평생교육

Ⅰ 서론: 문제 제기

2000년대 초입부터 국가수준의 다문화정책이 기획된 지도 어느덧 10여 년 이상의 시간이 흘렀다. 다문화정책의 일환으로 2003년 고용허가제 제정, 2004년 국적법 개정, 2007년 재한외국인처우기본법 제정, 2008년 다문화가정지원법 제정, 2010년 혼혈인의 현역 병역 이행을 허하는 병역법 개정 등이 단행되었듯이 외연적으로 다문화를 정착시키기 위한 제도화는 짧은 시간 동안 소기의 성과를 거두었다. 그런데 한국 사회의 다문화 이해 수준은 얼마나 달라졌는가?

제도와 정책은 사회의 구조를 변화시키는 데 중추적인 상부구조를 결정한다. 따라서 정부가 국가사회적 필요로 인해서 설계하고 수립해 온 다문화 정책과 제도에 대한 총괄적인 영향력 평가가 필요한 시점이다. 제도의 구축과 착근이 이루어지는 궁극적 지점은 제도의 직간접적 영향을 통한 사회 구성원들의 정서, 의식, 행위의 변화에서 읽힐 수 있다. 이러한 관점에서 본 논문에서는 한국의 성인들이 다문화를 어떻게 수용하고 있는지를 분석하고 그것의 특성과 쟁점이 무엇을 의미하는지를 고찰하고자 한다.

2018년 현재 체류외국인 비율이 전체 인구의 4%를 육박하는 상황에서 일반 국민들이 급속하게 증가한 이주자를 어떻게 인식하고 어떤 방식으로 대하는지 파악하는 것은 다문화사회로의 통합에 긍정적인 요인이 되거나 혹은 걸림돌이 될 수 있다. 그런데 실제 한국 정부는 다문화사회로의 전환을 대비한 제도화를 추진해 왔으나, 그것이 과연 다문화를 어떠한 큰 그림 속에서 그려왔는지에 대해서는 비판적 의견이 많다. 정부가 추진해 온 다문화는 중장기적인 비전이 부재한 채, 동화주의적 프로그램이 재생산되고 얕은 수준의 다문화 콘텐츠를 담은 파편화된 편린들이 중첩적으로 생산되었다는 지적이 있다(김진희, 2016). 아울러 한국 사회의 다문화는 서구 사회의 이민 역사와 다른 역사적 궤적을 가지고 있는 특수성이 있음에도 불구하고 서양의 이론을 분절적으로 흡수했다는 비판(엄한진, 2008)이 있는가 하면, 보수 우파 정권에서 결혼이주여성과 다문화가족을 시혜적 관점으로 수용하면서 위선적인 다문화정책을 추진했다는 비판(강미옥, 2014)도 있었다. 같은 맥락에서 사회 통합은 뒷전이고, 한국사회에서 이질적인 이주민들의 적응과 동화를 강조하면서 한국 정부의 다문화정책은 외국인과 이주민, 그리고 그 가족을 한국 사회로 동화시키는 데 편중됐고 자국민의 다문화 수용도를 높이는 데에는 소홀했다(김지윤 외, 2014)는 비판도 제기되어 왔다.

이러한 비판적 논의 가운데 2018년에 제주도에 무사증으로 입국한 예멘 난민 '사태'로 명명되는 이슈는 한국 사회에서 다문화를 어떤 방식으로 대응하는지를 보여주는 시험지와 같았다. 시리아, 예멘, 아프가니스탄에서 발생하는 난민 이슈를 국제뉴스의 한 조각으로 스치듯이 이해했던 한국인들은 어느 순간 '우리의 영토에 들이닥친 불온한 난민집단'을 배타적으로 인식하면서 반(反)다문화주의적 발언과 대응이 온·오프라인 공간에서 범람하기 시작했다. 더욱이 한국사회에서 다문화이슈는 문화 다양성과 글로벌 경쟁력을 강화하는 긍정적 기제로 인식되기도 있지만, 주류적 인식은 '다문화'로 인해서 내국인의 일자리를 위협되거나 사회 풍속을 해친다는 이유로 외국인 혐오, 인종차별 이슈와 연계되면서 사회적 결속력을 해치는 요인으로 인식되는 경향도 상존해 왔다.

이러한 문제의식에서 본 논문에서는 첫째, 지난 10년간 논의되어 온 한국의 다문화 관련 담론의 특성이 무엇인지를 다각적으로 논의하고 사회통합 관점에서 그것의 특성이 무엇인지 살펴보고자 한다. 둘째, 한국 성인들의 다문화 수용성의 특성과 쟁점이 무엇인지 비판적으로 고찰하고, 셋째, 일반 성인을 위한 평생교육 차원의 다문화교육의 방향이 무엇인지 모색하고자 한다.

Ⅱ 한국의 다문화 논의의 특성과 한계

1. 취약한 사회적 자본과 낮은 수준의 사회통합 및 시민참여

경제협력개발기구(OECD)가 35개 회원국을 조사한 결과 '다른 사람들을 신뢰할 수 있는가'라는 물음에 한국은 26.6%만이 '그렇다'고 응답해서 OECD 평균인 36%에 미치지 못했다. 가장 사회신뢰도가 높은 나라로 덴마크가 74.9%를 나타냈다는 점을 보건대, 격차가 큰 것을 알 수 있다. 이 밖에도 한국은 35개국 가운데 '사법시스템을 못 믿겠다'라는 항목에서 34위를 차지했고, '의지할 사람이 없다'는 항목에서도 34위를 차지했다는 점에서 한국 사회의 신뢰 수준, 사회적 네트워크가 최하위권에 머무르고 있음을 알 수 있다(대한상공회의소, 2016). 이는 총체적으로 한국의 사회적 자본이 취약하다는 것을 보여준다. 자본과 노동 가치라는 경제자본으로는 한 사회의 성장판이 닫힐 우려가 있으며, 사회적 자본을 향상시키기 위해서는 교육과 규범이 가장 중요하다(유한구 외, 2018).

실제로 OECD 가입국가 가운데 20세기에 가장 급속한 경제발전을 이룬 나라 중 하나로 한국이 손꼽히는 데 이견이 없다. 한국전쟁 이후 초토화된 국가를 재건하는 과정에서 대외 원조를 받던 최빈국이었던 한국은, 2010년에 이르러서는 개발도상국에게 대외 원조를 제공하는 공여국가로 전환된 가장 극적인 국가라는 점에서 국제사회의 주목을 받았다. 그러나 눈부신 경제 발전의 양적 성장 이면에는 질적인 사회 부작용이 동반되고 있다.

한국뿐만 아니라 경제적 고도성장을 이룬 동아시아 국가들에서 양적 경제 팽창에도 불구하고 시민들의 행복감이 떨어지는 경향이 두드러진다(이재열, 2015). 현재 한국사회는 다양한 계층갈등, 소극적인 위험 회피, 과도한 간판 경쟁, 그리고 승자 독식의 경향이 두드러지는 문제점을 가진다. 이러한 상황에서는 한 사회의 품격이라고 할 수 있는 시민사회의 질은 매우 중요해진다. 이재열(2015)은 논문에서 국민의 행복감은 사회의 질, 특히 시민사회역량과 높은 상관관계를 가지고 있다고 분석했다.

2009년 시행한 국제시민교육연구(ICCS)에서 우리나라의 '시민지식' 수준은 38개국 중 3위에 해당하여 매우 우수하다는 평가를 받았다. 반면, '시민 참여활동' 점수는 38개국 중 최하위권에 머물렀다(문성빈, 2015). 예를 들어, 방과 후 학교 프로그램에 대한 자발적 참여도(23%)는 ICCS 국가평균(61%)보다 38% 낮았고, 토론에 적극 참여하는 비율(33%)은 ICCS 국가평균(44%)보다 11% 낮았다. 또한, 기부경험은 나이가 들면서 점점 활동 참여율이 낮아지는 추세를 보인다. 이것은 한국 사회의 시민참여 지수는 머리와 지식으로는 높지만, 시민들의 실체적 행동으로 이어지지 않는다는 모순적 상황을 보여주고 있다. 이론과 실제의 격차를 분명하게 보여준다.

실제로 한국인들은 시민단체 참여 활동이나, 지역공공 모임, 정당참여 활동 등 일터나 직장 이외에 어떤 집단에 소속되어 공동의 아젠다를 만들고 연대·협력하는 경험이 낮은 것으로 드러났다. 기실, 각종 통계 조사를 통해서 한국사회가 보여 주는 낮은 사회통합 수준과 사회적 신뢰에 대한 경고가 2000년대 들어 지속적으로 커지고 있다. 인적 자본을 강조하고 경제 성장 중심적 패러다임을 취하던 발전 정책은 각종 경제, 노동, 사회 갈등과 복합적 위기 상황 속에서 한계를 직면하게 되었다(정해식 외, 2016). 한국사회의 사회통합 상태를 진단한 한국보건사회연구원의 '사회통합지수 개발연구' 보고서에 따르면, "한국은 OECD 35개 국가 중에서 칠레, 라트비아, 멕시코, 슬로베니아 및 터키를 제외한 30개국 비교 가운데 가장 낮은 수준의 사회통합지수를 가진 것으로 나타났다. 1995~2015년간 5년마다 측정한 사회통합지수에서 한국은 5차례 모두 0.2 이하의 지수값을 보이며 경제협력개발기구(OECD) 30개 회원국 가운데 29위를 차지했다. 특히 사회적 포용(social inclusion) 영역에서는 5년마다 측정된 시점에서 모두 30위를 차지했고, 사회적 자본(social trust)은 22, 23위를 유지하였다"(정해식 외, 2016: 4).

여기서 사회통합 개념은 한 사회의 통합 수준과 정도를 양적 통계 수치로 표층적으로 제시하는 데 그치는 것이 아니라, 사회적 갈등과 위기, 신뢰의 정도,

그림 1 한국 사회 집단 간 소통 수준 - 이웃 간

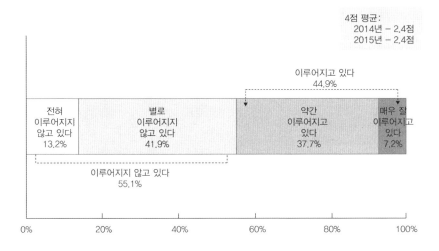

출처: 2015 사회통합실태조사(2015: 98)

인간관계망, 차별과 포용, 사회적 자본 등 다층적인 측면을 광의의 개념으로서 포괄한 것이다. 이러한 진단 속에서 우리는 한국의 시민사회가 직면한 이슈를 읽을 수 있다. 시민 간 상호 신뢰도가 낮으며, 성별, 나이, 빈부에 따라 차별이 이루어지며 타인에 대한 신뢰가 낮기 때문에 내집단과 외집단에 대한 구분과 경계가 심각하다는 것을 알 수 있다(이재열 외, 2012). 2015년에 실시된 사회통합실태조사에서도 한국인들이 지역사회에서 넓은 의미의 이웃 간 소통이 얼마나 이루어지고 있는가라는 질문에서 절반 이상인 55.1%가 소통이 별로 이루어지지 않거나, 전혀 소통과 상호작용이 없다고 응답했다.

2. 체류 외국인에 대한 불신과 다문화사회로의 불안한 전환

이 같은 한국인 내집단 사이에서도 사회적 신뢰와 소통이 취약한 상황에서 외국인에 대한 거부감과 경계도 높아지고 있다. 소통이 얼마나 이루어지는가는 소통 주체가 피부로 느끼는 신뢰 정도에도 영향을 미치게 된다. 최근에는 이러

그림 2 집단별 신뢰 정도- 국내 거주 외국인

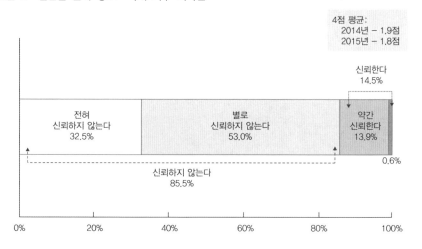

출처: 2015 사회통합실태조사(2015: 119)

한 포용과 차별의 범주 가운데 인종과 국적에 근간을 둔 차별이 이루어지고 있다(강미옥, 2014). 실제로 국내에 거주하는 외국인을 얼마나 신뢰하는가에 대한 실태조사에도 조사 대상 일반 국민의 85% 이상이 외국인을 별로 신뢰하지 않거나 전혀 믿지 않는다고 응답했다(한국행정연구원, 2015).

외국인에 대한 이러한 인식과 실태를 볼 때 한국 사회의 시민참여와 시민의식은 중앙정부의 정책과 제도로부터 견인될 수 있는 성질이 아니라, 한국시민사회의 참여와 사회적 신뢰라는 무형 자본을 다 함께 구축하는 노력이 절실하다는 것을 역설하고 있다.

그런데 국내외 학술 논의에서도 한국은 다인종, 다문화 사회로의 변동이라는 급속한 사회적 전환을 맞고 있는 나라이다(Castles, Hein de Haas, Miller, 2013; 윤인진, 2008). 인구통계학적으로 UN은 한 사회에서 인종, 민족, 종교 등 이질적 배경을 가진 인구 구성비가 5%를 상회할 경우 양적으로는 다문화사회의 외적 구성체를 갖춘다는 명제를 비추어볼 때, 한국은 이미 다문화사회로 진입했다고 볼 수 있다(김진희, 2018). 법무부의 출입국·외국인정책 통계연보(2018)에 따르면

2018년 4월 현재 국내 체류 외국인(단기방문 외국인 포함)은 226만 명으로, 우리나라 인구의 5% 육박을 앞두고 있는 상황이다.

그림 3   국내 거주 외국인 국내 체류 외국인 증가 추이

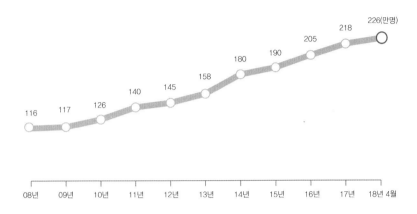

출처: 출입국·외국인정책 통계연보(2018년 4월 기준)

 국내 거주 외국인 주민수의 증가는 학교교육의 현장에서도 동일하게 나타나고 있다. 전체학생 수는 저출산의 영향으로 인해서 최근 5년간 매년 평균 18만 명 내외가 감소하고 있지만 다문화배경을 가진 학생의 수는 최근 5년간 매년 1만 명 이상 증가하는 양상이다. 2018년에는 12만 명을 초과하여 전체학생 대비 2.2%를 상회한다(교육부, 2018: 2).

 이는 사회변동(social change)이라고 명명할 만큼 한국사회에서 다문화는 사회적 변화를 표상화하고 있다. 그런데 문제는 이 같은 다문화사회로의 전환이 여전히 분절적이고 불안하게 이루어지고 있다는 점이다. 분절을 해소하고, 불안을 극복하기 위해서는 비전을 제시하는 통합적 좌표가 필요하다. 그런데 현재 한국에서 '다문화사회로서의 대한민국'에 대한 국민적 공감대가 확산되었는지는 의문이다.

 여전히 급속한 외형적 사회 변화 속에서 피부색, 출신 국가 배경, 언어와

그림 4 전체 학생 및 다문화학생 증감 추이

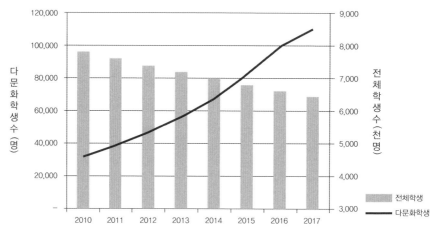

출처: 교육부(2018: 2)

종교가 다르다는 이유로 이주민은 사회 통합 대상에서 소외받고 있고 주변부에서 타자화되고 있는 것이 사실이다. 한국사회가 정책과 제도 영역에서 추진하는 사회 통합이 한국에서 태어난, 한국 조상을 가진, 한국어를 사용하는, 한국인 외모를 가진 사람들만이 사회정책을 향유하게 하고 나머지의 사회구성원들이 소외될 경우, 사회적 갈등과 혼란, 격차로 인한 소외와 배제가 가중될 수 있다(김진희·이로미, 2016) 그동안 한국의 이민정책과 이민담론은 저발전 상태에 놓여있고, 다문화를 정책적으로 표방하고 있음에도 한국어 및 한국전통문화에 치중한 정책은 사실상 동화주의적 요소가 강하다는 점에서 상당히 분절적이다(엄한진, 2008).

　　실제로 다문화학생이 교육 사각지대에 놓여있는 문제는 심각한데, 그 중에서도 중도입국 자녀와 이주민 밀집지역 재학 학생의 교육받을 권리를 보장하는 것은 정책적 과제로 손꼽히고 있다. 현재 공교육제도 밖에 존재하는 중도입국 청소년의 비율이 약 30%에 달하고 있고 이들의 공교육 진입 장벽은 언어적 장벽, 경제적 결핍, 가정불화로 인해서 사회적으로 공고하게 형성되어 있다(교육부, 2018; 양계민, 2017). 다양성과 이질성이 높아진 사회에서 사회적 자본과 사회통합을 끌어올리기 위해서는 불평등과 불균형을 해소할 수 있도록 소수자, 약자의 이슈에 관심을 기울이는 차원의 소극적 대응이 아니라, 적극적인 정책적 개입이 필요한 이유이다. 이런 맥락에서 사회적 취약 계층의 역량을 개발하고 이들에게 형평성 있는 교육이 폭넓게 제공되어야 한다(김진희, 2018; 김태준 외, 2016).

3. 한국형 다문화담론과 다문화교육의 특수성과 한계

2018년도에 열린 <한국다문화교육학회>의 국제학술대회에서는 '한국의 다문화담론 및 다문화교육의 특수성이 있는가'라는 주제로 특별 세션이 진행되었다. 그동안 다문화교육은 서구의 다문화담론을 주요 준거로 참고하면서 여러 정책적 설계를 시도하고, 학술 논의의 줄기를 잡아왔다. 그러나 서구사회의 다문화 구성체와 한국 사회에서 다문화주의가 뿌리 내리기 시작한 맥락과 상황은 상이하기 때문에 한국의 다문화 토양에 대한 비판적 성찰은 매우 중요하다. 우리나라에서 '다문화주의' 혹은 다문화정책에 대한 연구와 논의, 정책이 이루어진 역사는 일천했지만, 전환적 논의의 속도는 매우 급속했다. 서구사회에서도 근대적 시민권은 불과 200년의 역사를 가진다. 그런데 한국의 다문화시민권 논의는 본격적인 시작조차 되지 않았고(김희강 외, 2017), 이주민의 한국 사회 적응을 도모하는 동화주의적 다문화정책도 압축적 성장만 했을 뿐, 시민사회에서 '다문화'는 오히려 소외와 차별의 대표 용어가 되는 부작용이 발생하게 되었다.

이에 한국의 다문화담론의 특수성이 무엇인지에 대해서 논의할 필요가 있다. 한국사회의 특수성에 대한 고려 없이 지금까지 서구 다문화이론을 사회과학계가 수용한 것에 대한 자성이 필요하다. 첫째, 이민담론의 분절성에 주목해야 한다. 제국주의 정책 및 식민주의의 유산으로 이주노동자에게 문호를 개방한 유럽 국가들, 혹은 원주민을 밀어내고 새로운 근대국가를 형성하기 위해서 이민의 역사를 기획해 온 북미의 나라들의 맥락과 달리, 한국사회에서 다문화정책은 글로벌 이민·이주라는 현상과 분리되어 관주도로 설계되었다. 엄한진(2008)은 이에 대해서 자본주의 등장 이후 일국적 사회현상과 국제이주에 따른 현상은 상호 밀접한 연관성을 지니면서 이주·다문화 논의가 주류 사회 일반 논의와 결합되는 것이 보편적 현상임에도 불구하고, 한국사회는 중앙집권적 다문화정책이 재편된 이후 사회문제의 일반적 쟁점과 분리되어 다문화정책이 기하급수적으로 쏟아지기 시작했다고 설명했다. 예컨대 소수자 운동, 여성운동, 동성애운동, 장애인인권, 환경운동 등 신사회운동의 의제 속에서 이주민의 목소리는 침묵되었고 다문화담론은 유리되어 왔다.

둘째, 다문화정책의 불균형성과 편중성이라는 특징이 있다. 우리사회 다문화주의 정책은 위계서열을 가지고 있으며 불균형적이다. 이주민 가운데 수적으로 다수를 차지하는 이주노동자는 정책의 사각지대에서 그림자로 치부되고 있고, 저출산 고령화 담론 속에서 새롭게 '국민'으로 편제된 결혼이주민과 다문화가족 자녀에게 모든 것을 쏟아 붇는 올인(all in) 정책으로 쏠려있다. 다문화를 표방하고 있음에도 한국어 및 한국문화 학습을 지원하는 동화주의 요소의 프로그램은 정책적 후원을 받으면서 개발되었다. 다수의 다문화정책과 프로그램이 설계되었지만 정부-학계-언론-시민사회의 다문화 관련 논의는 공론의 장이 부재한 가운데, 이중적인 의미에서 분절적으로 진행되었다. 즉 이주노동인가, 결혼이민인가 등 이민자의 배경에 따라서 지원 정책에서 소외와 편중현상이 일어났고 이민논의가 여타의 사회 논의와도 단절되어 있었다(엄한진, 2008:. 122).

셋째, 이주민에 대한 온정주의적 관점과 동화주의적 다문화정책이 주류를 형성하고 있다. 윤인진(2008)은 한국사회의 다문화정책·다문화교육은 이주민이 가진 기존 문화에 대한 이해가 부재하고 문화접변(acculturation)을 고려하지 않고 한국 사회에의 적응을 강조하는 동화주의적 프레임이 강하게 작용했다고 비판했다. 그 속에서 일반 국민들은 미디어를 통해서 이주민 문화에 대한 얕은 호기심을 가지는 수준에서 벗어나지 않은 채, 다문화정책이 온정주의에 머물러서 우리사회의 이민자를 둘러싼 인정의 정치(politics of recognition)가 부재했다(김진희, 2018). 이주민들은 복지와 시혜의 대상이 되고, 특정 국가, 특정 종교를 가진 이민자 집단에 대한 편견과 고정관점이 확산되어 갔다.

넷째, 그동안 한국의 다문화정책이 결혼이주민과 이주노동자를 구분하면서 이주의 위계화를 가져왔으며, 돌봄 노동의 글로벌 격차를 재생산하는 이주의 여성화와 가부장적 구조의 재생산을 오히려 가속화했다(Castles & Hein de Haas & Miller, 2013). 예컨대 한국의 중도입국 청소년의 문제는 개발도상국의 아동 · 청소년들이 한국으로 이주한 어머니로부터 방치되어 돌봄 공백을 불러일으킨다는 사회학적 논의와 맥락을 공유하고 있다. 또한 관주도의 중앙집권적 다문화정책은 시민사회의 수용력을 왜곡하고 결혼이주민 중심의 성편향적 정책이라는 비판을 받게 되었다(엄한진, 2008; 구본규, 2016).

다섯째, 정부와 시민단체의 코포라티즘으로 인해서 이주민 인권 의제가 연성화된 특성이 두드러졌다. 국가 주도의 다문화정책을 비판적으로 견제하고 건전한 대안을 생성해야 하는 시민단체조차, 다문화 관련 위탁 사업을 수주하는 관행이 나타나는 것에 대해서 윤인진(2008)은 정부와 시민단체가 공조하는 한국형 코포라티즘(corpratism)이 발생하면서 이주민의 인권 및 성인지적 관점이 유약화되어 갔다고 비판했다. 즉 1990년대 시민단체들이 치열하게 인권 의제로 다루던 불법체류 외국인 노동자에 대해 손을 놓으면서, 점차 사회적 공감과 지지를 받을 수 있고 정부 위탁사업형태로 지원받기 수월한 결혼이주여성과 다문화자녀를 위한 사업에 치중하게 되는 변화가 나타났다(윤인진, 2008). 이러한 움직임 속에서 점차 다문화정책과 다문화교육에 대한 논의는 가족학, 사회복지학자들의 연구와 사업이 주도되면서 건강가족지원센터 형태로 진행되는 기이한 현상이 발생하게 된 것이다. 이런 측면에서 한국의 관주도형 다문화주의는 세련된 외국인 관리 정책일 뿐이라는 비판이 제기되는 것이다(오경석 외, 2009).

보다 구조적인 측면에서 한국의 다문화정책의 한계 역시 논의가 되어야 한다. 이것은 우리사회에서 다문화교육이 기초한 맥락이라고 볼 수 있다(엄한진, 2008; 김진희, 2018). 이를 정리하면 다음과 같다.

첫째, 한국은 서구와 달리 이주민 수용과 다문화 논의의 역사가 짧고, 다양한 소수민족 공동체가 형성되지 않았다는 점에서 차이가 있다. 이민국가로서 국가 기틀을 다져온 미국, 캐나다, 호주와 달리 한국사회에서는 인종적, 민족적, 종교적 특성에 기반을 두고 연대협의체를 이룬 소수민족 공동체의 존재가 없었다. 오히려 단일민족이라는 통일적 이데올로기가 한국에서 다문화주의의 형성과정에서 견고한 신념적 거부 기제를 마련해 왔다.

둘째, 다문화주의에 필요한 문화적 토대가 빈곤하다. 한국은 1980년대 국민국가의 정치적, 사회적 통합력이 약화되고 고용 불안정성과 양극화가 시작되는 상황에서 새로운 이주민들이 대량 유입되었다는 특성이 있다. 다문화주의에 대한 서구이론의 차용은 불가피했지만 한국 현실에 반영하는 문화적 토대가 박약했다고 볼 수 있다.

셋째, 한국과 역사적 연관성이 부재한 이주민의 유입 문제는 특수하다. 대개의 유럽 서구사회는 과거 제국으로서 식민지의 국민에게 '본토'인 서구유럽 국가로의 이주를 허용하는 등 역사적 연관성 속에서 이민 정책을 설계했으나, 한국은 지리적 위치성을 제외한다면 크게 관련이 없는 동남아국가 중심의 이주민들이 유입을 장려했다. 특히 유럽과 미국의 노동 이민에 비해 한국의 경우 저출산·고령화라는 시대적 맥락으로 결혼이주여성의 비중과 정책적 논점이 압도적으로 크다는 점에서도 서구의 토대와 차이가 있다.

넷째, 서구의 경우 문화차이, 종교문제, 치안, 인종주의, 극우주의 등과 다문화담론이 연관되어 있지만 우리나라는 복잡한 사회담론과 유리되어서 한국어 교육, 한국문화 이해, 동화주의 등 다문화주의에 대한 규범적 접근이 주를 이루고 있다. 이는 시민사회에서 다문화주의를 일상적으로 삶의 문제로 부딪히고 역동적으로 재구성하는 사회 현상으로 이해하기보다는 '추상화된 다문화주의'를 전제하고 있다는 점을 시사한다. 교육자들도 다문화이슈와 쟁점이 가진 다각적인 지점을 비판적으로 논의하고 민주시민사회에서 다양성을 어떻게 대응해야 하는지 근본적인 의제로 다루기보다는 교육과정의 경계 안에서 규범적으로 다루는 경향이 크다.

다섯째, 다문화이론과 사회구성원들이 상호작용하는 실제의 괴리가 크다. 이주민과의 공존 경험이 빈약한 한국 사회에서 아직 본격적으로 시행착오를 거치지 않은 다문화 담론은 정책적 포장으로만 존재한다는 한계에 봉착하게 된다. 엄한진(2008)은 이에 대해서 다문화정책의 내용과 방식이 이상적, 추상적, 모순적이기에 '주류집단과 상호작용하는 소수민족집단의 존재'라는 일반적인 다문화주의 전제 조건이 누락되었다. 이러한 누락은 근본적인 사회구조적 장벽에 대한 논의를 침묵시킬 수 우려가 있다.

여섯째, 다문화교육 정책이 결혼이주민과 다문화가정의 자녀의 교육에 초점을 두면서 다문화교육 콘텐츠의 편중 현상이 두드러졌다. 미디어와 공론의 장에서도 결혼이주여성에 대한 전통적 관념이 재생산되고, 다문화가정이 결핍을 가진 존재로서 타자화되는 재생산의 고리가 이어져왔다. 서구에서 다문화교육은 인종차별과 사회적 정의의 실현, 민주사회의 구성원으로서 주체성을 강화하는 시민교육의 일환으로 전개되었다면, 한국의 다문화교육은 이주민과 정주민의 편견과 차별, 그룹핑을 암묵적으로 묵인하고 구조적 이슈에 대한 비판적 소통이 닫힌 형태로 한국사회 적응을 위한 교육으로 작동되어 온 한계가 있다.

일곱째, 한국에서 결혼이주민과 다문화자녀의 사회적 지원에 대한 정당성의 근거는 세계화와 인적자원 담론에서 작동된다. 물론 서구에서도 다문화주의는 이주민의 노동력을 활용하여 국가의 생산력을 높이고 포섭과 배제를 통한 신자유의적 국가 통치 기제로서 이용되어 왔다. 그런데 한국에서는 주로 결혼이주민과 다문화가정의 2세들을 한국사회의 내부적 세계화에 활용하고 이주민들이 자신이 가진 종족성을 문화다양성으로 상품화할 수 있는 '다문화 인재' 담론이 주목을 받게 되었다(구본규, 2016).

다문화무역인재육성사업(대한무역투자진흥공사), 다문화가정 학생들을 글로벌 인재로 육성하기 위한 글로벌 브릿지사업(교육부), 다문화가족해외마케팅지원사업(한국무역협회) 등이 '다문화' 가족들을 '활용'한 대표적인 사업들인데, 예를 들면 무역협회의

한 보고서는 지방 중소기업의 해외시장 개척을 위해 '다문화 요원의 장점을 적극 활용'할 것을 제안하고 있다. 따라서 이런 문화적 다양성이라는 자원과 인적자원은 적극적인 개발의 대상이 되어야 하며 이를 위해 여성결혼이주민과 그 자녀들은 적극적인 사회적 지원을 받아야 하는 것이다(구본규, 2016: 210).

한국 정부가 다문화가정에 대한 포용과 적극적 지원을 취하는 것은 '글로벌 코리아'의 위상을 높이는 투자로 인식되기도 한다. 출신 배경 국가와 한국이라는 양쪽의 언어와 문화를 이해하면서 두 나라의 가교 역할을 하는 글로벌 인적 자원으로 다문화가정의 2세들을 활용한다는 논리는 심지어 다문화교육의 정책성 효과성을 설파하는 논리로 이용될 수 있다. 정치적 보수정권이 다문화주의를 적극적으로 활용하는 것도 이러한 프레임이 작동하고 있기 때문이다(강미옥, 2014). 근본적인 지점에서 사회 통합은 뒷전이고, 한국사회에서 이질적인 이주민들의 적응과 동화를 강조하는 인식론이 기저에 깔려 있는 것이다. 실제 그동안 한국 정부의 다문화정책은 외국인과 이주민, 그리고 그 가족을 한국 사회로 통합시키는 데 편중됐고 자국민의 다문화 수용도를 높이는 데에는 소홀했다는 지적이 같은 맥락에서 제기된다(김지윤 외, 2014: 3).

Ⅲ 성인 대상 다문화교육과 평생교육 논의와 쟁점

1. 일반 성인의 다문화의식과 평생교육 논의와 관계

평생교육학의 가치는 사회적 안정망 기능을 수행하는 데 이념적 기반을 제공한다(Jarvis, 2007). 전통적으로 평생교육학은 사회적 약자의 역량 증대를 도모하는 임파워먼트와 민주시민 사회의 형성을 이론적, 실천적 관점에서 고민해온 학문 영역이다(김신일, 2001). 나아가 평생학습이 추구하는 포용적 사회는 모든 사회 구성원들이 사회적 출신 성분, 인종, 민족, 성별 차이에 관계없이 완전히 참여할 수 있고 사회의 복지를 공유하는 열린사회를 지향한다(변종임 외, 2007: 19). 이를 볼 때 사회통합과 시민사회의 신뢰를 높이는 데 있어서 평생교육의 학술적, 정책적 역할이 중요하다는 것을 알 수 있다.

지금까지 평생교육 관점에서 일반 성인 대상 다문화교육의 필요성에 대한 논의는 교육학계에서 제기되어 왔다(정민승·조지연, 2012; 배영주, 2009; 김진희, 2016; 김진희·이로미, 2015). 특히 김진희·이로미(2016)의 연구에서도 다문화주의에 기반을 둔 성찰이 평생교육이 오랫동안 강조해 온 능동적 시민성(agent citizenship) 함양이라는 교육목표의 문제와 복합적으로 연결되기 때문에 다문화사회에서 다양성을 성찰하고 존중하는 시민성을 함양하는 데 있어서 평생교육의 논의와 실천이 작동되어야 한다고 주장한다.

이 같은 논의를 종합하며 김진희(2018: 176)는 다문화교육의 평생교육적 접근을 다음의 세 가지 측면에서 제시하였다. 첫째, 평생교육차원의 접근은 기존 다문화교육의 목적을 이주민의 동화와 적응에 초점을 두는 것이 아니라, 정주민과 이주민을 포함한 사회구성원 모두의 학습경험의 반성적 재구성을 통해 다문화교육의 지평을 비판적으로 확장시킨다. 다문화가정과 일반 시민이 함께 다문화사회 구축의 주체로 위치지어 진다. 둘째, 기존의 다문화교육의 대상과 학습집단의 한정성을 극복한다. 학령기의 초중등 학생을 대상으로 하는 다문화교육에 머무르지 않고, 외국 출신 이주민을 학습의 필요를 가진 주체적 학습자로 바라보는 시각을 제공한다. 이러한 관점에서는 외국인과 내국인 모두 다문화적 상황에서 생애적 관점에서 자신의 경험을 재구성하고 사회통합을 주도하고 해석하는 주체가 된다. 다문화가족뿐 아니라, 일반 시민이 학습공동체의 구성원이 되어서 다문화사회를 둘러싼 갈등과 소통을 비판적으로 인식하는 교육의 틀을 평생교육이 제공할 수 있다. 셋째, 교육 내용과 교육방법의 변화도 요구된다. 이주민들은 결핍된 존재가 아니라 능동적 학습자로서 주체적이고 자기주도적 학습을 구성해가는 행위자로 위치지어진다. 인간의 삶에 편재한 다양한 문화와 경험을 학습자들이 참여하고 반응하고 해석하면서 기존의 적응과 동화위주의 교육의 틀을 벗어나게 하는 인식론을 제공한다. 그런 점에서 평생교육 차원에서 전개되는 다문화교육은 사회 구성원들이 교육을 수동적으로 받는 관망적 외부자가 아니라, 다문화라는 환경과 콘텐츠를 일상 생활세계 속에서 새롭게 직조하는 학습주체가 된다.

다문화사회의 지속가능한 구현을 위한 조건을 논의한 Vasta(2007)는 모두를 위한 다문화주의(multiculturalism for all)를 역설했으며, 법과 제도의 구축뿐만 아니라 인식의 변화를 도모하는 다문화교육이 필수적으로 수반되어야 한다고 말했다. 모든 이를 위해서 교육 대상 및 기회의 확대가 필수적이며, 이주민이 놓인 사회구조적 불평등과 차별의 문제를 덮지 않고 비판적으로 인식하고 사고하게 하는 교육이 되어야 한다. 이는 단순히 학령기 청소년을 위한 교육과정 중심의 주지주의 교육이 아니라, '나'와 '타자'의 이질성과 다양성의 구조를 다각적으로 인식하고 일상의 삶의 현장에서 다양한 배경을 가진 구성원들의 상호 소통을 촉매하는 교육이 필요하다. 이런 측면에서 평생교육학 연구는 사회의 구성원인 일반 시민들이 교과서 밖에서 부딪히고 경험을 재구성하는 일상의 삶터에서 직면하는 넓게는 민주주의와 시민참여에 적극적으로 관여하는 학문의 뿌리를 상기시키고, 좁게는 지역사회에서 인종 차별, 권력, 소수자의 문제를 회피하지 않고 비판적으로 사고하는 교육의 지평을 확대해야 한다(Guo, 2010; 김진희, 2016).

그럼에도 불구하고 지금까지 평생교육학 분야에서의 다문화교육에 대한 논의가 미진하여 지역교육의 역동적인 현장과 교육적 필요가 유리되어 왔다. 평생교육과 다문화교육의 이론적 맥락과 실제는 단선적이기보다는 복합적이고 교차적 측면이 강하기 때문에 이를 종합적으로 진단하는 것은 난해한 분석 작업을 필요로 한다(김진희·윤한수, 2016). 분명한 지점은 이론적으로 볼 때 평생교육학에서 다문화주의의 교차지점은 성별과 인종, 국적을 차별하지 않고 모든 사회구성원의 삶터에서의 학습경험을 재구성하는 데 관심을 기울이고, 민주시민성을 함양하는 데 가장 중추적인 학술 토대를 제공하고 있음을 알 수 있다.

여전히 결혼이주민, 다문화가정, 이주청소년에 대한 분석이 분절적으로 이루어지고 있지만, 다문화사회로의 전환에서 문화적, 인종적, 계층적 다양성을 구조적으로 분석하는 평생교육은 아직 포괄적인 프레임에서 작동되지 않고 있다. 한국의 농어촌 지역은 수도권 중심의 대도시의 표면적인 글로벌화 현상보다 더욱 밀접하게, 가정에서, 삶터에서, 지역단위에서 다문화 배경을 가진 구성원들과 더불어 살아가야 하는 물리적 환경이 달라졌지만 그럼에도 불구하고 이주민들의 존재는 '뭔가 낯선 객(客)'으로 자리 잡고 있다. 지역사회에서 이주민들이 다양성을 존중받고 문화적 상호작용의 주체로 설 수 있는가, 나아가 지역의 학습생태계에서 정주민들의 다문화의식에 크고 작은 영향력을 주고 있는가는 매우 중요한 지역 내 시민학습 의제임에도 불구하고 평생교육학 영역에서도 모종의 침묵이 이어진다(김진희, 2018).

다문화사회는 다양한 인종과 민족적 배경을 지닌 사람들이 함께 존재하는 현상적 의미를 넘어 다양한 사회적, 문화적 배경과 관계없이 더불어 살아가는 가치지향적 개념을 담고 있다(Parekh, 2006). 또한 다문화교육은 단순히 국제이해교육 차원의 '문화 접촉을 통한 타문화 이해' 수준을 넘어 다문화사회에서 비판적이고 참여적인 시민으로서 지녀야 할 지식, 태도, 기능, 즉 다문화 시민성을 함양하는 것이다(Bagnall, 2006). 이주민만을 위한 특별한 사회적응 교육, 정주민만을 위한 문화이해 교육으로 분리되는 것이 아니라, 상호이해와 소통, 그 속에서 발생하는 갈등과 논쟁의 구조적 원인에 대해서 정주민과 이주민이 함께 논의하는 주체로서 설 수 있어야 하며, 나아가 지역사회에서의 공동의 정체성을 비판적으로 사고하는 교육이 되어야 한다.

2. 평생교육 차원의 다문화교육 정책 구조의 미미한 실체

Castles & Hein de Haas & Miller(2013)는 다문화정책의 유형화를 '차별적 포섭/배제', '동화주의', '다원주의'로 분류하는데, 그들의 분류틀에 따르면 2000년대 중반부터 현재까지 한국사회의 다문화교육은 '차별적 포섭/배제'에 가까웠지만 제도상으로는 점차 다원주의로 전향되는 시도가 이루어지고 있다(김진희, 2016). 대부분의 이주민들이 정통 학령기를 넘은 성인으로서 국경을 넘어서 한국사회에 거주한다는 점을 볼 때 평생교육학은 다문화사회로의 전환에서 소극적인 위치에 놓여있을 수 없다. 실제로 평생교육 이론에서는 이주민을 포함하여 다양한 배경을 가진 사회적 소외계층의 삶의 질을 보장하고 누구나 공정하게 학습기회를 향유할 수 있는 가치와 실천에 관심을 두어 왔다. 다시 말해 평생교육은 학습주체의 자율성을 무력화시키는 동화주의적 접근과 민주주의를 가장한 인종주의를 극복하는 데 중요한 사회적, 도덕적 역할을 부여받아 왔다(Guo, 2010).

그런데 한국에서 평생교육의 대상이나 초점 학습자 집단에 이주민을 논의하기 시작한 것은 불과 몇 년 전으로 거슬러 올라간다. 국가가 추진해온 평생교육사업을 총망라한 평생교육백서가 1997년부터 발행된 이래로, 2013년도에 발간된 「평생교육백서」(2011/2012)에서 처음으로 '다문화교육 지원사업'과 '외국 이주민을 위한 평생교육 사업'이 본격적으로 수록되었다. 이는 한국 사회가 급속하게 다문화사회로 전환됨에 따라, 기존에 경험하지 못한 평생교육 환경의 도래와 새로운 배경을 가진 평생학습자를 인식하고, 다문화시대에 발맞추기 위한 평생교육 사업을 기획하기 시작한 것을 함의한다(김진희, 2018). 평생교육백서에 외국 이주민을 위한 평생교육 사업이 포함되기 시작한 것은 평생교육의 대상과 영역의 확장을 의미하며, 근본적으로는 '모든 이를 위한 평생교육'이라는 가치를 이질적인 배경을 가진 사회 구성원 모두를 포용하여 제공하겠다는 정책적 의지라 할 수 있다. 그러나 문제는 지금까지 외국이주민을 위한 평생교육 대상은 주로 결혼이주민과 귀화자, 다문화가족을 대상으로 이루어지고 있고, 내용적인 측면에서도 한국 사회에 적응하고 동화되는 것을 암묵적으로 강조한 프로그램이 주류를 이루었다는 한계를 가진다. 외국 배경을 가진 이주민 집단 중 가장 큰 비중을 차지하는 이주노동자에 대한 교육 기회 제공에 대한 담론 역시 정책적으로는 미비하다(김진희·이로미, 2015).

제2차 다문화 가족정책 기본계획(2013~2017)에 따르면, 2013년에는 여가부, 교육부를 포함한 13개 중앙행정기관 및 지방자치단체에서 6대 영역, 86개 세부과제를 수립하여 다문화 관련 정책 사업을 시행하고 있다. 특히 교육부는 2017년 다문화교육 지원 계획을 밝히면서, 전국 초중고에 재학중인 다문화학생이 10만 명에 육박함에 따라 다문화교육 활성화를 진작하고 다양한 배경을 가진 학생들의 교육격차를 해소하고자 191억을 책정하였다. 세부적으로는 ① 다문화학생 맞춤형 교육 지원 강화, ② 학교 구성원의 다문화이해 제고, ③ 다문화교육 활성화 기반 마련을 정책 과제로 제시하였다. 이를 통해서 교육부의 다문화교육의 거시적인 방향을 읽을 수 있다(교육부, 2018). 그러나 지난 10년간 다문화교육정책의 제 성과가 있었음에도 불구하고 여전히 정책의 한계와 문제점이 존재하는데 이를 정리하면 다음과 같다(양계민, 2017; 김진희, 2016).

- 다문화교육정책의 포괄적이고 종합적인 방향 부재와 문제해결식 정책 대응
- 다문화학생에 대한 선별적 지원에 대한 보다 세심하고 신중한 지원 부재
- 다문화교육 용어와 정책 방향에 대한 합의 없이 교사의 혼란이 가중되고 단위 지역의 학교에서 자의적 해석이 만연
- 얕은 수준으로 전개되는 모든 이를 위한 다문화이해교육
- 다문화 아동 및 청소년의 진로, 사회계층성, 시민권에 대한 거시적 방향 부재
- 각 유관 사업 및 프로그램의 효과성 검토 및 질적 모니터링 부재
- 여전히 결핍 모델로 다문화 배경 학생을 인식하는 프레임
- 지역사회와 일상 삶터에서 시민들이 참여하는 다문화이해 교육 미비

현재 평생교육 맥락에서 다문화교육 정책을 설계하고 추진하는 데 있어서 연계된 주요 부처는 교육부, 여성가족부, 법무부라 할 수 있다. 그런데 문제는 각 부처마다 유사한 프로그램 및 콘텐츠의 중복성 사업이 많고, 현장 실무자들은 교육 및 사업에 참여할 수 있는 적당한 수혜자를 찾지 못할 만큼 이주민 대

상자의 실질적인 교육 접근성이 낮다. 다문화정책을 전체적으로 총괄하는 컨트롤 타워 역할을 수행하는 종합 거버넌스가 정립되지 않아서 정책적 효과가 미미하다는 데 있다(김진희, 2018; 유한구 외, 2018). 더욱이 일반인을 위한 다문화 감수성 제고 사업과 평생학습 기회가 열리기 시작했지만 여전히 그 효과는 측정조차 할 수 없다. 그런 측면에서 '다문화'라는 이름이 새로운 주목을 받기 위한 전시 행정에 지나지 않고, 다문화사회에 대한 진지한 고민이 결여되어 정치적으로 이용되고 있다는 비판적 시각이 있는 것이다(강미옥, 2014).

이러한 문제의식을 기반에 두고, 가장 최근 발간된 '2017 평생교육백서'(2018년 4월 발간)를 살펴보면 이주민에 대한 평생교육 정책을 한 눈에 살펴볼 수 있다. 2017년 백서에서는 제3부 평생교육 현황 가운데 '제2장 대상별 평생교육'에서 '다문화 평생교육'을 다루고 있다. 문재인 정부의 국정과제인 '성인평생교육 활성화'를 추진하는 데 있어서 다문화 평생교육이 하나의 독립 영역으로 조명된 것이다. 큰 틀에서 볼 때 평생교육백서에서 여러 인종·민족·종교·언어 등 서로 다른 문화가 함께 상호 공존하는 다문화사회에서 평생교육의 역할을 보여주고 있다. 다문화교육의 포괄적 목표를 제시하면서, 공교육에서 실시하고 있는 다문화학생 맞춤형교육 지원뿐만 아니라 교원 및 학부모의 다문화이해 교육에 대한 정책 과제도 제시하고 있는 것이다. 그런데 주로 다문화유치원부터 다문화예비학교, 글로벌 브릿지 사업 등 교육부의 정책성과를 '홍보'하고 있을 뿐, 엄밀히 볼 때 여전히 학교교육 체제를 중심으로 교육부의 다문화교육 정책이 설계되고 실천되고 있을 뿐 교육영역의 수평성과 생애학습단계를 반영한 평생교육 맥락의 다문화교육이라고 보기에는 미진하다. 다시 말해 이런 정책 프레임 속에서 평생교육의 역할 혹은 평생교육 차원의 접근은 조야한 수준에서 전개된다고 볼 수 있다. 더욱이 다문화이해교육의 콘텐츠를 '말랑말랑한' 소프트 콘텐츠(soft contents) 위주의 문화다양성 이해, 국제이해교육 수준으로 얕은 단계에서 담고 있는 것에 대한 학계의 비판에도 불구하고(김진희·이로미, 2015; Guo, 2010) 차별과 편견, 인권에 대한 다문화시민권을 구조적으로 논의하는 '심기가 불편해지는' 하드 콘텐츠(hard contents)는 부족하다. 물론 평생교육백서(2018: 199)에는 '우리사회 구성원들의 다문화 수용도를 제고하기 위해서는 다문화교육 프로그램을 모든 학교로 확산할 필요가 있으며, 일반 성인을 대상으로 다문화교육 프로그램 개발·제공하는 등 정책적 노력이 필요하다'는 과제를 제시했지만 정책 전달 모형과 방식이 닫힌 형태의 공교육지원센터를 답습하고 있는 형국이다.

긍정적으로 해석할 때 다문화교육정책의 효과적 전달체계를 마련하기 위해서 중앙다문화교육센터를 통해 교육부(중앙다문화교육센터)—시·도교육청(지역다문화교육지원센터)—단위학교로 이어지는 다문화교육 추진체계를 확립하고 지역 확산을 위한 플랫폼을 마련한 것은 유의미하다. 특히 전국 2017년 현재, 13개의 지역다문화교육지원센터에서 지역 맞춤형 다문화교육을 추진하면서 시·도교육청 평가를 통해 시·도교육청의 책무성을 제고하는 방향(교육부, 2018)은 정책 효과성을 제고하는 노력이다. 그러나 이러한 시도 단위의 지역다문화교육지원센터의 프로그램과 사업에 대한 체계적인 평가 및 모니터링이 부족한 실정이라서, 학습자들이 지역사회에서 다문화 이슈를 어떻게 대응하고 '다양성'이 지역 내부에서 어떻게 인식되는지에 대해서는 구체적으로 밝혀진 것이 없는 블랙박스 상

그림 5 다문화교육지원 추진체계

출처: 평생교육백서(2018: 197)

태이다. 또한 정책 설계와 전달과정을 분석해보면서 관주도의 탑다운식(top down) 모형을 재생산하고 있으며, 지역사회의 비형식교육, 무형식 학습 측면에서 역동적으로 발산될 수 있는 평생교육관점의 다문화교육의 자원과 가치는 소외될 우려가 있다.

기존의 교육부를 중심으로 추진되고 있는 다문화 평생교육 정책의 명암을 반성적으로 성찰해야 한다. 더 큰 문제는 다문화정책의 국가적 프레임에서 교육부의 이러한 정책 전달체계가 시민사회에서 폭넓게 작동되지 않는다는 근본적인 한계에 직면해 있다는 것이다. 그런데 분명한 것은 평생교육 맥락에서 다문화교육은 인생의 특정한 연령과 시기, 학교라는 특정한 공간에서 이루어지는 것이 아니라 인간이 전 생애에 걸쳐서 자신의 경험을 생활세계에서 끊임없이 재구성하면서 추진되어야 한다는 점을 상기할 때, 현재의 분절화된 다문화 평생교육 정책을 새롭게 재구조화할 필요가 있다(김진희, 2016). 더욱이 현행 「다문화가족지원법」이 다양한 이주민 그룹 가운데 오로지 결혼이주여성과 자녀 등 다문화가족에 한정하고 있기에 다문화교육 추진 근거로 한계가 있기 때문에 이주노동자, 난민 등 이질적 배경을 가진 사회구성원들이 민주사회에서 참여적 시민권을 가질 수 있고 정주민들과 상호작용하면서 공존할 수 있는 포괄적인 다문화교육의 프레임이 필수적으로 마련되어야 한다. 범 부처간 정책 의제를 공동으로 발굴하고, 사회 전 영역에서 다양성을 포용할 수 있는 거버넌스 체제를 다양한 이해관계자들과 함께 구축하고 가동해야 한다.

아울러 이러한 진단 속에서 향후 풍성하고 다각적인 콘텐츠를 가진 다문화교육 프로그램이 평생교육 추진체계 안에서 가용 자원을 활용하고 네트워킹을 확대할 수 있는 활용방안을 고민해야 한다. 예컨대 평생학습관, 읍면동 평생학습센터 등 지역 평생교육 추진체제와 연계하고(평생교육백서, 2018), 지역 시민단체들과 연계 협력하여 다문화 친화적 풍토를 중장기적으로 개선하는 것도 더 이상 미룰 수 없는 과제이다.

Ⅳ 한국인의 다문화의식과 다문화수용성 특성, 쟁점, 문제점

1. 한국 성인의 얕고 분절적인 다문화수용성과 다문화 인식 퇴보

다문화 배경을 가진 외국 출신 거주민에 대한 정주민들의 의식은 계층, 경험, 성별, 교육 수준, 성향에 등에 따라서 다층적으로 나타난다(Guo, 2010). 이는 한국인들이 다문화 배경을 가진 구성원을 인식하는 것에도 적용된다. 외국인에 대해서 관용적 의식을 가진 한국인이 있는 반면, 차별과 편견의 시선으로 외국 출신 거주민을 인식하기도 한다. 2015년도에 여성가족부가 발표한 '국민 다문화수용성 조사'에서 한국의 시민사회가 다문화수용성을 향상해야 한다는 결과를 보여주었다. 안상수 외(2012: 48)는 다문화수용성(multicultural acceptability)이란 "자신과 다른 구성원이나 문화에 대하여 집단별 편견을 갖지 않고 자신의 문화와 동등하게 인정하고 그들과 조화로운 공존관계를 설정하기 위하여 협력 및 노력하는 태도"를 말한다. 이런 맥락에서 다문화수용성은 정주민인 '한국인'이 문화수용의 주체가 되는 것이고 정주민이 이질적인 문화와 다양성을 인식하는 수준과 정도를 객관적으로 제시한다. 한 사회의 변화를 위해서 수적으로나 권력적으로나 열세한 소수자가 다수 시민들의 인식을 바꾸는 것은 어렵기 때문에 한국인이 한국에 정착하는 소수자를 얼마나 수용할 수 있는가는 글로벌 이주 연구에서도 중요한 프레임이다.

해마다 3년 간격으로 이루어지는 다문화수용성 조사에서 2011년도에 실시된 다문화수용성 조사 결과에 비해 2015년에 실시한 수용성이 향상된 것으로 나타났다. 일반국민 4,000명의 다문화수용성 지수는 2011년에는 51.17점이었지만 2015년은 53.95점으로 증가했다. 그런데 다문화수용성이 양적 측면에서 전반적으로 향상되었으나, 역설적이게도 2011년 조사에 비해서 한국인들이 지각하는 외국인에 대한 위협인식은 더욱 커진 것으로 나타났다. 예컨대 외국인으로 인한 '일자리 빼앗김', '경제적 손실', '범죄율상승', '국가재정 부담'을 위협으로 인식하는 일반 성인들의 비율이 더욱 늘어났다(여성가족부, 2015: ixxx). 또한 이주민이 한국의 문화와 관습을 따를 것을 일방적으로 요구하는 경향 역시 오히려 더 커졌다는 점에서 외국인이 한국사회에 일방적으로 동화되기를 기대하는 심리가 더욱 짙어진 것으로 드러났다. 즉 공공장소에서, 미디어에서 이주민의 증가와 상시적 접촉이 확대되어 이주민과 한국인 간의 상호작용이나 교류로 인해 부정적 정서는 다소 완화되었지만, 다수의 한국인들은 문화 적응 측면에서 여전히 이주민이 한국의 문화를 수용하고 적응해야 한다는 동화주의적 인식이 강한 것으로 드러났다.

이를 보여주는 대목으로 한국인들은 일자리가 부족할 때 '자국민이 외국인보다 우선 고용되어야 한다'는 의견에 찬성하는 입장이 스웨덴, 독일 등 다른 선진국가보다 더욱 뚜렷한 것으로 드러났다. 또한 외국인 노동자와 이민자를 이웃으로 삼고 싶지 않다는 응답에서도 독일이나 호주, 스웨덴보다 반 이민정서가 높았다(여성가족부, 2015: 347). 이것은 외집단인 이민자를 노동과 결혼의 이유로 수용할 수는 있지만 '나'와 연관된 생활 공동체를 공유하거나 일상적으로 접촉하고 싶지 않다는 인식을 선명하게 보여준다. 다시 말해서 시민사회의 공동 구성

그림 6 외국 출신 거주민과 이주노동자에 대한 인식 국제 비교

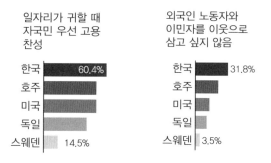

출처: 여성가족부, 2015: 347

원으로서 이주민을 인식하기보다는 '단기 노동자', '나'와 다른 사람으로 이해하고 타자(他者)화하는 시각이 더욱 짙다는 것을 알 수 있는 대목이다.

2000년부터 가속화된 다문화가정의 증가가 한국 사회에 미치는 영향을 묻는 여론 조사에서, 2011년의 조사결과보다 2013년에 실시된 조사결과가 다문화에 대한 부정적 인식이 보다 짙어졌다는 것을 보여준다. 2013년 아산정책연구원의 외국인·다문화에 대한 한국인의 인식을 분석한 결과를 보면, 다문화가정의 증가가 한국 사회에 미치는 영향에 대해서 2011년과 2012년에는 '한국 사회의 경쟁력을 강화할 것'이라는 응답이 각각 74.2%, 70.1%였으나, 2013년에는 이러한 긍정적 전망이 67.5%로 하락한 것을 알 수 있다. 아울러 다문화가정이 '사회통합에 저해가 될 것'이라는 응답이 2011년 25.8%로 나타났으나, 2012년은 29.9%로, 2013년에는 32.5%로 응답해서 다문화가정의 사회적 연대와 결속을 저해한다는 응답이 증가한 것도 주목할 지점이다.

표 1 시기별 다문화가정 증가가 한국 사회에 미치는 영향 인식

	2011년	2012년	2013년
경쟁력 강화	74.2	70.1	67.5
사회통합 저해	25.8	29.9	32.5

출처: 김지윤 외(2014: 5)

이러한 조사결과가 보여주는 것은 그동안 사회심리학의 접촉이론(contact theory)와 유사맥락에서 한국인들이 이주민을 직간접적으로 접하면서 이주민 수용에 대한 정서적 거부감은 다소 약화되었지만, 이주민 혹은 외국인들은 한국사회의 규범과 질서, 정체성을 이해하고 이에 맞추어야 한다는 일방향적 사회 통합을 기대하고 있다는 점을 보여준다. 아울러 다문화가정의 존재와 외국인 노동자가 한국사회에 불가피하게 필요하다는 인식은 하고 있지만, 여전히 이질적인 배경은 가진 외국인들이 한국 사회의 통합을 저해하고, 외국인 노동자가 한국의 전통적 가치를 혼란스럽게 한다는 일반 성인의 우려가 더욱 커진 것을 알 수 있

다. 다문화와 외국인에 대한 인식의 표층은 수용적으로 보이지만, 이주민에 대한 반다문화적 의식과 경계심은 더욱 커지고 있다는 점에서 매우 분절적인 현상을 보여준다. 바로 이같이 분절적이고, 표피적으로 충돌하는 인식은 여전히 이주민을 둘러싼 사회 갈등과 혼란이 잠재적으로 내재되어 있다는 점을 보여준다.

2. 특정 외국인·이주민집단에 대한 선호와 차별의 심화

표면적으로 볼 때 한국의 시민사회에서 외국인과 다문화에 대한 인식은 개선된 것으로 보인다. 그런데 다문화의 구성 그룹을 나누어서 조사해보면 다문화가정에 대한 한국인의 인식은 최근 3년간 다소 부정적으로 변한 것으로 나타난다(김지윤 외, 2014: 5). 2013년에 실시한 외국인·다문화에 대한 한국인의 인식 분석에서 한국인들은 외국인에게 거부감을 느끼지 않는다는 비율이 약 80%에 이르는 등 압도적으로 많았지만, 일반 외국인에 비해서, 다문화가정에 대해서는 낮은 수용도(67.5%)를 보였다. 즉 이것은 '다문화이해 ≠ 다문화가정 이해'로 올곧게 이어지지 않는다는 점을 보여주는 지점이다.

외국인 노동자에 대한 한국인의 인식 역시 부정적으로 변하는 추세이다. 외국인 노동자가 '한국사회의 가치를 어지럽힌다'는 인식 항목에서도 2011년에는 15.7%만 그렇다고 응답했지만, 2013년에는 21.5%가 그렇다고 응답했다. 외국인 노동자가 한국사회의 적응 노력이 부족하다는 응답도 2011년에는 24.6%가 그렇다고 했지만 2013년에 실시한 조사에서는 27.2%가 적응 노력이 충분하지 않다

표 2 외국인 노동자에 대한 한국인의 인식 태도

	2011년	2012년	2013년
한국 사회 가치를 어지럽힌다	15.7	19.8	21.5
한국 사회 적응 노력이 부족하다	24.6	23.5	27.2

출처: 김지윤 외(2014: 7)

고 응답하는 등 3년 사이에 부정적 응답이 증가한 것을 알 수 있다.

같은 결혼이주민, 외국인노동자라는 사회적 포지션에 속해 있다고 하더라도 한국인들은 이민자의 출신 국가에 따라서 배타적인 태도에서 차이가 드러나며, 특정 국가 이주민에 대한 선호도에서 상이한 특징이 나타났다. 한국인은 '선진국이자 전통 우방인 미국 출신 외국인/이민을 긍정적으로 인식한다는 응답 비율이 65.9%로 가장 높게 나타났다. 중국, 일본, 필리핀 등 다른 주변 국가 출신 외국인/이민자보다 한국인들은 미국 출신 외국인의 존재를 우호적으로 인식했다(김지윤 외, 2014: 7). 이는 한국인이 관대하게 규정하는 다문화집단이 특정 출신국가, 인종에 편향되어 있다는 것을 함축하는 대목이다.

한국의 반다문화주의 현상의 특징을 분석한 Kim & Jeon(2017)의 연구에서는 인종차별의 형태 중 하나로서 이주민의 출신 국가의 경제력과 경제규모에 따라서 차별적인 태도를 보이는 인종차별을 'GDP 기반의 인종차별'이라고 설명했다. 실제로 정주민인 한국인들이 머릿속에서 특정 국가의 경제력과 국제사회의 파워를 구체적인 지표로 이해하는 것이 아니라, 추상적이고 막연한 군집으로서의 선진국 중심, 백인 중심적 사고편향성을 가지고 있다는 점을 지적하는 것이라 할 수 있다.

실제로 2017년 3월에 부산에서 있었던 인종차별 사건은 'GDP 기반의 인종차별' 형태를 실제로 재연하고 있다. 한 대형마트 주차장에서 뛰어놀던 어린이의 차량사고를 막으려던 외국인에게 오히려 어린이의 할아버지가 "너 어느 나라에서 왔어? 폴란드 XX 야?"라면서 하대를 하며 고함을 질렀다. 그러다가 외국인의 국적이 콜롬비아 출신이라는 것이 밝혀지자, "폴란드보다 못사는 나라잖아. 콜롬비아 XX야"라고 말했던 사건이다(연합뉴스, 2017년 4월 3일자). 여기서 알 수 있는 것은 인종차별적 언행을 보인 한국 남성은 유럽 출신 백인 이주민이 남미 출신 이주민보다 사회경제적 지위가 더 높다고 인식하는 편향성을 가지고 자신의 손자를 도와준 콜롬비아 남성을 멸시했던 것이다. 이처럼 한국의 성인들은 특정 국가, 특정 인종 출신 외국인에 대한 선호와 차별적 태도를 보이는 경향이 있음을 알 수 있다. 북미의 인종차별 연구들이 '백인 우월주의(white supremacy) 인종차별'을 비판했던 것과 마찬가지로 한국사회에서 인종차별은 '국적'과 '인종'이 이중 구속(double bind)이 되는 경향을 보여준다.

아울러 한국사회에서 외국인 혐오와 차별은 유럽의 반이민정서, 반다문화주의가 경제적 이슈에 집중하고 있는 모습과 달리, '사회적 이슈'에 초점을 두는 점이 상이하다. 즉 한국 사회의 전통과 사회적 질서 속에서 이주민의 유입이 모종의 동질성과 사회적 통합을 해칠 것이라는 우려로 인해서 반다문화주의적 태도가 확산되고 있다(김지윤 외, 2014; Kim & Jeon, 2017). 아산정책연구원의 조사에 따르면, '외국인 이민자가 한국 경제에 도움을 준다'는 주장에 대해서 한국인의 63.2%가 그렇다고 동의했고 '외국인 이민자가 한국인의 일자리를 빼앗아간다'는 주장에 대해서는 응답자의 66.0%가 '그렇지 않다'고 답했다. 대부분의 한국 성인들은 이주민이 한국 경제의 성장에 필요한 존재라는 것을 명확하게 인식하고 있으며, 한국인과 외국인이 유사 동일 노동 직종에서 경쟁하는 대상으로서 인식하지 않는다는 것을 보여주는 결과이다. 반면 사회적 위협에 대한 인식조사에서는 한국인들의 외국인에 대한 경계심과 사회적 거부감이 매우 큰 것으로 드러났다. '외국인 이민자가 한국의 범죄율을 높인다'는 주장의 경우 응답자의 절반이 넘는 53.0%가 범죄율이 높아질 수 있다고 응답했다. 특히 주목할 지점은 젊은 세대일수록 '그렇다'고 답한 비율이 높았다(김지윤 외, 2014: 9-10). 이처럼 이주민을 '나의 일자리를 위협하는 존재'로 인식하는 것보다 '이주민이 전통적인 한국 사회의 규범과 질서, 문화를 오염시키는 존재'로 인식하는 경향이 크다.

관련 논의를 확장하면, 2018년도에 제주도에 입국한 예멘 난민에 대한 인식 조사에서도 난민들이 가진 이슬람계라는 사회·종교적 배경에 대한 거부감이 난민에 대한 경제적 지원 여부에 대한 논쟁보다 더욱 표층적으로 심각하게 드러났다는 것을 주목할 수 있다. 이처럼 한국사회의 다문화의식은 유럽과 서구의 그것과 일부 교차하는 부분이 있지만, 전반적으로 맥락이 상이하다는 것을 인식할 필요가 있다. 따라서 한국 성인들의 다문화의식 제고와 다문화교육의 방향성도 이를 고려하여 전면적으로 재구조화될 필요가 있다.

3. 젊은 세대의 반다문화 의식 강화

여성가족부 주최로 한국인의 다문화수용성을 조사한 결과, 2015년에 실시한 인식 조사 결과가 2011년의 결과보다 전반적으로 다문화수용성의 향상되었음에도 불구하고, 대상별로 다문화 감수성과 수용성 정도는 격차가 큰 것으로 나타났다. 집단별로 살펴볼 때 저학력층, 저소득층, 고연령층 및 전업주부 집단은 다른 집단보다 다문화 수용성이 낮은 것으로 드러났고, 이주민에 대한 편견과 차별의식도 큰 것으로 나타났다(여성가족부, 2015). 2011년과 2015년에 실시한 두 차례 조사 연구에서, 공통적으로 나타나는바, 한국 사회의 다문화수용성은 연령이 낮을수록 더욱 높은 것으로 나타났다. 즉 10대와 20대의 다문화수용성은 60대의 다문화수용성보다 더욱 높은 것으로 드러났다. 연령대별로 수용성지수와 차원, 그리고 각 하위 구성요소를 살펴보면 연령대가 젊은 층일수록 지수 값이 증가하여 다문화수용성이 더 높다는 응답이 두드러졌다.

그런데 이를 평면적으로 본다면, 젊은 세대가 상대적으로 고연령층에 비해

그림 7 연령대별 다문화수용성 지수의 비교

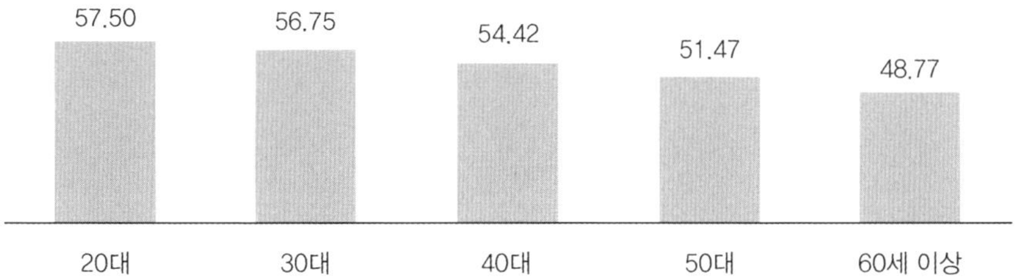

20대	30대	40대	50대	60세 이상
57.50	56.75	54.42	51.47	48.77

출처: 여성가족부(2015: 61)

서 다양한 문화에 수용적이라고 해석할 수 있지만, 이러한 경향 속에서도 반다문화 의식을 가진 청년이 늘어간다는 것을 주목할 필요가 있다. 젊은 세대들이 상대적으로 해외여행이나 글로벌 문화에 직·간접적으로 노출되는 경험이 빈번함에도 불구하고 역설적으로 '다문화'에 대해 더 부정적인 것으로 드러났다. 여성가족부의 다문화수용성에 대한 세대별 인식 조사 결과와 달리, 아산정책연구원의 조사 결과에서는 다문화가정이 증가할수록 사회 불안이 높아지고, 사회통합이 어려워질 것이라는 주장에 20대가 가장 높은 비율(35.1%)로 동의했다. 응답을 한 20대의 60.4%가 외국인 이민자가 한국 사회 범죄율을 높일 수 있다고 응답한 점도 주목해야 한다.

표 3 다문화가정 증가가 한국 사회에 미치는 영향

	전체	성별		세대별				
		남성	여성	20대	30대	40대	50대	60+
경쟁력 강화	67.5	71.3	63.7	64.9	68.8	70.0	68.2	65.1
사회통합 저해	32.5	28.7	36.3	35.1	31.2	30.0	31.8	34.9

출처: 김지윤 외(2014: 5)

외국인 노동자에 대한 부정적 시각의 증가도 젊은 세대의 의식 변화가 주도했다. 2010년에는 외국인 노동자가 한국 사회 가치를 어지럽힌다는 의견에 동의한 20대는 60대의 응답률보다 낮았지만, 2013년에는 20대의 31.3%가 외국인 노동자가 한국의 가치를 어지럽힌다고 답했다. 이는 외국인 노동자에 대한 60대의 인식보다 사회·경제적 활동이 활발한 20대가 반다문화 의식이 더욱 선명하게 증가한 것을 보여주는 대목이다.

여성가족부가 실시한 의식 조사에서도 청소년의 다문화수용성이 높다고 해서 이들이 주역이 되는 가까운 미래 사회의 전망이 밝거나 쟁점이 모두 사라진 것이 아니라고 지적하고 있다. 2015년 조사 결과, 청소년들은 외국이주민에 대한 고정관념과 차별의 부정적 태도가 줄어들고 있고 이주민을 향한 거부·회피의 정서를 드러내는 경향성이 다소 줄었다. 그런데 청소년들이 이주민의 출신국가나 지역 또는 문화수준에 따라 이주민을 선별적으로 등급화하여 차별적으로 대하려는 경향성인 '이중적 평가' 경향성이 더욱 높아진 것으로 나타났다. 다시 말해 청소년들이 선진국 출신 이주민을 대하는 태도와 경제적 저개발국 출신 이주민에 대한 태도가 이중적으로 나타났고 이주민을 범죄와 연관된 사회적 위협 존재로 인식하는 태도는 더욱 뚜렷하게 나타났다. 더욱이 한국사회와 문화에 대한 순응을 요구하는 경향성인 '일방적 동화기대'가 청소년들 사이에 강화되고 있다는 점을 보건대(여성가족부, 2015: 131), 청소년의 선진국 지향성과 자민족중심주의 또는 자문화중심주의 같은 상호 모순된 요소들이 상존하고 있다는 점에서 교육적 개입이 필요하다는 것이 나타났다. 이러한 인식은 향후 시민사회에서 차별과 포용의 대상화와 분류화가 야기될 수 있다는 점을 예견한다.

4. 이주민과의 단순접촉이 아니라, 질적 상호작용이 관건

이민 연구(migration studies)에서 더 많은 사회적 접촉을 할수록 이주민과 외국인에 대한 편견이 사라질 수 있다는 접촉이론과 상반된 모습을 보여주는 논의들이 비판적으로 제기되고 있다. 엄한진(2008)은 이주민과 접촉빈도가 높은 집단에서 이주노동자들의 존재에 대한 정서적 거부감은 함께 일한 기간이 길더라도 완화되지 않는다는 점을 분석하였고(오계택·이정환·이규용, 2007), 여성가족부의 다문화수용성 조사 결과에서도 저소득층, 저학력층에 속하는 임노동 종사자들이 일터에서 외국인 노동자와 함께 부딪히는 상호작용을 하지만, 그렇다고 해서 이들의 다문화수용성이 높지 않다고 설명했다. 한국 성인 가운데 저소득, 저학력층 노동자 집단은 오히려 이주민에 대한 편견과 거부감, 차별적 태도가 더욱 뚜렷하게 나타난 집단이라는 점을 볼 때, 이주민과의 단순 접촉이 다문화 감수성과 수용성을 동시에 높인다고 볼 수 없음을 역설하고 있다.

다시 말해서 다문화담론에서는 이주민과의 단순접촉 경험은 다문화수용성 향상에 도움이 되는 것으로 나타났지만, 역설적으로 일자리를 두고 경쟁하거나 생활공간을 공유하는 것과 같은 상호 현실적 이해관계가 달려 있는 경우에 접촉 효과는 다문화수용성에 오히려 부정적 결과를 보였다. 예컨대 '단순노무', '농림어업', '기능 및 조립' 등 외국인 근로자의 진출이 비교적 많은 분야의 직업에 종사하는 경우에는 그다지 접촉의 효과가 크지 않은 것으로 나타났다(여성가족부, 2015: 237).

이처럼 외국인을 일터의 동료 등 관계자로 만나는 경우와 달리, 외국이주민과의 관계유형에서 '이웃' 관계로 이주민을 만나는 집단의 다문화수용성도 그렇지 않은 집단보다 낮았다. 지역 단위별로 나타나는데, '이웃'에 외국이주민이 있다는 응답비율이 대도시는 21.1%, 중·소도시는 27.9% 그리고 읍·면부의 경우는 39.2%로 지역규모별 차이가 뚜렷했다. 일상에서 주변 이웃으로 외국인을 만나는 한국 성인들의 다문화수용성 지수를 살펴본 결과, 이들의 다문화수용성 지수는 한국 전체 평균인 53.95점보다 낮은 52.41점으로 나타났다. 특히 대도시에서 이주민과의 이웃관계를 형성한 한국인들의 다문화수용성(50.43점)이 읍·면 지역응답자의 다문화수용성 지수(56.28점)보다 현저히 낮은 것을 알 수 있다. 지역사회에서 이주민과의 단순 접촉이 많고, 이웃으로서의 외국이주민을 접하지만

그림 8 　지역규모 및 관계유형에 따른 다문화수용성 지수의 비교

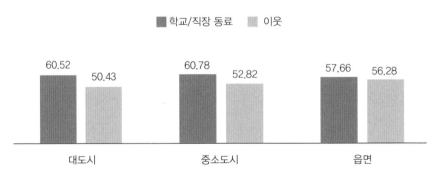

출처: 여성가족부(2015: 67)

접촉과 노출 자체만으로는 외국인에 대한 긍정적인 인식이 자동적으로 형성되지 않는다는 점을 의미한다.

이 데이터 결과를 통해 보건대, 외국이주민과의 관계의 유형이 '이웃'일 때, 그 관계의 질이 지역규모별로 동질적이지 않다는 것을 알 수 있다. 이러한 쟁점을 고려하면, 향후 다문화수용성 향상을 위해서는 이주민과의 접촉의 표면적인 양 확대뿐만 아니라 상호작용의 질을 높이는 것이 중요하다는 것을 시사하고 있다. 특히 시민사회에서 성인학습자들의 다문화시민성에 인식 변화는 사회적 상호작용의 질에 따라 달라질 수 있기 때문에 이를 고려한 정책적 개입과 무형식적인 학습의 장이 지속적으로 마련되는 것이 중요하다(Parekh, 2006).

한편 외국이주민을 접할 간접적 기회로서 TV나 신문, 인터넷 등의 대중매체도 일상적 플랫폼이 형성되어 있다. 한국인들이 외국이주민에 대해서 어떤 이미지를 형성하고 있으며 이주민이 특정 출신 국가, 인종, 지역에 치우치는 편향이 존재하는지를 분석한 다문화수용성 조사에서는 한국인들은 '한국말을 잘 하는 외국인'(57.8%), '연예오락 프로그램에 출연하는 외국인'(56.7%)이 그들의 이미지를 가장 크게 형성한다고 응답했다. 반면 사회 참여자로서의 외국인에 대한 인식은 낮은 것으로 드러났다. 예를 들어 '한국인에게 자신의 언어나 문화를 가르치는 외국이주민'의 모습은 19.9%, '봉사활동을 하는 외국이주민'의 모습은 10.4%라는 응답이 나왔으며, 외국인에 대한 인식과 이미지로 '외국인 범죄자'의 모습이 떠오른다는 응답도 28.0%로 나타났다. 이처럼 대중매체를 통해 재현되는 외국이주민의 이미지가 편향되거나 출신국의 경제 수준이나 인종에 따라서 선호와 편향성이 다르게 나타나는 것을 알 수 있다.

5. 외국인에의 위협의식 심화와 다문화교육의 미미한 참여

여성가족부가 대국민 다문화수용성 수준을 파악하기 위해서 실시한 2011년도 조사와 2015년도 조사결과를 비교하면 외국인에 대한 지각된 위협의식이 보

그림 9   지각된 위협 인식, 2011-2015년도 비교(일반국민)

■ 2011년   ■ 2015년

일자리 빼앗김	경제적 기여보다 손실이 더 큼	범죄율 상승	국가 재정 부담 가중
30.2 / 34.6	23.5 / 33.1	35.5 / 46.7	38.3 / 48.6

다 커진 것을 알 수 있다. 2011년도에서는 전국의 성인 2,500명을 대상으로 조사했고, 2015년도에는 4,000을 대상으로 조사한 결과, '외국인 근로자가 늘어나면 한국인의 일자리를 빼앗아 간다'(일자리 빼앗김)는 항목에 대해서 2011년도 결과보다, 2015년도 조사에서 4.4%가 더 위협적으로 이를 지각하고 있다고 응답했다. 아울러 외국인 근로자로 인한 경제적 손실을 묻는 항목과 외국인 증가로 인한 범죄율 상승을 묻는 항목에서도 부정적인 인식이 더욱 커진 것을 알 수 있다. 특히 일반 성인 응답자들은 '범죄율 상승'과 외국인으로 인한 '국가재정 부담'에 대한 위협을 더욱 크게 지각하는 것으로 나타났다.

위의 지각된 위협의 4개 문항에 대해서 공통적으로 교육수준이 낮을수록, 소득수준이 낮을수록 지각된 위협인식이 컸고, 직업별로는 기능/조립종사자, 단순노무종사자, 전업주부, 무직인 사람들이, 목격빈도가 많은 사람, 이웃에 이주민이 살고 있는 사람, 다문화 교육 경험이 없거나 다문화 행사 참여 경험이 없는 사람들의 지각된 위협인식이 큰 것으로 드러났다(여성가족부, 2015). 전술했듯이 외국 출신 이주민이나 외국인 노동자를 자주 목격하거나 접촉이 비교적 많을 것으로 보이는 집단에서 '범죄율 상승'에 대한 위협인식이 매우 커지고 있다는 점이다. 이는 기존의 접촉이론 결과와 한국의 다문화인식이 역설적으로 확인되고 있는 것을 보여주고 있으며, 정부의 다문화정책에 대한 개입이 강화되고 있음에도 불구하고, 시민사회에서는 2011년에 비해서 2015년에 외국인에 대한 위협인식이 더욱 커지는 것을 볼 수 있다.

한편, 교육수준별로도 다문화수용성 수준은 상이한 것으로 드러났는데 2011년도 조사와 2015년도 조사 결과, 공통적으로 교육수준이 높은 국민일수록 다문화수용성이 높은 것으로 나타났다. 다문화관련 교육 경험은 다문화이해에 대한 감수성과 수용성에 유의미한 영향관계를 미치며 교육 유무에 따라 다문화수용성지수에서 변화 폭은 상당히 크다. 그런데 문제는 다문화교육을 이수하거나 참여한 경험이 있는 성인들은 전체 응답자 중 5.5% 수준이었고 94.5%는 다문화 교육을 받은 경험이 없다는 점이다. 국민의 절대 다수가 다문화교육 참여 경험이 없다는 것이다. 특히 평생학습 참여 비율처럼 다문화의식도 계층별 격차가 확대되고 있는데, 상대적으로 저학력, 단순 노동계층에 종사하는 성인들이 가지는 다문화에 대한 편견과 차별의식을 해소하기 위해서 다문화이해교육을 받을 기회의 통로를 확장해야 한다(김태준 외, 2018; 김진희, 2018).

비록 현재 다수 국민들의 다문화교육 참여는 미진하지만, '다문화교육' 이수 경험 유무가 다문화수용성지수에 미치는 영향은 유의한 것으로 드러났다. 여성가족부의 국민 인식 조사 결과에 따르면 전체 응답자의 다문화수용성 지수 평균은 53.95점인 데 비해서 다문화교육을 받은 응답자는 59.13점의 다문화수용성 지수를 나타냈고, 다문화교육을 받은 경험이 없는 응답자는 53.65점으로 차이가 났다. 일반 성인들이 다문화교육에 참여하거나 다문화 관련 경험에 노출되고 직간접적으로 참여할수록 전체 국민의 다문화수용성지수의 향상으로 이어질 수 있다는 점을 시사한다. 특히 2011년과 2015년의 조사 결과에서 다문화교육을 통해서 국적과 인종을 초월하여 모든 사람의 인권을 존중하고 사회 정의를 위해서 행동하는 '세계시민행동의지' 항목이 교육적 개선효과를 나타냈다는 점은 다문화교육이 세계시민성 확장에 고무적 영향을 준다는 것을 알 수 있다.

평생학습 관점에서 볼 때 다문화이해는 단지 교육을 통해서만 이루어지는 것이 아니다. 이주민을 위한 봉사활동에 참여할 수도 있고, 다문화 관련 프로그램이나 행사에 참여하거나 동호회, 클럽 활동 등 일상에서 무형식적, 비형식적 사회 활동을 통해서 다문화인식과 문화다양성에 대한 감수성이 달라질 수 있다. 2015년에 실시된 국민 다문화수용성 조사 연구에서는 다문화교육의 비형식적, 무형식적 형태의 참여활동으로 '다문화행사 참여 유무', '다문화 관련 봉사 활동 참여 유무', '외국인 및 외국이주민이 함께하는 동호회 활동 참여 유무'를 중심으로 유의한 차이를 분석했는데, 다문화 관련 참여 경험이 다문화 수용성 향상에 경미한 영향을 미친 것을 알 수 있다. 다문화행사 참여 유무에 따른 다문화수용성의 차이에서 알 수 있듯이 다문화행사 참여로 인해서 문화다양성에 대한 수용 의사는 높아진 것을 알 수 있다. 즉 다문화 관련 행사 참여 경험이 있는 사람은 2011년에 비해서 2015년도에 다문화수용성이 4.7점으로 증가한 반면, 다문화행사에 직간접적으로 참여한 경험이 없는 사람은 2011년도 조사에 비해서 2015년도에 2.58점 증가하는 데 그쳤다는 점에서 변화의 폭이 경미한 것을 알 수 있다.

그런데 다문화행사 참여나 봉사활동을 참여했던 일반 성인들이라 할지라도 외국인에 대한 '일방적 동화기대'나 '이중적 평가' 요소에서 수용성 지수가 크게 향상되지 못한 것으로 드러났다. 여전히 이러한 비형식적 활동에서 외국 출신 거주민에 대한 동화주의적 시각을 견지한 채 다문화 관련 활동에 참여한 것으로 볼 수 있다. 그러나 상대적으로 이주민과 함께 하는 취미활동이나 관심사를 나

그림 10 다문화 행사참여 유무별 다문화수용성 지수 추이 변화

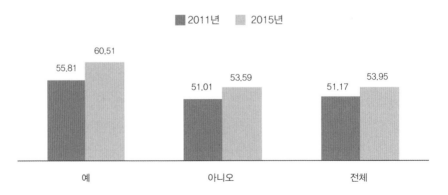

누는 동호회 활동은 다문화수용성 지수가 향상된 것을 알 수 있다. 이는 앞서 지적했듯이 단순한 접촉과 이주민을 위한 시혜적 참여활동의 양적 증대가 다문화수용성을 균형 있게 끌어올리지 못하고 있다는 점을 보여준다. 마찬가지로 일반 시민들이 몇 번의 해외여행 경험을 통한 피상적인 접촉보다는, 해외 체류 경험을 통해서 스스로 이방인이 되거나 외국인들과 비교적 장기적인 상호작용을 거친 한국인들이 그렇지 않은 사람보다 다문화 감수성과 수용도가 높다는 것과 맥락을 같이 하는 대목이다. 이는 평생학습이론에서 성인의 학습경험의 변화가 형식 교육의 장에서보다 무형식 교육의 장에서 더욱 심층적으로 일어난다는 점을 함의한다.

Ⅴ 결론 및 시사점: 다문화교육의 방향 혁신

한국은 OECD 회원국 가운데서도, 아시아 태평양 국가 중에서도 가장 가파르게 다문화사회로 전환되거나 다문화 정책을 시행하고 있는 국가라는 점은 분명하다(Castles & Hein de Haas & Miller, 2013; Watson, 2010). 다문화 관련 정책이 발의된 지 10여 년 만에, 2018년 12월 말 현재 단기 방문 외국인을 포함한 국내 체류외국인 수가 236만 명에 육박해서 주민등록인구 5,182만 명의 약 4.6%를 차지하고 있다(국가통계포털, 2018). 해외 선진국들이 근현대사에서 다문화주의 정책을 실천한 궤적이 사회적 불안과 충돌 속에서 보폭을 조정해 왔듯이, 한국이 경험하고 있는 다문화사회로의 전환은 불안정하고 다문화를 둘러싼 갈등과 혐오는 폭발적으로 내재되어 있다고 볼 수 있다(김진희, 2018).

지금까지 본 논문의 이론적인 측면에서 서구의 맥락과 다른, 한국의 다문화 논의와 다문화교육의 특성과 한계를 분석하였으며(2장), 일반 국민의 다수를 차지하는 성인을 대상으로 다문화교육과 평생교육의 이론적 관계를 분석하고, 평생교육 차원에서 전개되는 다문화교육 정책의 실체를 탐색하였다(3장). 실제 국가 수준의 국민인식 조사를 측정하는 양적 데이터에서 나타난 일반 시민의 다문화 의식과 다문화수용성의 특징과 쟁점 및 문제점을 다각적으로 분석하였다(4장). 구체적으로 다섯 가지 분석 결과가 도출되었는데 그것은 다음과 같다. 첫째, 한국의 일반 성인들의 다문화에 대한 표면적 이해는 증가했지만 다문화수용성은 분절적이다. 둘째, 특정 외국인·이주민집단에 대한 선호와 차별 현상이 심화되고 이중적인 태도가 나타난다. 셋째, 젊은 세대의 반다문화 의식이 강화되고 있는 현상이 나타난다. 넷째, 다문화수용성의 관건은 이주민과의 단순접촉의 횟수나 양이 아니라, 질적인 상호작용이라는 점이 쟁점으로 도출되었다. 마지막으로 다섯째, 한국인들이 외국인과의 접촉에 대한 거부감은 줄어들었지만 외국인에 대한 지각된 위협의식이 심화되고 있으며 다문화교육 및 관련 활동 참여는 미미하다는 특성이 드러났다. 이를 기반으로 본 연구의 결론으로서 심층 논의와 시사점을 고찰하고자 한다.

1. 이중적 인식과 분절적 다문화인식 해소를 위한 참여형 다문화교육 콘텐츠 구안: 인식 측면

한 사람이 가진 다문화수용력에 영향을 미치는 요소들이 매우 복잡다단하게 연계되어 있다(Kymlicka, 1995). 개인의 배경, 경험, 사상, 취향, 계층 등에 따라 달라질 수 있고, 어떤 구체적인 상황에서 다문화수용성을 측정하느냐에 따라서 상이한 차이가 나타날 수는 있다. 따라서 향후 일반 성인에 대한 국민조사와 연계해서 시민사회에서 '다양성'이라는 이슈이자 의제가 어떻게 작동하는지를 살펴보고 다문화교육의 방향을 정교하게 설계하기 위해서 질적 심층 연구 역시 동반되어야 할 것이다.

실제로 2011년과 2015년에 주기별로 실시한 「국민 다문화 수용성 조사」 연구에서는 충돌하는 응답이 나타나기도 했다. '다양성이 확대되면 국가 경쟁력에 도움이 된다'는 주장에 대해서 동의하는 비율이 2011년에는 42.7%이었지만

2015년도에 39.2%로 오히려 낮아졌다. 그런데 '다양한 인종, 종교, 문화가 공존하는 것이 좋다'와 '외국이주민이 늘어나면 우리나라 문화는 더욱 풍부해진다'는 주장에 대해서 동의하는 비율은 증가하였다. 다문화 지향성 항목에서 다양성에 대한 수용성이 증가하는 방향으로 나타났지만, 다양성이 경쟁력을 가져온다는 주장에 대해서는 배타적인 태도를 나타냈다. 일반 시민들은 다문화에 대해서 명확한 신념을 가진 것이 아니라, 일련의 사태에 따라서 편향적으로 흔들리기도 하고, 이중적인 태도를 취하고 있는 것을 추론할 수 있다. 일반 시민들은 한국인으로서 정체성을 수호하려는 태도를 취하면서도 다른 한편으로는 다문화사회로의 이행이라는 불가피한 흐름을 거스를 수 없다는 점에 대해서는 동의하는 태도가 혼재하는 양상을 보여준다(여성가족부, 2015: 115).

본문에서도 분석했듯이 다문화이해의 관건은 일방향적인 교육 프로그램의 '이수', '전달'이 아니라, 정주민과 이주민이 수평적으로 참여하는 비형식 평생교육 차원의 콘텐츠와 프로그램이 폭넓게 개발될 필요가 있다. 봉사형 다문화참여 프로그램은 선주민인 일반 성인들이 모종의 우월적 지위를 가지고 외국 출신 이주민을 인식하거나 시혜적으로 접근할 수 있기 때문에, 이주민들이 시민사회의 다양한 구성원으로서 대등하게 수평적 상호작용을 촉진할 수 있는 콘텐츠가 다각적으로 개발되고 활용되는 것이 중장기적으로 필요하다.

2. 편견과 차별의 언어로 지칭되는 '다문화' 극복을 위한 비판적 성인학습 프로그램 발굴: 태도 측면

우리 사회에서 '다문화'라는 말은 편견과 차별의 언어로 자리잡고 있다. 그런데 다문화라는 언어 역시 국제결혼 내지는 혼혈가족의 구성원들이 받는 사회적 모멸감을 대신하자는 언어로 출발했다. 2003년에 교육계·종교계·정계 인사 77명이 '혼혈인 차별철폐 시민운동'을 벌이겠다는 기자회견이 열렸는데, 여기서 '국제결혼' '혼혈아' 등의 차별적 용어를 추방하는 대신 '다문화가족'(국제결혼가족)으로 부르자는 제안이 나왔다(경향신문, 2018년 9월 16일자). 중요한 점은 차별과 편견을 극복하기 위해서 도입된 다문화라는 용어는 현 시점에서 학계, 시민단체, 일반 사회구성원들이 다시 '다문화'를 모종의 결핍된 대상으로 인지하고 차별적 언어의 결집으로 인식한다는 연설이 재연되고 있다(김희강 외, 2016). 다문화라는 용어 이후에 새로운 용어를 도입한다고 하더라도, 사회구성원들이 다문화에 대해 가지는 인식편향성이 또다시 쏠리면서 하나의 관념을 확대재생산할 우려는 여전히 남아 있다.

현재 한국의 다문화수용성 지수는 다문화사회 및 그 논쟁을 일찍이 경험한 서구의 수용성 지수(약 70%)보다 아직 낮다. 지역사회에서의 생활공간을 공유하고 있거나 일자리를 두고 서로 경쟁하는 등 상호 이해관계가 엇갈릴 경우는 외국인에 대한 '일방적 동화기대'를 하거나 외국인 집단별로 차별과 편견 의식을 달리 하는 '이중적 평가'를 하는 경향이 있다(여성가족부, 2015: 23).

이를 볼 때 일반 시민사회에서 차이와 다양성에 대한 비판적 성찰이 필요하며 다문화사회로의 전환에서 근본적으로 인식해야 하는 다문화시민권과 이주민의 임파워먼트(empowerment)에 대한 구조적 인식이 필요하다. 민주주의와 성인학습의 관계를 탐색하면서 성인학습자간의 수평적인 소통과 연대를 강조한 비판적 성인학습 이론을 활용하면서, 다문화라는 프레임에 구속된 이주민을 둘러싼 사회구조적 제약을 비판적으로 고찰하는 성인 학습프로그램이 발굴되는 것이 필요하다(김진희, 2018; 김희강 외, 2017).

3. 이주민과 정주민의 질적 상호작용을 촉진하는 프로그램 및 정책 설계: 개입 측면

다문화주의를 선언했던 영국, 프랑스, 독일 등 서구 유럽은 이주민들이 사회통합에 실패했다고 설명하면서 다문화정책의 실패를 선언하였다. 그러나 이것은 이주민 배경의 아동 및 청소년이 무상급식을 받고, 청년실업 수당을 받는 '무능한 복지의 대상'으로 위치지어지도록 한 취약한 사회적 신뢰의 문제가 도사리고 있다. 정주민들의 종교와 사상과 상이한 배경을 가진 이슬람계 이주민들을 끊임없이 사회적 제도와 인식 속에서 소외시킨 결과라는 비판이 제기되었다(김진희, 2017).

한국 사회는 서구 유럽과 다른 역사적 맥락에서 이주민의 대거 유입이 급속하게 이루어졌다. 다문화정책은 정부 주도로 중앙집권적 방식으로 체계적으로 이루어진 정책적 성과가 있었지만, 사회구성원들의 삶의 단위인 시민사회에서 이주민에 대한 인종차별과 편견, 갈등은 더욱 암묵적으로 강화되고 있는 모순적인 상황에 봉착해 있다. 다시 말해 2006년 다문화 관련 정책이 입안된 후, 한국 사회는 십년이 넘는 시간 동안 한국인의 정신과 의식의 수준을 보여주는 다문화 수용성이 현저하게 개선되지 않았다. 오히려 특정 외국인 집단, 특정 종교 및 인종적 배경을 가진 이주민에게는 더욱 차별과 혐오를 보이는 경향이 가시적으로 높아졌다.

세계가치관 조사에서 '이민자·외국인 노동자를 내 이웃으로 삼고 싶지 않다'는 응답이 44.20%로 나타났고, 이는 조사대상 58개국 가운데 53위라는 최하위권 수준이다. 한국의 일반 성인들과 청소년들은 이주민이 가진 특성 그 자체보다는 이주민의 출신국가와 경제수준 등 '배경'에 따라서 이중적 태도를 보이거나 한국 문화에 일방적으로 동화하는 것을 기대하는 경향이 높아졌다. 이를 볼 때 한국 사회 전체의 다문화수용성을 높이고, 다문화에 대한 이해도와 감수성을 높이기 위해서는 그동안 대상화되던 다문화학생, 결혼이주민을 '지원'하는 다문화교육의 프레임을 깨고 평생교육 차원에서 반(反)편견교육, 평등과 연대의 가치를 학습하는 다문화교육, 이주민과 정주민의 상호문화이해라는 방향에서 다문화교육의 방향이 근본적으로 개혁되어야 한다.

학령기의 청소년을 대상으로 한 학교교육을 통해서 완성될 수 있는 것이 아니라, 생애 단계별로 평생학습 차원에서 이주민의 불평등과 소외를 점진적으로 해소할 수 있는 정책의 내실화가 필요하다. 전 생애적 관점에서 평생교육 플랫폼을 활용하여 다문화수용성 제고가 이루어지도록 정교화된 전략과 세심한 교육콘텐츠가 활용되어야 할 것이다. 한국의 10대들의 다문화수용성(67.63)은 60대의 다문화수용성(48.77)보다 훨씬 높다. 물론 현재의 10대가 60대의 고령이 되었을 때 똑같은 수준의 높은 수용성을 보장할 것이라고 단정할 수 없다. 그렇지만, 생애사적 관점에서 볼 때는 다문화 이해와 민감도 제고를 위한 조기 개입만큼이나, 학령기를 넘어서서 직장, 지역사회, 미디어 등 일상 생활세계에서 차이와 다양성을 상시적으로 성찰적으로 비판적 사고력을 함양할 수 있는 전 사회적인 접근이 필수적이다.

특히 전술했듯이, 저소득, 저학력, 노동계층, 고령자 집단을 타깃으로 하는 맞춤형 다문화이해 교육도 필요할 것이다. 그렇지 않으면 사회계층간 갈등 인식이 또 하나의 분류화를 통해서 위협 요인이 될 수 있을 것이다. 이에 여성가족부(2015: 240)의 국민 다문화수용성 조사 연구 결론에서는 '평생교육의 틀에서 다문화이해교육을 적극적으로 확대하는 방안을 모색하여야 한다'고 주장했다는 점을 다시금 주목할 필요가 있다. 평생교육 체제는 우리 사회의 다양한 구성원을 포용하여 수립되어야 한다.

특히 앞서 논의했듯이 한국 사회의 불평등 지수와 교육격차가 점차 커지는 가운데 평생교육 안에서도 저소득, 저학력, 노인, 장애인, 여성, 이주민 등 다양한 소외 계층을 위한 평생교육 정책에 대한 비판적인 진단과 체계적인 대응이 필요하다. 특히 다문화사회로 급속하게 전환되고 있는 한국사회에서 이주민이 복지의 수동적인 수혜자로 전락하는 것이 아니라, 교육과 학습을 통해서 일반 사회 성원으로서 시민사회의 적극적 주체로 참여할 수 있는 기반을 마련하는 것이 사회통합에서 가장 중요한 이정표라 할 수 있다(김진희, 2018). 따라서 이주민의 사회적 응을 위한 처방적, 동화주의적, 일회성 프로그램을 지양하고, 다문화적 배경을 가진 사회 구성원들이 상호작용하는 학습의 주체로서 잠재 역량을 발휘할 수 있도록 유도해야 하며, 시민사회의 구성원들이 다문화 인식을 제고하여 사회적 통합에 대한 비전을 함께 그리는 작업부터 시작해야 한다(김진희·이로미, 2016).

4. 이주민의 시민 역량과 정주민의 다문화친화력 제고: 문화 토대 측면

2018년 2월에 발표된 교육부의 「2018 다문화교육 지원계획」에서 현재까지 다문화교육의 중요성에도 불구하고 다문화교육의 방향, 내용에 대한 합의가 부족하고 법령 체계가 미흡하다고 자인한다. 정책의 이상적 방향과 실제 현실은 큰 격차를 보여준다. 교육계의 구성원들은 여전히 다문화에 대한 친화력과 감수성이 약하다고 볼 수 있다. 교사의 다문화 인식을 질적 사례로 분석한 박선미와 성민선(2011)의 연구에서는 교사들이 다문화교육 자체에 대해서 긍정적 태도를 보였으나 여전히 이주배경을 가진 학생들에 대해서는 동화주의적 혹은 문화다원주의적 관점을 지향하고 있으며, 교사 자신이 다문화 교육을 담당하는 주체가 되는 것에 대해서는 부담스러워 한다는 점을 역설적으로 보여주었다. 여전히 학교 현장의 대다수의 교사들은 기존체제(status quo) 유지라는 보수적 시각을 선호하고 있고, 우리 사회의 차별과 불평등에 대한 비판 의식을 길러주거나 다문화가정 학생들에게 교육 기회를 적극적으로 제공하는 교육 정의를 실천하는 데는 소극적인 입장에 있는 것으로 드러났다.

교사뿐만 아니라, 청소년, 학부모 등 다문화교육의 이해관계자들은 다문화에 대한 민감도와 친화력이 미비하다. 정주민들이 다문화수용성을 함양하고 내재화하는 것이 수반되어야 '다문화사회 코리아'라는 정책 비전이 지역사회 현장에서 뿌리를 내릴 수 있다. 단기간의 화합 이벤트, 문화 체험으로 그치는 것이 아니라, 평생교육 차원에서 성인학습자간, 언제, 어디서나 상호작용이 이루어질 수 있도록 하는 것이 필요하다. 이주민 역시 한국 사회의 구성원으로서의 시민 역량을 키워나가는 교육과 학습, 사회 참여가 중장기적으로 필요하다. 특히 정책 설계와 정책 추진 과정에서는 우리 사회에서 불리한 위치에 놓여있는 이주민을 위한 다문화정책을 전 생애에 걸쳐서 총괄하는 거버넌스 문제를 해결할 필요가 있다. 이주민에 대한 지원이 그들의 일방적인 '한국사회 적응'에 정박하지 않고, 한걸음 더 나아가 우리사회의 사회적 통합과 사회적 신뢰도를 제고할 수 있도록 이주민에게 직업능력, 복지, 건강권, 학습권 보장 등 시민적 권리가 총체적으로 보장될 수 있도록 체계적인 정책을 마련해야 할 것이다. 이것이 이주민이 동등한 사회구성원으로서 시민 역량을 키울 수 있는 기반과 토양이 된다. 특히 이주민이라는 이유만으로 평생교육 참여 기회에 명시적 혹은 암묵적 제약을 받는 일은 없어야 한다. 이것은 평생교육 실천에서 다양한 소수자를 포용할 수 있도록 공정성을 키우는 것과 연동되는 이슈이다.

그동안 사회과학계에서 우리 사회의 교육 문제를 진단한 제 연구와 사회적 신뢰, 통합, 소통 관련 연구들이 공통적으로 강조하는 것은 치열한 사회적 경쟁을 해소하고, 빈부의 격차를 줄이고 다양한 사회 구성원이 상호 존중하며, 공정하게 함께 어울려 살아갈 수 있는 사회를 구축하는 것이다. 이러한 맥락에서 이재열(2015)의 연구는 한 국가의 행복 수준을 높이려면 사회의 질을 개선하는 것이 급선무인데 그 핵심은 공정성과 투명성을 증진하는 데서 해결책을 지목하고 있다. 이주민들이 한국사회의 동등한 구성원이자 주체로서 몫을 다할 수 있도록 공정하고 투명하게 번영의 길을 열어주어야 할 것이다. 그간 다문화정책이 여성가족부의 결혼이주민과 교육부의 다문화배경의 아동 및 청소년에 한정된 편향성을 반성하고, 새로운 틀에서 이주민의 시민사회 참여 역량을 높이고 동시에 일반 시민들의 다문화수용성과 다문화친화력을 향상시키는 방안을 마련해야 할 것이다. 이러한 관점에서 시민사회의 체질을 변화시킬 수 있도록 이질성, 다양성에 대한 포용성을 증대시킬 수 있는 열린 교육정책 방향을 마련하고 이를 효율적으로 실천할 수 있는 거버넌스를 구축해 나가야 할 것이다.

5. 사회적 연대를 위한 시민사회 속 다문화교육의 위상 제고
    : 통합 측면

한국 사회는 진정으로 다양성을 존중하는가, 한국은 다문화사회로 나아갈 것인가 혹은 그렇지 않으면 다문화정책을 유명무실화할 것인가에 대한 질문에 일군의 학자들은 다문화를 넘어서 이민자 사회통합이라는 거시적 시각에서 접근해야 한다고 주장한다. 여전히 한국은 초국적 이주의 시대에 이주민의 복수 정체성과 한국 사회의 다양성의 이슈를 다각적으로 직면하거나 공론의 장에서 열띤 토론을 해 본 경험이 부족하다. 국제문화를 이해하는 관점에서 유연하고 연성적인 콘텐츠를 다문화교육에서 주로 다루었지, 인종차별과 평등의 문제, 다양성과 다문화시민권의 문제, 민주주의 체제하에서 이주민의 권한과 정주민간의 갈등과 사회통합의 문제를 체계적으로 다루지 않았다.

교육의 개방화와 다양성 강화, 그리고 국제화를 강조한 1995년 5월 31일 교육개혁이 발표된 지 24년이 지난 지금, 한국 사회의 교육은 얼마나 개방화와 다양화, 그리고 국제화를 이루었는지 성찰해볼 필요가 있다. 미래의 인재들이 언제 어디서나 누구나 자유롭고 공정하게 배우고 성장하는 열린사회를 지향한다는 점에서는 이주민의 사회통합과 포용적 관점의 평생교육 혁신을 위한 밑그림을 그리는 것이 중요하다. 실제로 인구통계학적으로 체류 외국인이 점차 점증하고 직장, 학교, 공공장소, 미디어 등 일상의 생활세계에서 이주민의 존재는 낯설지 않은 상황이다.

그런데 근본적인 의미에서 이주민과 다문화사회에 대해서 비전과 새로운 시민권에 대해서 평생교육 영역에서 제대로 조명하지 않았고, 미디어를 통해서 곡해된 이미지를 부여받은 이주민이 우리 사회에서 어떤 존재이며, 한국 사회가 다문화사회를 지향하는지에 대한 철학적 비전과 공감대 역시 미비하다. 최근 다문화주의 표류 위협에 대한 논의가 전개되고 있는데, 다문화주의의 이상이 문화적 차이와 이주민의 정체성을 존중하고 소수자의 권리를 인정하는 데 있지만, 한국사회의 현 실태는 예상보다 심각할 정도로 사회적, 정치적 통합에 위협을 초래하는 형국이다(김희강 외, 2017).

그동안 '다문화'라는 변방의 새로운 움직임이 교육의 내재적 혁신의 힘으로 이어지지 못했다. 따라서 법률과 제도만큼이나 시민사회 통합을 위해 혐오와 편견을 극복하고 다문화를 포용하는 사회적 문화와 시민의식의 내실화를 이룰 수 있도록 문화 운동 차원의 지속적인 노력을 기울여야 한다. 이것은 단순히 정교한 정책이나 화려한 입법안으로 해결되는 것이 아니라, 시민사회 저변에 깔려있는 사회공동체와 사회적 약자에 연대 의식이라는 무형식적인 사회적 자본을 강화시키는 장치와 점진적인 변화가 이루어져야 가능한 것이라 할 수 있다.

현재 한국사회에서 시민역량을 키우기 위해서는 교육을 둘러싼 사회적 신념 체계를 바꾸는 근본적인 변화가 필요하며, 각 교육 주체들의 구체적인 실천 행위의 변화가 불가피하다. 그동안 우리 사회에서 '돈만 있으면 된다'라는 물질주의는 더욱 심화되었다. 본 연구에서 논의했듯이 사회적 신뢰가 무너지고 함께 어울려 살아가는 공동체 정신이 퇴색된 것은 여러 지표에서 이미 나오고 있다.

바로 이러한 이유로 다문화 시민역량을 전 생애에 걸쳐서 개발하고 함양하는 것이 필요하다. 학교교육에서 여러 교육과정에서 지식차원에서 배우는 인지교육이 아니라, 민주주의 체제가 뿌리내린 삶터에서 다문화적 시민성을 키우는 실천학습이 되어야 한다. 이제는 시민역량을 키우는 교육 혁신은 인지 교육중심의 패러다임을 바꾸어 생애단계별로 다양성, 공공성과 정의, 협력과 연대에 대한 역량과 태도를 키워가는 것이 가장 중요하다. 다문화정책 그 자체로 시민의식이 저절로 생기지 않기 때문에 교육과 학습, 일상의 경험 공유와 나눔을 통해 시민역량을 키울 수 있도록 개인과 사회의 삶 자체를 바꾸는 문제로 접근해야 한다. 따라서 학교뿐 아니라, 가정교육, 부모교육, 직장교육, 시민단체 프로그램 등 공동체 안에서 지속적으로 시민역량을 키우고 발굴하는 것이 필요하다.

세부적으로 다음의 4가지가 필요할 것이다(공석기·임현진, 2017). 첫째, 다름과 차이를 인식하고 설득하고 토론하고 논쟁하고 공론의 장에 참여하는 것이다(debating). 둘째, 지식과 정보를 통해서 시민적 덕성을 인지만 하는 것이 아니라 행동하고 함께 참여하는 것이다. 셋째, 어떤 사태에 대해 논의하는 과정은 폐쇄적이 아니라 투명하게 아젠다와 도전과제를 공유할 수 있도록 해야 한다(transparency). 넷째, 책무성은 모든 과정에서 반영되고 고려되어야 한다. 결과에 대한 책임을 묻기보다 그 원인과 이유를 성찰하고 더 나은 개선을 위한 공동의 작업이 이루어져야 할 것이다(accountability). 이는 곧 민주주의와 교육의 상호 관계를 보여주는 근본적 토대이다.

논의를 확장하여 존 듀이의 언설을 빌자면, 시민역량 교육은 살아있는 교육이며 체험과 참여를 통한 일상의 교육이 되어야 한다. 전 사회적으로 참여, 연대, 협력이 이루어질 수 있는 인프라를 만들어주고 파편화된 개인이 아니라 서로 지지하고 보살피는 시민적 참여 정신을 키우도록 해야 한다. 그것은 풀뿌리 민주주의 형태로 전인적으로 이루어지면서 공동체가 좋아지면 시민으로서의 내 삶도 더욱 좋아진다는 신념 체계가 공유되는 것이 중장기적 과제이다. 우선은 개별 시민들이 자신의 집, 일터, 동호회, 크고 작은 단체들을 비롯해서 작은 공동체에 소속되어 시민의식을 키워가는 훈련과 연습이 필요하다. 삶터를 바꾸는 교육에서 누가 주도하고 누가 따라오는 형태가 아니라 그 자체가 시민학습의 과정이 되는 것이다.

그런 측면에서 사회적 자본과 개인 시민 역량은 따로 분리해서 발전될 수 있다. 개인은 보다 자기 성찰적 자세를 가지고 자기 삶의 주체성을 키워가야 할 것이고, 이러한 개성과 다양성을 가진 개인들이 이룬 작은 집단과 공동체는 서로 상호보완적으로 지지하고 공동의 사회발전을 위한 아젠다를 발굴하고 장애인, 이주민, 노인, 여성 등 사회적 약자에 대한 시민적 참여정신을 키워가야 한다. 이것이 개인과 사회의 공진화를 도모하는 것이라 할 수 있다.

궁극적으로 더 나은 사회공동체를 만드는 데 있어서 교육생태계의 체질을 바꾸는 것이 중추적이다. 다양한 교육 주체, 이해관계자들이 교육의 공공성, 토론과 논의에 기반을 둔 민주적 의사결정 지향, 협력과 연대를 통한 시민성 함양, 숙의 민주주의에 참여하는 것도 미룰 수 없는 과제이다. 특히 일반 성인들이 정치사회적 인식을 창의적으로, 비판적으로 키우고 사회적 형평성과 정의의 문제, 약자에 대한 사회안전망에 대한 주요 이슈를 탐색하고 열린 시각을 키울 수 있도록 하는 교육과 학습의 기회가 확충될 필요가 있다. 단순히 온정주의적 관점이 아니라 사회적 자본을 고양하는 데 있어서 성인 학습자들의 적극적 역할을 새롭게 인식하도록 하는 것도 필요하다.

최근 한국 시민사회의 화두는 공익생태계와 사회적 경제 활성화를 함께 만드는 것이다(김진희, 2018). 이러한 큰 방향을 실현하기 위해서는 미시적인 실천과 참여가 이루어져야 한다. 각 시민들의 연합과 참여, 일상의 어울림을 통해서 사회적 신뢰자본을 끌어 올리는 것이 필요하며 나의 삶터를 바꾸는 시민역량은 결국 지역에 기반을 둔 변화와 학습을 통해서 이루어질 수밖에 없다. 그동안 교육에서 '역량'이 뛰어난 개별 인재를 키우는 교육을 강조했다면, 이제는 불확실성의 시대를 맞아 다양한 사회구성원들의 연대와 참여, 일상의 어울림을 통해서 사회적 통합 자본을 끌어 올리는 것이 필요하다. 요컨대 큰 틀에서 다문화교육은 지역에 기반을 두고 공존과 다양성, 나눔, 공동체 연대성을 키우는 시민교육으로서 정체성을 확장하고 콘텐츠와 프로그램, 실천 구조의 혁신 방향을 잡아야 할 것이다.

참고문헌

강미옥(2014). 보수는 왜 다문화를 선택했는가: 다문화 정책을 통해서 본 보수의 대한 민국 기획, 서울: 상상너머.

공석기·임현진(2017). 주민과 시민 사이: 한국 시민사회의 사회적 경제 활동 톺아보기, 서울: 진인진.

구본규(2016). "다문화'는 어떻게 이주민 가족을 비하하는 말이 되었나?' 한국 다문화주의 비판, 서울: 앨피.

구정화·박선웅(2011). 다문화 시민성 함양을 위한 다문화교육의 목표 체계 구성. 시민교육연구, 43(3), 1 − 27.

국가통계포털(2018). 체류외국인통계: 국적지역 및 체류자격별 체류외국인 현황

교육부(2017). 다문화교육 지원 계획.

교육부(2018). 다문화교육 지원 계획.

교육부·국가평생교육진흥원(2014). 2013 평생교육백서, 국가평생교육진흥원.

김신일(2001). 평생교육학, 서울: 교육과학사.

김지윤, 강충구, 이의철(2014). 닫힌 대한민국: 한국인의 다문화 인식과 정책, 아산정책연구원 Issue Brief(2014 − 04).

김진희·이로미(2015). 외국 출신 이주민을 포용하는 평생교육 쟁점 분석과 방향, Andragogy Today : Interdisciplinary journal of adult & continuing education. 18(1), 129 − 155

김진희·이로미(2016). 인종 및 반(反)차별 담론에서 살펴본 영국 레스터(Leicester)

시(市) 평생교육 사례 연구, 다문화교육연구, 9(3), 1 – 23.

김진희(2017). 글로벌시대의 세계시민교육 이론과 쟁점, 서울: 박영스토리

김진희(2018). 다문화교육과 평생교육(제2판), 서울: 박영스토리.

김태준·강구섭·김진희·홍영란·안현용·이영민·이은경·장지은(2016), 21세기 글로벌 교육개혁 동향 분석 연구(IV): 고령사회 대응을 위한 평생교육체제 구축, 한국교육개발원.

김희강 외(2016). 한국다문화주의 비판, 서울: 앨피.

남은영·이재열·김민혜(2012). 행복감, 사회자본, 여가 : 관계형 여가와 자원봉사활동의 함의를 중심으로. 한국사회학, 46(5), 1 – 33.

대한상공회의소(2016). 한국의 사회적 자본 축적실태와 대응과제 연구. 발표자료집

문성빈(2015). 우리나라 청소년의 시민역량 관련 통계, 한국교육개발원 교육정책 포럼 자료집.

박선미·성민선(2011). 교사의 다문화교육 경험이 다문화적 인식에 미친 영향: 인천시 다문화교육 지정학교 교사를 대상으로, 사회과교육, 50(3), 1 – 15.

배영주(2009). 평생교육의 관점에서 본 다문화교육의 새 구상, 평생학습사회, 5(1), 177 – 197

법무부(2017). 체류외국인 현황 보도 자료.

변종임·고영상·고혜원·강창현·이희수·채재은(2007). 사회통합을 위한 학습·노동·복지 연계 방안, 한국교육개발원.

사회통합실태조사(2015). 2015 사회통합실태조사, 한국행정연구원.

안상수·민무숙·김이선·이명진·김금미(2012). 국민 다문화수용성 조사 연구. 서울: 한국여성정책연구원 연구보고서

양계민(2017). 다문화교육 종합발전방안연구. 교육부수탁연구보고서.

여성가족부(2015). 국민 다문화수용성 조사 연구. 한국여성정책연구원 용역 연구보고서

엄한진(2008). 한국 이민담론의 분절성, 아세아연구 통권 132호, 112 – 140.

유한구 외(2018) 미래인재개발과 교육혁신, 경제인문사회연구회.

윤인진(2008). 한국적 다문화주의의 전개와 특성 – 국가와 시민사회의 관계를 중심으로, 한국사회학, 42(2), 72 – 103

오경석·김희정·이선옥·박흥순·정진헌·정혜실·양영자·오현선·류성환·이희수·강희복(2009). 다문화주의 : 현실과 쟁점, 한울.

이재열(2015). 사회의 질, 경쟁, 그리고 행복, 아시아리뷰, 4(2), 3 – 29.

정민승·조지연(2012). 한국 다문화교육의 이데올로기적 재생산 기제 비판, 한국교육사회학연구, 22(2), 211 – 232

정해식·구혜란·김성근·김성아·우선희(2016) 사회통합지수 개발 연구, 한국보건사회연구원.

Bagnall, R.G. (2006). Lifelong learning and the limits of a tolerance. *International Journal of Lifelong Education*, 25, 257-269.

Banks, A. J. (2008). 다문화시민교육론(김용신·김형기 공역). 파주: 교육과학사. (원저 2007년 출판).

Campbell, D. E. (2012). 민주주의와 다문화교육(김영순 외 공역). 서울: 학지사. (원저 2010년 출판).

Castles, S., & Miller, M. J. (2003). *The Age of migration: international population movements in the modern world* (3rd ed.). New York: The Guilford Press.

Castles, Hein de Haas, Miller(2013) The Age of Migration: *International Population Movements in the Modern World*, Macmillan International Higher Education.

Gudtavsson, B., & Osman, A. (1997). Multicultural education and lifelong learning. In S., Walters (Eds.), *Globalization, adult education and training* (pp. 179 – 187). London & New York: Zed books.

Guo, S. (2010). Migration and communities: challenges and opportunities for lifelong learning. *International Journal of Lifelong Education*, 29(4),

437−447.

kim, J & Jeon, H(2017) Anti−multiculturalism and the future direction of multicultural education in South Korea, *Curriculum Perspective*, 37:181-189,

Parekh, B. (2006) *Rethinking Multiculturalism* London: Palgrave.

Jarvis, P. (2007). *Globalisation, lifelong learning and the learning society.* London & New York: Routledge.

Kymlicka, W. (1995). *Multicultural citizenship: A liberal theory of minority rights.* Oxford: Oxford University Press.

Vasta, E. (2007). From ethnic minorities to ethnic majority policy. *Ethnic and Racial Studies*, 30(5), 713−740.

Watson, I.(2010) Multiculturalism in South Korea: A Critical Assessment, *Journal of Contemporary Asia 40*(2), 337−346.

자료

경향신문(2018년 9월 16일자). 다문화 20대 청년들은 다 어디로 갔을까. 온라인 뉴스
연합뉴스(2017년 4월 3일자). 어린이 구하려던 외국인 부부 '오히려 인종차별당했다' 호소. 온라인 뉴스.

CHAPTER 03

세계시민성 관점에서 본 제주도 예멘 난민 사태와
다문화교육의 과제

요약

최근 제주도에 입국한 예멘 난민 사태는 국제난민 이슈가 한국인의 다문화적 일상으로 다가올 때 나타나는 시민사회의 충격파를 여실히 보여주었다. 10여 년간 다문화 정책에 투여한 정부의 기획과 재정, 시민단체의 인식 개선이 무색할 정도로, 제주도 예멘 난민 이슈는 반(反)다문화주의 현상을 심화시켰다. 이 시점에서 다문화교육이 부여받은 시대적 과제는 지대하다. 이 연구는 세계시민성 관점에서 이주자 성원권 개념을 활용하여, 예멘 난민을 둘러싸고 나타난 다양한 논쟁의 교차점(intersection)을 분석하고 그동안 난민 문제에 침묵한 다문화교육이 앞으로 나아가야 할 방향을 비판적으로 고찰하였다. 본 연구에서는 그동안 한국사회에서 난민과 이주민의 성원권에 관한 논의 실종, 난민 권리에 대한 이해와 학습의 부재 그리고 이질성을 가진 타자의 사회 참여에 대한 비판적 고찰이 부족한 상태에서 난민이 소외되어 있는 현재의 다문화교육의 문제를 지적하였다. 궁극적으로 세계시민성 관점에 입각해서 난민 문제를 인류 보편적 인권의 실천으로 담아내는 다문화교육의 재구조화를 주장하였다.

주제어 : 세계시민성, 난민, 예멘, 제주도, 다문화교육

Ⅰ 서론: 흔들리는 세계와 한국 난민

"국민이 먼저다". "자국민 안전이 우선이다". "국민 세금으로 난민의 생계지원을 해야 하는가?", " 난민 유입으로 한국의 이슬람화를 막아야 한다", "가짜 난민 OUT", "난민법을 폐기하라"

(난민 반대 집회 표어 中)

"난민을 환영한다", "난민 혐오를 반대한다", "아시아 최초로 난민법 제정한 인권국가이므로 난민을 보호해야 한다", "한국에서 인종 차별법을 제정하라"

(난민 찬성 집회 표어 中)

2018년 한국 사회구성원들이 가장 낯설면서도 충격적인 뉴스로 접한 이슈 중 하나는 '예멘 난민'이다. 한국 사회에서 거의 공론화되지 않았던 '난민', 그것도 세계지도의 어디쯤 위치해 있는지도 모르는 낯선 나라에서 내전을 피해서 한국에 난민 신청을 요청한 500여 명의 존재로 2018년 여름의 한국 사회는 시끄러웠다. 이를 두고 2018년 6월부터 8월까지 난민 찬반 시위가 수도권을 중심으로 활발하게 열렸고, '난민의 수용' 여부를 둘러싼 논쟁은 근원적인 측면에서 지금도 수면 아래에서 진행형이다.

난민 반대 집회에서는 '국민'의 안전이 먼저이므로 모종의 '불온한 세력'인 난민을 추방해야 한다는 논리가 강하게 작동한다. 이런 집회의 참석자들은 예멘 난민들이 한국 사회에 적응하지 못하고 떠돌이가 됐을 때 발생할 수 있는 '테러의 위험성'을 강하게 성토했다. 집회 현장의 극단적 목소리는 '예멘 난민 → 이슬람 → 테러리스트 → 사회 불안'이라는 선정적인 논리를 반복한다. 여기서 '국민 안전'과 '난민 보호'는 대치적 개념으로 기호화된다. 반면, 난민 찬성 측 집회에서는 난민 보호는 국제사회의 일원으로서 세계를 떠도는 난민의 인권을 보호해야 한다는 입장이 선명하다.

이렇듯 예멘 난민의 제주도 유입 및 이들의 난민 인정 여부를 두고 오랫동안 다양한 반응들이 쏟아져 나왔는데, 그 논의의 다양함에도 불구하고 단기간에 70만 명 이상의 시민들이 난민법 폐지 청원을 하는 등, 전반적으로 난민 인정에 대한 부정적인 여론이 형성되었다. 다만 학계를 비롯한 지식인 집단과 정부의 우려 섞인 대응에 대한 논의가 간헐적으로 제시되었다. 그 중 '예멘 난민과 다문화 정책'이라는 제목의 한 칼럼에서는 전 세계의 골칫거리인 난민 문제가 한국에 본격적으로 상륙했다고 논평하면서 그간 추진해 온 다문화 정책과 관련된 정부의 곤혹스러운 입장을 정리하였다(이병종, 2018년 6월 28일자).

정부는 예멘 난민의 제주도 체류에 대해 부정적인 국민 여론 기류에 편승하여 신속하게 예멘 국적자의 제주도 무비자 입국을 제한하고, 이들 500여 명을 제주도를 벗어나지 못하도록 하는 출도 제한 조치를 취했다. 한국은 아시아 국가 최초로 2013년에 난민법을 제정하고 국제사회에 인권국가로의 진입을 선포하였지만, 지구촌 공동체의 모든 이의 인권을 준수하는 인권 국가가 되겠다는 국가적 정책비전의 '이상'은 아직 허상에 불과한 상황이다. 난민을 반대하는 여론은 어느 날 갑자기 흘러들어 온 '불온한 위험 집단'으로 범주화한다. 이는 난민이 무엇인지 잘 모르는 시민들의 현실적 반응에 가깝다. 이들을 대상으로 한 정부의 일련의 조치(예컨대 예멘을 무비자 국가 명단에서 삭제하는 등)는 일견 합리적인 법률적 근거에 기초하여 이루어진 것처럼 보이지만, 사실은 국민정서를 변명 삼은 '비겁한 대응'이라는 비판이 있다(The Asian, 2019년 6월 17일자, 김현미, 2019).

안전사회 · 공정사회에 대한 갈망 · 젠더 · 계층 간 갈등 등 다양한 한국 사회의 모순과 폭발적으로 결합하며 아무도 예상하지 못한 논란으로 비화했다. 단기간에 70만 명 이상의 시민이 청와대에 난민법 폐지 청원을 하였다. 또 스스로 '일반국민'이라고 칭하는 단체들이 인종주의적 의제를 전면에 내세우며 활동을 시작하였다(The Asian, 2019년 6월 17일자).

제주도의 외국인 거주지역 내 순찰을 강화하여 범죄를 막겠다는 정부의 선언은 인종차별주의적인 대중정서에 순응하고 암묵적으로 동조하는 모습을 보여주었다. 예멘 난민에 관한 뉴스가 국내외 언론의 보도와 시민사회의 논쟁을 가열시키면서 짧은 시간 내에 난민법 개정안이 우후죽순처럼 발의하기도 했다.

이렇듯 난민 사태는 한국 정부가 2006년부터 본격적으로 설계하기 시작한 다문화 정책을 다시금 냉철하게 돌아볼 계기를 마련해 주었다. 그동안 결혼 이주자 및 이주 노동자를 필요에 의해 받아들이면서 야심차게 시작한 다문화 정책은 이제 중대한 변곡점과 도전을 마주하고 있다. 그동안 한국 사회는 인구의 5%가량이 외국 출신 거주민이 살아가는 사회가 되었고 이주민을 위한 정책과 예산이 투여되었지만, 오히려 15년의 정책 추진에도 불구하고 오히려 이주자에 대한 동정과 공감이 섞인 따뜻한 '환대'마저도 사라진 국민정서를 외면하지 않을 수 없다.

이상한 것은 예멘 난민 문제가 온 미디어를 들끓게 만드는 동안 10년이 넘도록 국가 정책의 중요한 한 분야로 자리매김해 온 다문화 정책과 이에 관련된 다문화교육을 세우고 주도해 왔던 교육학계의 반응이 보이지 않는다는 점이다. 그동안 제도권 중심의 다문화교육은 동화주의에서 다문화주의로 전향하기 위한 혁신적 드라이브가 부재했다는 지적이 많은데(엄한진, 2008), 다문화교육에서도 가장 소외된 위치를 점유하고 있는 난민의 제주도 상륙은 그동안의 다문화교육의 효과와 의미가 어떤 것이었나에 대한 냉철한 반성을 요구하고 있다. '이슬람 난민＝테러리스트'라는 인식은 그동안 말랑말랑한 문화이해 수준으로 다문화교육의 콘텐츠가 구성되어 있다는 것을 보여주며 인종차별과 계층, 참여적 시민권 문제에 침묵한 다문화교육이 얼마나 허약한 것인지를 보여주는 증거라 할 수 있다.

다문화교육 예산으로 교육을 받은 교사들이 교육 이후 오히려 다문화가정 배경의 학생을 둘러싼 역차별 논의에 침묵하거나 동조하고 있는 현상이 증가하고 있다(충남일보, 2018년 7월 3일자). 젊은층의 다문화 혐오 현상과 예멘 난민 반대 시위 참여 현상, 다문화 정책 폐기 주장 등, 그동안 우리 사회가 추진해 온 다문화교육은 거의 무방비처럼 무력하게 인식된다(조선일보, 2017년 4월 4일자). 실제로 청와대 국민청원 게시판에 다문화지원 정책을 없애 달라는 요구가 100 건을 넘어섰다(KBS, 2018년 12월 13일자).

분명히 예멘 난민 사건은 그동안 한국 사회가 타자적 이슈로 생각하던 국 제난민 이슈가 불현듯이 던져진 충격파를 여실히 보여준다. 그동안 한국 정부가 전 부처 차원에서 꾸준히 투입해온 다문화 정책에 관련한 재정, 각종 사업, 교사 들의 연수, 교육과정 개발, 시민단체의 참여 등이 무색할 정도의 반 다문화주의 현상은 오히려 심화되고 있다. 정치적 측면에서 보수 정권에서 진보적 정권으로 정치 권력이 이양되면서 사회적 형평성, 사회통합, 정의에 대한 문제가 다시금 새로이 제기되면서 인권교육에 관한 관심이 높아졌다고 할 수 있지만, 오히려 다문화사회로진입한 한국 사회에서 다문화주의에 대한 기대감이 저하되고 있는 상황이다. 새로운 삶터를 찾아서 제주도에 당도한 예멘 난민, 그리고 그들의 '예 기치 않은' 입국으로 충격에 빠진 한국사회는 이를 난민 '사태'로 인식하게 된다. 분명한 지점은 예멘 난민의 존재는 그동안 한국의 다문화교육의 민낯과 현재를 보여 주는 리트머스 시험지로 삼을 수 있다는 점이다.

이 연구는 예멘 난민을 둘러싸고 나타난 사회적 갈등과 공론화의 과정에 서 보여준 다양한 논쟁의 교차점(intersection)'을 분석하고, 코스모폴리타니즘 (cosmopolitanism), 즉, 세계시민성[1] 관점에서 예멘 난민 문제의 각 층위와 의미 를 분석하고자 한다. 나아가 그동안 난민 이슈를 누락해 온 한국의 다문화교육 이 앞으로 나아가야 할 방향을 비판적으로 고찰하고자 한다.

---

[1] 본 연구에서는 국적, 인종, 민족, 종교가 다른 지구촌의 구성원들을 세계의 시민으로 규정하는 관점에서 세계시민성, 세계시민의식, 세계시민주의(世界市民主義, Cosmopolitanism)를 유사 맥락에서 교차하면서 사용한다.

Ⅱ 예멘 난민과 다문화교육: 관계, 담론, 위치

1. 제주도 입국 예멘 난민과 난민을 둘러싼 논의

(1) 한국의 난민법과 난민수용의 쟁점

2017년 한 해 전 세계적으로 1,620만 명의 난민이 발생하였다. 이는 2초에 1명꼴로 난민이 발행한 셈이다(UNHCR, 2018). 한국은 1992년 「난민의 지위에 관한 협약」 및 「난민의 지위에 관한 의정서」에 가입하고 2012년 2월 아시아에서 최초로 난민을 위한 개별법인 난민법을 만들고 재정착난민제도를 도입했으며 2013년부터 2014년까지 유엔난민기구 집행이사회 의장국 역할을 수행하는 등 대외적으로 인권국가로서 위상을 높여왔다(The Asian, 2019년 6월 17일자, 김현숙, 2015). 그러나 실상은 여전히 난민 인정에 엄격한 기준을 제시하고 있어 난민의 기본권이 침해당하고 있고, 난민 인정률은 2014년 기준 5.3% 정도로 세계 난민 인정률 38%에 비하면 턱없이 낮은 수치이다(김현숙, 2015). <표 1>에서와

표 1 연도별 난민 신청 및 인정 현황(1994.01.01.~ 2018.06.30. 단위 : 건)

구분 연도	심사결정종료	난민인정(보호)			불인정
		소계	인정	인도적체류	
총계	41,362	2,399	849	1,550	18,575
1994-2010	20,974	336	216	120	1,577
2011	1,913	62	42	20	277
2012	339	91	60	31	558
2013	649	63	57	6	523
2014	2,376	632	93	539	1,744
2015	2,123	299	105	194	1,824
2016	5,328	344	98	246	4,984
2017	6,030	439	121	318	5,591
2018년 1~6월	1,630	133	57	76	1,497

출처: 법무부 출입국·외국인정책본부, 법무부보도자료(2018: 7)

같이 1994년부터 2018년 6월까지 난민신청자 20,974명 중 849명만이 한국에서 난민의 지위를 획득하였다. 2017년 기준으로 난민신청자 수 총 9,942명 가운데 6,030명이 심사를 받았고 이 중 난민 인정자 수는 12명에 불과하다(법무부, 2018). 특히 난민이 급증한 2018년 한 해 동안 3,879명의 난민 심사가 완료됐고, 그 중 144명이 난민인정지위를 받아 난민인정률[2]은 3.7%이다. 전체 난민신청자 가운데 514명이 인도적 체류허가를 받았으므로 난민보호율은 17%"이다(법무부, 2019).

한국의 난민법상 난민 인정 사유는 인종, 종교, 국적, 특정 사회집단의 구성원, 정치적 견해의 다섯 가지로 제한되며 '박해를 받을 우려가 있는 충분한 근거가 있는 공포'를 스스로 입증해야 하고 전쟁 등의 사유로 본국으로 돌아갈 경우 위험에 처할 수 있다고 판단되는 경우에 인도적 체류를 허가한다(김현숙, 2015). 예멘 난민의 일부는 인도적 체류를 허가받았지만, 난민법상 난민으로 인정받을 수 있는 사유는 매우 제한적이며, 한국 정부는 몸만 간신히 빠져 나온 난민들에게 난민인정신청 과정에서부터 과도한 입증책임을 부과하고 있다.[3]

한편, 난민 업무를 담당하는 행정 인력의 부족도 간과할 수 없는 이슈이다. 2016년 서울 사무소에서 받은 난민신청자 수는 전체 7,542건 중 6,224건이었으나 담당 공무원은 22명밖에 없어 1명당 280명 이상의 난민 신청자를 담당하고 있다. 통역의 문제와 난민심사 과정의 신뢰도 역시 난민심사의 중요한 쟁점이다. 난민인권센터는 같은 통역관과 공무원에게 면접을 본 난민들의 면접조서가 허위로 기재된 사실을 발견하고 국가인권위원회에 진정서를 제출하기도 했다(난민인권센터, 2018). 난민 신청자들의 면접 내용과 무관하게 '돈을 벌기 위해 한국

---

2 UN난민기구는 난민심사가 종료된 사람 중에서 난민인정을 받은 사람의 비율을 '난민인정률'이라고 하고, 여기에 인도적 체류허가를 받은 사람의 비율을 총합하여 '난민보호율'을 산출함

3 인권위원회보고서(2018)에 따르면 난민신청자는 6개월 간 취업이 금지되는 대신 생계비 지원을 받을 수 있으나 실제 생계비를 지원받을 수 있는 기간은 평균 3개월 10일로, 생계비 지원 신청에 필요한 서류(외국인등록증과 본인 명의 통장 등) 구비, 심사, 실제 지급까지 절차에 최소한 50일 이상 기간이 소요되고 있다. 생계비 신청자도 전체 난민신청자 중에 10% 내외이다. 예멘 난민들은 예외 조치로 취업을 허가 받았다.

에 왔다'거나 '본국에 돌아갈 수 있다'라고 대답했다는 등의 허위사실이 기재되어 있는 사례 등을 담은 진정서가 문제가 된 것이다. 한국의 난민법에서 통역 지원을 규정하고 있지만 각 국가에 따른 통역관이 부족할 뿐만 아니라 통역관의 자격이 불분명하다는 문제도 있다. 이처럼 난민법이 제도화되어 있지만 난민 인정 심사과정의 문제점, 담당 공무원과 전문 통역관 등 경험과 전문성을 갖춘 인력의 부족 등은 한국의 난민 인정률을 4%대에 머물게 하는 통제적 장치가 된다(김진희, 2012; 김현미, 2019).

또한 인터넷을 중심으로 퍼져나가는 각종 루머들과 '가짜 난민' 논쟁은 난민을 달가워하지 않는 단체와 개인들의 시위의 동력이 되고 있다. 이는 한국 사회가 가진 이방인에 대한 강한 거부감을 보여준다. 2017년 한 해 1,620만 명의 난민이 발생하였고 이는 2초에 1명꼴로 난민이 발생한 셈인데(UNHCR, 2018), 난민에 대한 진입장벽을 높이 세우고 혐오와 거부로만 일관하는 태도로는 세계적 문제를 해결할 수 없음은 분명하다. 더욱이 한국은 난민법을 제정한 국제 사회의 인권 국가로서 대외적 위치를 선언했지만, 일상 생활 세계에 유입된 예멘

그림 1 외국인 증가에 대한 한국인의 인식

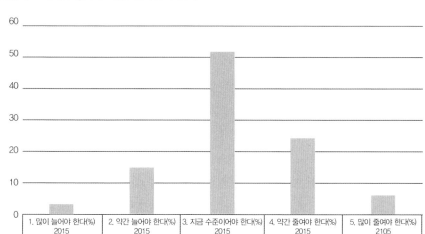

출처: 통계청(2015)

난민 사태는 다문화 갈등과 논쟁을 촉발한다.

난민에 대한 한국 사회의 불안감과 거부감은 새롭게 유입하고 있는 외국인에 대한 인식과도 연결된다. 2015년 통계청이 집계된 <외국인 증가에 대한 한국인의 태도>를 살펴보면 조사에 참여한 국민의 대부분은 외국인의 수가 지금 수준에서 머물거나 줄어들어야 한다고 응답했다. 이것은 그간 정부가 제도와 정책으로 적극적으로 추진해온 다문화 정책이 일상의 시민사회에서는 제대로 뿌리내리지 못하고 있으며 다문화에 대한 낮은 수용도를 투영하고 있다. 제도적 표상과 현실이 끊임없이 충돌하고 있음을 보여준다.

(2) 제주도 예멘 난민 현황과 이슈

2018년 4월과 5월 사이에 예멘 난민 519명이 관광 활성화 목적으로 허용된 무사증제도를 통해 제주도로 입국했다(제주도출입국·외국인청, 2018). 제주도에 들어온 예멘 난민 신청자는 2016년 7명, 2017년 42명뿐이었으나 2017년 12월부터 말레이시아와 제주 간 직항 항공편이 취항하면서 내전을 피해 말레이시아로 들어갔던 예멘 난민들이 무사증 입국이 가능한 제주도로 입국했다(제주도출입국·외국인청, 2018). 이에 각종 언론매체들은 난민의 대거 입국 사실을 앞다투어 대중에게 전달했다. 법무부는 4월 30일에 난민을 둘러싼 사회 각층의 갈등과 국민들의 우려를 고려하여 예멘 난민을 대상으로 제주도 출도 금지 조치를 내리고 6월 1일부터 관광활성의 목적으로 제주도에만 허용하고 있던 예멘의 무사증 입국을 제한했다(법무부, 2018). 법무부는 스스로 난민신청을 포기하거나 제주도를 떠난 예멘 난민들을 제외한 484명의 난민 신청자들의 심사 결과, 339명에게 인도적 체류를 허가했으며 나머지 난민 신청자 중 85명은 보류, 34명은 단순 불인정 결정을 내렸다(법무부, 2018). 12월에 보류 판정을 받았던 85명에 대한 최종 심사 결과, 단 2명만이 난민으로 인정을 받았으며 50명은 인도적 체류허가를, 22명은 단순 불인정을 받았다(법무부 출입국, 외국인정책본부, 2018년 12월 17일). 결과적으로 난민 신청자 484명 가운데 단 2명만이 난민 지위를 획득했으며 54명이 단순 불인정을 받았다.

주목할 사실은 아프리카, 시리아, 그리고 예멘에서 발생한 난민 문제가 유럽을 비롯한 세계 각지의 논쟁으로 격화되는 시점에서, 전쟁을 피해서 입국한 500여 명의 예멘 난민 신청자 가운데, 단 2명이 한국 정부에서 난민으로 인정받았다는 것이다. 아시아 국가 최초로 난민 인정 절차와 처우 등을 규율하는 법률인 난민법을 2012년 제정(법률 제11298호)하였고 2013년부터 시행한 국가임에도 불구하고 과연 심사 과정의 정당성이 얼마나 보장되는지, 국민의 난민 반대 감정을 의식한 결과가 아닌가라는 회의적 시각이 제기된다(경향신문, 2018년 12월 14일자).

(3) 예멘 난민에 대한 사회적 논쟁과 갈등

분명한 점은 예멘 난민 사태가 시민사회에 준 충격은 '멀리' 뉴스에서만 보던 난민이 현실에서 당혹감과 충격파로 다가왔다는 점이다. 2018년 6월부터 시작된 난민에 대한 사회적 논쟁은 온라인과 오프라인을 넘나들면서 전개되는 양상을 보인다. 먼저 온라인에서 진행된 논쟁 중에 '난민수용반대 국민청원'은 단기간에 71만 명 이상의 동의를 얻는다. 압도적인 동의를 얻은 청원에 법무부 장관은 청와대 SNS 방송을 통해 난민조약 탈퇴와 난민법 폐지의 어려움, 난민 심판원 설치 등의 쟁점을 설명하면서, 앞으로 난민 심사 과정에서 난민 신청자의 SNS 계정 제출, 마약 검사, 전염병, 강력 범죄 여부 등을 철저하게 심사할 것이라는 정부의 입장을 밝히기도 했다(청와대 SNS, 2018). 이에 시민단체들은 외국인 영어교사들이 계약 연장을 위해 에이즈와 마약검사를 해야 하는 것에 대해 이미 UN 인권차별철폐위원회로부터 시정요청을 받은 예를 들며 정부의 입장은 전형적인 인종차별이라고 비판했다(한겨레, 2018년 8월 2일자).

인터넷 커뮤니티와 SNS를 통해 각종 루머들도 퍼져나갔다. 모든 예멘 난민들은 시아파 무장반군들이며 이슬람교도는 성폭력의 주범이라는 편견과 생계비 지원을 받지 않는 모든 난민 신청자가 매달 138만 원씩 지원을 받는다는 자극적인 정보의 총체가 그것이다(조선일보, 2018년 7월 3일자). 특히 난민 신청자 중 남성이 458명이라는 점과 이슬람에 대한 왜곡된 이미지가 겹쳐지면서 예멘 난민은 곧 여성인권 침해자로 규정되는 형국을 보이기도 했다. 이는 미국에서 민족주의 페미니스트들에 의하여 이슬람 남성들이 여성인권 침해자나 성폭행범으로 인식되었던 것과 비슷한 양상이라 할 수 있다. 이러한 루머들이 혐오로 이어지는 악순환을 막기 위해서라도 여성이라는 이름으로 예멘 난민들을 타자화시키는 '위험한 연대'를 끊어야 한다는 주장이 제기되었다(김나미, 2018).

광화문을 중심으로 난민에 대한 찬반 시위는 2018년 6월부터 10월까지 지속적으로 이어졌다. 난민 수용 반대집회의 자국민의 안전과 보호를 최우선하고 가짜 난민 추방에 대한 주장이 난민 반대 논리를 대표했고, 반면 난민 환영 집회에서는 모든 인간의 존엄성을 존중해야 하고 우리와 다르다는 것이 '가짜'라고 규정해서는 안 된다는 주장이 팽팽하게 맞섰다(연합뉴스, 2018년 10월 20일자). 제주도에서도 난민 반대시위가 열렸는데 반대시위 참가자들은 "국내에 들어온 이슬람 난민들은 절대 자신의 종교와 가치관을 버리지 않을 것," "제주에 가장 많이 들어온 예멘이라는 나라는 명예살인이 가능하고, 환각물질인 카트가 합법적인 나라" 등의 우려로 인해서 예멘 난민 수용을 반대한다고 밝혔다(중앙일보, 2018년 7월 14일자).

이러한 혼돈과 갈등이 지속되면서 국가인권위원회는 한국 사회의 인종차별이 심각하다는 보고서를 UN인종차별철폐위원회에 제출했다(인권위원회, 2018). 이 보고서는 한국의 시민들이 난민에 대한 충분한 설명과 정보를 전달 받지 못한 채 잘못된 정보의 범람으로 혐오감정을 품게 된 과정을 설명하고 있다. 사실에 근거하지 않은 말로 외국인 혐오를 야기하는 사례가 국회에서도 발생했다. 2017년 8월 국회에서 개최한 "외국인 기본권 확대 개헌안의 문제점에 관한 포럼"에서 한 국회의원의 '국민의 4대 의무'를 행하지 않는 사람에게 거주 이전의 자유를 줄 경우, 거주 생활형 테러 문제가 심각해질 수 있다'는 내용의 축사를 담기도 했다.

정치가 아닌, 일터 영역에서는 실제로 제주도에서 생계의 위협을 받는 난민들에 농·축산업, 어업 및 요식업 일자리를 제공하였지만 고용주와 난민 사이의 갈등 문제가 나타나기도 했다. 또한 예멘 난민들은 전쟁 중에 발생한 총상 등의 부상으로 인해 장시간 노동을 견디지 못하거나 선장에게 폭행을 당하고도 난민 심사에 불이익을 당할까봐 신고를 하지도 못한다는 보도도 있었다(노컷뉴스, 2018년 9월 7일자). 종교기관의 도움을 받은 난민들이 임시로 머물고 있던 아파트에서 아파트 주민회의 반발로 숙소를 옮기거나 난민을 지원하는 시민단체에서 펜션을 임대해 100여 명을 수용하겠다고 하자, 인근 초등학교 학부모들이 등교 거부를 하겠다고 나서 철회하는 일도 발생하였다(노컷뉴스, 2018년 9월 6일자).

예멘 난민을 둘러싼 복합적인 갈등이 발생한 반면, 시민단체를 중심으로 '난민 인권을 위한 범도민 위원회'가 설치되어 예멘 난민이 들어오기 시작한 초반에는 사무실까지 임시 숙소로 내어주고 생필품을 지원하는 등의 인도적 지원이 끊임없이 이루어졌다(한국일보, 2018년 7월 10일자). 일부 예멘 청년들은 제주 도민들과 함께 축구를 하거나 한국어 수업을 받기도 하면서 시민단체와 제주도 민의 도움으로 숙식을 해결할 수 있었다(노컷뉴스, 2018년 9월 6일자). 이렇듯 일군의 시민단체와 제주도민들은 이방인을 배척하고 경원시하는 것이 아니라, 낯선 존재와의 연대를 택했다. 이는 데리다(Derrida, 1997)가 요청한 '환대의 윤리'(ethics of hospitality)를 보여주는 것이며, 불안감에도 불구하고 낯선 이방인을 환대하는 과정에서 새로운 형태의 공존에 대한 사유의 지평을 넓히는 시도로도 읽힐 수 있다. 결국 예멘 난민을 둘러싼 논쟁과 갈등을 현상적이고 휘발성이 강한 하나의 사태라고 치부하기보다는, 사회구조라는 거시 수준의 틀에서 사고할 필요가 있다. 이러한 접근을 통해서 인종과 국가, 종교와 언어 등이 교차하는 다문화사회에서 서로 상이한 권력과 위치를 가진 행위자들이 어떻게 상호작용하는지를 비판적으로 인식할 필요가 있다.

2. 난민과 인종차별, 그리고 다문화교육

(1) 다문화교육과 소외 영역으로서의 난민

정부 주도의 다문화 정책이 제도화되고 입법화된 지 10여 년이 지난 지금, 교육계는 다문화교육의 내용과 방법을 여러 시행착오를 겪으면서 발전시켜왔다.

그러나 그동안 다문화교육은 인종과 민족, 국적 중심적 유형화와 국제 이해를 주로 다루는 '부드러운 내용(soft contents)'이 주조로, 인종차별, 권력문제, 그리고 이주민의 참정권과 시민권 등, 상대적으로 민감하거나 '강한 내용(hard contents)'를 다루는 데 어색함을 보였다. 특히 다문화교육에서 그동안 다루어 온 대상과 주제 영역에서도 난민은 교육학계의 학술 논문과 정책, 프로그램 등 모든 측면에서 가장 소외되어 왔다(김진희, 2018).

현대사회에서 난민은 전쟁 난민, 환경 난민, 경제적 난민 등, 발생 원인과 유형이 점차 다양해지고 있다. 사회가 복잡해지는 만큼 이주를 선택한 이들의 이유나 원인도 다양해진다는 것은 난민 역시 개인적 이유로 불가피하게 이주를 선택할 수밖에 없거나, 본국으로 돌아가고 싶어도 돌아가지 못하는 구조적인 상황에 놓인다는 것을 의미하기도 한다(김수현, 2016; 김성진, 2018a). 망명의 원인이 된 문제가 해결되면 본국으로 돌아간다는 전제가 있지만 이마저도 불확실한 경우가 대다수라는 것이다. 그만큼 이제는 난민과 이주민의 구분을 자발적 이주인지 비자발적 이주인지, 혹은 본국으로 귀환할 것이냐 수용국에 남느냐 등, 단선적으로 구분하는 것이 점차 어려워지고 있다. 이러한 복합적인 이유로 인해서 다문화주의 담론 안으로 난민과 글로벌 이주의 문제를 포괄적으로 다룰 수밖에 없다(Kymlicka, 2010; 203; 김수현, 2016에서 재인용).

난민의 경우 다른 이주민들이 겪는 인종차별을 경험한다는 공통점을 갖고 있으면서 폭력이나 박해, 전쟁 등과 같은 국가 혹은 집단으로부터 오는 위협을 피해서 자신이 속한 공동체를 비자발적으로 떠나왔다는 고유의 특징을 지닌다(Amthor & Roxas, 2016; Anderson, 2004). 준비되지 않은 상태로 이질적인 문화로 건너온 난민들은 다른 이주민들보다 문화적응에 더 큰 어려움을 경험한다(Anderson, 2004). 따라서 Rong와 Brown(2002)은 난민들이 충분히 새로운 문화에 적응할 수 있도록 언어교육이나 문화교육뿐만 아니라 사회, 경제, 법 제도 등을 충분히 탐색할 수 있도록 시민교육은 물론 안정된 일자리를 제공해야 한다고 주장한다. 특히 난민 아동이나 청소년들은 정규교육을 받을 기회를 박탈당하는 경우가 많고 이주한 국가의 정규 학교 환경에서도 트라우마로 인한 심각한 스트레스를 받기도 한다(Shaw, 2003; 김진희, 2012). 따라서 이들을 위한 교육과 의료를 포함한 공적 서비스를 제공해야 한다는 주장이 힘을 얻는다.

그럼에도 불구하고 한국 사회에서 다문화 정책과 다문화교육은 문화적 다양성을 가진 집단을 주로 결혼 이주민과 이주 노동자를 주요 대상으로 협소하게 범주화하고 있다. 결국 한국 다문화교육의 설계와 전개과정에서 다문화, 즉 이주 노동자(주로 남성)와 결혼 이주민(주로 여성) 그리고 결혼 이주민의 가족에만 정책 지원의 중점을 두고 난민을 범주에 포함시키지 않는 경향이 있다(나달숙, 2015). 점차 학교교육에서 다루는 다문화교육의 대상으로 국제결혼 가정과 외국인 근로자의 자녀에서 중도입국 청소년을 포함하고 다문화역량을 길러야 한다는 명목으로 정주민인 한국 학생으로 확장되기도 했으나(장인실, 2015), 다문화를 인종, 계층, 성별, 성적지향, 장애여부 등을 아우르는 하나의 담론으로 적용하지 못하는 한계를 가진다. 그 속에서도 지금까지 상대적으로 소외된 교육 주제이자 학습자로서 난민들은 사각지대에 놓여왔다.

실제로, 다문화교육의 관점에서 난민을 다루는 교육과정도 매우 제한적이고, 다문화교육 프로그램의 실천 영역에서도 난민 논의는 거의 다루어지지 않고 있다(김보나, 2016; 안혜진,이윤정 2018; 이수현, 안혜리, 2018). 예를 들어 김보나(2016)는 6종의 중학교 사회 교과서에서 다루고 있는 난민 관련 내용을 분석하였는데 난민 협약과 난민의 권리에 관한 내용을 다루고 있는 교과서는 단 한 권도 없었으며, 난민 관련 내용을 다룰 때 외국의 사례만 보여줌으로써 난민의 문제가 마치 우리나라와 전혀 상관없는 외국의 문제인 것처럼 보일 수 있도록 하고 있음을 지적하고 있다. 또한 교과서 속의 난민 관련 내용은 지식중심으로 구성되어 있어서 난민을 대하는 가치와 태도에 관련된 내용은 빈약했다. 현재 일반 교육과정에서도 난민에 대한 논의가 극히 제한적이고 난민문제를 다각적으로 인식하는 교육과정은 미비하다는 점을 알 수 있다. 현재 중·고등학교 사회과 교과서에서 다문화 사회 형성요인으로 세계화와 취업, 결혼, 유학, 탈북 등을 제시하고 있으나(설규주, 2018), 난민에 관한 이야기는 '탈북'이라는 한국 사회에서 직접적이고도 특수한 형태의 이주를 제외하고 거론되지 않는다.

2014년 2,896명이었던 한국의 난민 신청자 수가 2017년에는 9,942명으로 늘어난 것에서 알 수 있듯이(국가지표, 2018) 빠른 속도로 난민 신청자 수가 늘어나고 있지만, 상대적으로 그 숫자가 훨씬 많은 이주 노동자나 결혼 이주민들보다 관심이 덜 할 수밖에 없었다. 또한 난민은 사회적 자본이나 네트워크가 없는 상태로 들어와 난민 지위를 획득하기까지의 긴 시간을 불안정한 지위로 머무르게 된다. 따라서 소위 출신 국가도 보호하지 않는 '빈털터리'인 그들이 지닌 사회적·정치적 영향력은 미미할 수밖에 없다. 난민 담론의 소외와 주변화는 한국뿐만 아니라 다문화사회인 미국의 이민자 교육에서도 나타나는 현상인데, 난민이 상대적으로 소외받는 이유는 절대적 숫자가 적어서가 아니라 사회적이나 정치적인 영향력을 행사할 수 없기 때문이라는 주장이 설득력을 가진다(Dauvergne & Marsden, 2014).

(2) 난민과 인종차별 담론

최근 30년간 한국 사회는 이주자의 존재로 많은 사회적 변화를 경험하고 있다. 무엇보다 견고한 국민 정체성에 대해 질문하고 이방인을 어떻게 받아들이고 대우할 것인가에 대한 사회적 논의가 촉발되었다(김현미, 2019: 4). 2013년 시행된 난민법에 대한 국민들의 공유와 이해가 부재하고, 난민에 대한 일반 국민들이 느끼는 정서와 국제사회에 인권국가로서 선언한 법제도 사이의 큰 격차가 드러났기 때문이다. 이병종(2018)은 난민에 대한 거부감을 두 가지로 지적한다. 첫째, 침체되는 국내 경기와 일자리 부족의 상황에서 이민자나 난민을 '잠재적 경쟁자'로 인식하면서 일반 국민들의 불안과 피해의식은 갈수록 커지고 있다는 점이다. 둘째, 난민 수용을 반대하는 더 큰 이유는 한국인 특유의 순혈주의라는 점이다. 외세의 침략이 많았던 한반도의 지정적한 위치와 역사로 인해서 외부인에 대한 경계와 거부감이 견고하게 뿌리 내려온 상황은 글로벌화 속에서도 크게 바뀌지 않았다고 진단한다.

제주 예멘 난민 사태를 분석한 김현미(2019)는 이런 한국 사회의 반응이 1990년대 이후 유럽에서 등장한 이슬라모포비아의 신인종주의와 매우 유사하다고 설명하면서 다음과 같이 반(反)난민 그룹의 예상치 못한 결합과 연대를 지적하고 있다:

예멘인들은 자신도 모르는 사이 국가를 교란하는 위협적 외부자가 되어 있었다. 본토 밖의 예외적 공간인 제주에 결박된 채, '가짜 난민', '테러리스트 무장 난민', '여성안전을 위협하는 이슬람남성'으로 의미화되면서 히스테리적 감정을 구성하는 기호가 된 것이다. 제주 예멘 난민 사태에서 가장 놀라운 사실은 보수 정치인, 근본주의 기독교, 청년 및 일부 여성들간의 감정적 연합이 구성되었다는 점이다. 한 난민 반대그룹은 "혈기왕성한 20대 남성만 오는데 여성안전 누가 책임지냐"는 현수막을 내걸었다. 맘카페의 적극적인 반대운동과 페미니스트들도 난민을 반대한다는 메시지는 강력한 감정 연합의 촉발점이 되었다(김현미, 2019: 5).

말하자면 예멘 난민을 마치 무슬림 문화의 반(反)인권적인 원형을 지켜온 사람이라고 전제하는 것은 '인종화'의 표현이라고 할 수 있다(김현미, 2019: 8). 한국사회에서 선진국 중심의 글로벌 자본이 우위의 영향력을 행사하는 가운데, 전쟁, 환경 파괴, 종족 간 분쟁으로 발생하는 난민에 대한 이해가 부재한 가운데, 제주도에 입국한 예멘 난민은 한국 사회에 큰 충격을 불러일으키면서 이들은 급속하고 철저하게 '인종화' 되었다. 난민들이 사선을 건너 집단적 박해를 받고 새로운 안전을 보장받기 위해 불가피하게 이동한 소외된 존재라는 구조적 상황에 대한 학계와 언론의 적극적인 논의가 부재한 채 오로지 '예멘'이라는 낯선 땅에서 이슬람을 믿는 사람들, 즉 낯설고 이질적인 무슬림 집단성으로만 난민들을 인종적으로 범주화했다(김현미, 2019: 6). 난민 반대그룹에서는 이미 '무슬림 + 난민'을 반박불가능한 적대적 타자로 규정하고 있기 때문에 토론의 여지를 두지 않는다. 김현미는 이에 대해서 "난민을 난민 사유를 지닌 존재로 보기보다는 특정한 문화 집단으로 사유하게 되는 과정이 인종화"라고 명명한다. 이러한 인종화는 매우 유혹적이고 자극적인 폭력의 장치이기 때문에 빠른 시간에 국가안보 이슈와 결합하여 집단적 공포를 확산시킬 수 있다.

김성윤(한겨레, 2018년 11월12일자)도 예멘 난민사태에 대해서 한국 사회에서 순혈주의가 점차 약해지고 있음에도 인종주의는 강력하게 작동한다고 논평했다. 자신은 인종차별을 하지 않는다고 단언하지만, 세금이 난민을 위해 쓰이는 것은 '우리' 민족의 피해이므로 다문화정책에 반대한다는 입장이다. 즉 '저들의 혜택을 없애라'는 주장은 '더 적은 민주주의'를 신봉하는 국민정서를 보여준다.

여기에 더해 엄한진(2008)이 제기하는 더 심각한 문제는 우리 사회가 '한국은 특별히 인종차별과는 무관한 영토'라는 환상을 지속시키고 있다는 점이다. 우리 사회에서 인종차별은 백인의 흑인에 대한 차별로 단선적으로 이해되는 경향이 있다. 그런 이유로 인종차별과 사회갈등을 막기 위한 노력이 이루어지지 않은 것도 한국적 특수성이다. 인종차별은 한국 사회의 역사적 상흔과 현대 한국의 글로벌 경제 성장에서 오는 유사 제국주의적 정신 상태가 묘하게 결합된 정서적 구조 안에서 작동하게 되고, 예멘 난민 문제를 비호 받을 권리를 가진 사람들의 기본권이 박탈된 인종차별적 통치 담론으로 추동하게 한다(김현미, 2019: 11).

이러한 상황을 놓고 볼 때 냉정한 비판의 목소리가 제기될 필요가 있다. 난민 사태에서 인종, 국적, 피부색, 계층과 종교로 인해서 누구도 차별받지 않고 다양성을 존중하는 인식을 함양하도록 하는 다문화교육은 어디에 있었는가? 사회구성원들에게 균형잡힌 사고와 세계시민의식을 형성하도록 견인해야 하는 한국의 다문화교육은 실종되었는가? 이에 대해서 반성적 고찰이 필요한 시점이다.

Ⅲ 이주자 성원권에 관한 세계시민성 논의와 쟁점

예멘 난민 문제는 인종, 민족, 국적배경이 다른 이주자와의 공존에 관한 논의를 외부자의 시민권, 또는 성원권의 문제에 관한 논의로 확대하는 이론적인 작업을 본질적으로 요구한다. 그간 사실상 한국 사회의 필요에 의해 '초대'된 결혼이주민의 권익보호 및 정착지원 위주로 다문화주의 논의가 쏠림 현상을 보였기 때문에 이주자 가운데에서도 가장 소수자인 난민에 논의가 거의 없었다. 정치와 법률 분야에서 외부자의 성원권이 일부 논의되어 왔음을 확인할 수 있지만 (서윤호, 2014), 이런 논의는 아직 학계의 울타리 안에 머물러, 시민사회의 공론의 장으로 넘어오지 못했다. 인종 및 문화 다양성을 과거보다 더 많이 접하게 된 한국인의 일상적인 학습에도 큰 영향을 미치지 못했음을 지적하고자 한다. 이런 상황을 감안할 때, '초대받지 않은 방문자'에 비견되는 예멘 난민의 존재는 그동안 다문화교육이 지엽적인 논의를 넘어, 글로벌시대에 보다 보편적인 이주민의 권리, 즉 이질적인 배경을 가진 이주민의 인권과 시민권의 부여 문제를 통한 외부자와의 공존 가능성을 진지하게 토의해야 하는 필요성을 제공한다.

우선 이민을 환영하고 난민을 기꺼이 포용해 온 일부 서구 국가의 경험에의 일별을 통해 우리 논의의 출발점을 제공하고자 한다. 서구의 논의에서 나타나는 흥미로운 사실은 이민자들의 유입으로 인한 다문화주의의 채택 및 확대와 이들에 대한 시민권(성원권) 논의가 상당 기간 진행된 이들 사회에서조차 소수자 권리문제와 외부자를 포함한 세계시민적 성원권 이슈가 함께 논의되는 일이 그리 쉬운 과제가 아니었다는 사실이다(Kmlicka, 1995, 1994). 예를 들어 1976년부터 일찌감치 다문화주의를 국가의 기조로 채택해 온 캐나다의 관련 정책과 실천에 이론적 기틀을 제공한 킴리카(Kmlicka) 등의 학자들은 캐나다 또는 비슷한 상황에 놓여 있는 서구 국가들에서 인종적 소수자의 유입으로 촉발된 두 가지 논쟁, 즉 다인종 사회에서의 소수자 권리에 관한 논쟁과 민주적인 시민성 관련 논쟁이 그 성격상 연결된 논의 임에도 불구하고 각각 다르게 이루어져 왔다는 점을 지적한다. 우선 사회적 약자의 권리 차원에서 유입된 인종문화적인 외부자의 권리를 옹호해온 측은 다문화주의(multiculturalism), 소수집단의 권리(group rights), 차별화된 시민권(differentiated citizenship) 등의 용어를 주로 사용하면서 소수자 집단이 유입국 내에서 뿌리를 내리고 살아가는 데 필요한 권리들을 강력하게 주장해 온 한편, 이들의 존재를 보편적인 시민권 권리 차원에서 논의하는 것을 경계해 온 측면이 있다. 유입된 소수자의 시민권과 보편적인 시민의 권리를 강조하는 것은 '소수자들은 집단으로서의 특수한 권리를 가진다'는 점을 인정하는 일에는 인색하고, 반면 유입국 사회의 시민으로서 다른 시민들과 다를 것 없다는, 즉 동일하게 권리가 있으니 동일한 시민적 의무를 지라는 요구에 힘을 싣는 접근이라 할 수 있다. 이와는 반대로, 한 사회의 소수자 집단의 성원권, 즉 세계시민성을 주장해 온 사람들은 소수자에게 부여된 권리가 일반적인 시민의 권리보다 더 포괄적으로 주어져야 한다는 전제를 강조한다. 인종적 소수자와 이들을 지지하는 사회단체 등이 '약자(또는 피해자) 정치'의 프레임을 이용해 혹여 부당한 이익을 추구하려는 의도가 있지 않은가라는 의구심을 갖도록 했다는 점이 킴리카의 분석이다.

이렇듯 서로에게 민감할 수 있는 논의상 난제에도 불구하고 두 논의는 모두 권리를 다룬다는 점에서 보편(universal)과 특수(differentiated)를 스펙트럼의 양축으로 갖는 성원권의 문제로 파악할 수 있다. 이는 민족국가 체제가 성립되고 근대 국가의 전형으로 정착하면서 발전해 온 시민권의 개념을 현재의 특징적인 전(全)지구적 체제에서 재구성하고 있다. 즉 민족국가의 영향이 여전히 지대한 가운데 신자유주의적 정치경제논리가 지배적이며, 늘어난 이주의 빈도만큼 점증하는 "외국인 혐오와 순혈토착주의 화법"(데구이어, 헌트, 맥스웰, 모인, 2018: 9)을 일상적으로 경험할 수 있는 현재의 시점에 이주민의 성원권을 다시 고찰할 필요가 있음을 인식시킨다. 따라서 이 장에서는 해당 논의를 근대국가적 시민권 개념의 재고찰 및 해법이라는 공통점이 있으면서도 서로 뚜렷한 접근법의 차이를 보이는 두 성원권 개념, 즉 킴리카의 다문화주의 시민권(multicultural citizenship)과 벤하비브(Benhabib)의 정의로운 성원권(just membership)의 논의를 고찰하고, 이를 기반으로 예멘 난민을 대하는 우리 사회의 성원권 문제와 쟁점을 분석하고자 한다.

1. 근대적 시민권과 이주민 사이의 긴장

근대적 시민권은 불과 200년의 역사를 가졌다. 헌정 국가 수립과 민족주의 국민국가의 성립으로 시작한 국민국가의 시민권 개념은 국민국가(nation state)를 구성하는 세 가지 요소를 영토, 주권, 국민으로 정의했다. 즉 공동체의 구성원들이 여러 가지 권리를 향유할 수 있는 지위가 시민권이며, 이는 '국민국가'라는 뚜렷한 정치 공동체의 성원이어야 한다는 뜻이다. 따라서 시민은 시민이 아닌 자와 구분되는 권리 및 의무를 갖는다. 즉, 시민은 한 국가의 국민으로 해당 정치 공동체가 부여한 권리와 의무를 동시에 지며, 비(非)국민과 뚜렷이 구분된다.

이런 상황에서 국적은 시민권을 향유하기 위한 전제조건으로 작용한다. 따라서 국적이 없다는 상태는 그야말로 삶 자체가 지대한 위험에 노출되는 것을 의미한다. 이는 정치학자 아렌트(Adrent)가 나치 독일에서 직접 경험한 난민의 삶으로 인해 화두를 던진 분열적인 현실이었으며 현재에도 같은 처지에 처해있는 수많은 사람들의 삶을 근본에서부터 흔드는 견고한 구조적 장벽을 보여준다. 아렌트는 히틀러 치하의 독일을 탈출하여 떠돌다가 미국 시민권을 얻을 때까지 국가 없는 난민이었다. '전체주의의 기원'에서 그는 '권리를 가질 권리(right to have rights)'에 대해 언급하였다(데구이어, 헌트, 맥스웰, 모인, 2018: 6). 당시 나치의 극심한 인권 탄압을 목도한 세계사회가 세계인권선언을 발표하며 '인간'이기 때문에 갖는 권리의 보편성을 만방에 공표하였음에도 불구하고 난민으로서의 아렌트는 자신이 거의 아무 권리도 행사할 수 없는 현실이 세계인권선언과 심각한 괴리를 보인다는 점을 절감한다. 그리고 '국가'라는 정치적 공동체의 성원 자격을 박탈당한 이주자들은 사실상 인권이 표방한 대부분의 권리를 행사할 수 없는 상태에 놓이게 되므로 난민을 포함한 인간 모두가 가졌다는 '인권'이라는 것이 실질적으로 행사될 수 있게 해 주는 조건 즉, '권리를 가질 권리'를 가져야 한다고 주장하게 된다.

아렌트는 국적이 시민권을 향유하기 위한 전제 조건으로 작용하는 현실 속에 인권이 피상적인 '선언'에 불과한 것이 되는 딜레마를 정면으로 지적한다. 현재 많은 사회에서 이주민은 시민과 긴장 관계에 놓여 있으며 수용국은 물론 전 지구적인 논의가 필요한 과제를 던지고 있다. 이 같은 논의는 이주현상으로 인해 대다수의 국가에서 외국인의 증가를 직면하고 있는 현실과 밀접한 연관을 가진다. 이들 중 상당수가 여러 개의 시민권을 갖고 있거나 다중 정체성을 갖고 있으며 국적과 거주지가 불일치하는 등, 시민권이 정한 권리와 의무의 경계가 불확실하고 복잡하며 또한 모호한 사람들이다. 앞서 언급했듯이 단 하나의 시민권도 행사할 수 없는 난민들이라는 존재도 있다.

문제는 여건이 좋은 사람들조차 권리와 의무의 불확실한 경계 속에서 크고 작은 어려움을 겪는다는 사실이다(Ong, 1993). 일부는 두 개 혹은 그 이상의 국가들이 규정하는 권리와 의무 사이에서 혼돈을 겪지만 개인적으로 어려움을 감당할 방안을 스스로 자원을 동원하여 마련하고 있을 뿐이다. 세상에는 그런 형편이 안 되는 이주민이 훨씬 많으며 이들은 삶을 위태롭게 하는 구조적인 장벽을 경험한다. 과거보다 늘어난 국지적 분쟁 및 전쟁으로 인해 예멘 난민처럼 정치적 공동체를 탈출하여 그 보호가 완전히 거세된 무국적자, 그러나 새로운 땅에서 성원이 되어 살아갈 희망을 표출하는 주체가 국제 난민이다.

2. 이주민 수용국가와 다문화주의 시민권

이주자의 성원권에 관련한 다종다양한 의견과 주장들 중 킴리카가 제시하는 다문화주의 시민권(multicultural citizenship)은 이민자에 대해 호의적인 입장을 견지해 온 캐나다의 정책과 실천의 근간이 되었기에 많은 국가에서 이주민 정책의 참고 개념틀로 이해하고 있다. 이주자에 대해 동화주의 일변도의 정책이 거의 전부라고 해도 과언이 아닌 다른 다수의 국가들에 비해, 캐나다는 이민자의 언어와 문화 등에 대한 보장 및 육성 등, 소수자 집단으로서의 이주자의 추가적인 권리에 대해 설명하고 있어 그 정책의 진보성이 부각되기도 했다.

그럼에도 불구하고 킴리카의 입장은 이주자를 대상으로 하는 시민권 정책이 성공하기 위해서는 수용국이 막강한 권력을 가져야 한다는, 즉 수용국의 입장을 대변하는 논리이다. 즉, 수용국은 국익에 기여할 수 있는 이주민을 선별해서 받아들일 권한이 있어야 하며, 이주자가 수용국 문화와 제도의 헤게모니에 도전할 수 없도록 이주민의 출신 국가를 다양화할 권리도 가져야 한다는 것이다. 게다가 이주민의 문화를 장려하고 지원한다는 그 배경에는 수용국이 '인권에 기반하여' 이주민 문화를 '좋은 것인지' 평가할 수 있어야 한다는 조건이 붙어 있기도 하다(Kymlicka 2012, 3; 24; 25). 이는 이민자에 의해서 기존 공동체가 부정적으로 영향 받아서는 안 된다는 생각의 발로이기도 하고 현재 다문화주의에 대한 시민사회의 우려를 앞세우는 국가들의 입장과도 궤를 같이 한다고 볼 수 있다.

캐나다의 다문화 정책은 현존 정책 중 가장 진보적인 사고고를 정책적으로 반영하고 있지만 국가 주권에의 근본적 사고를 재확인했다는 점에서 결국은 이주민이 갖고 있는 보편적 권리에 대한 논의가 부족하다(김희강 외, 2016). 물론 다문화주의 시민권은 유입되는 이주자 입장에서도 환영할 부분이 크다. 유입된 이주자는 수용국의 문화를 그저 수용하는 수동적인 객체가 아니라 이주자의 정체성을 바탕으로 수용국 사회의 문화 형성에 참여 및 기여하는 역동적인 존재이다. 이주자의 출신국 정체성이 더 큰 수용국 사회 속에서 비(非)가시화되며 그 안에서 이주자 개인의 자존감 손상 및 그로 인한 부작용이 세계 도처에서 목도되어 온 점을 감안하면 캐나다의 정책을 모범적이라고 평가할 수도 있다.

그러나 다문화주의 시민권은 이주자의 존재가 국가 발전의 필요조건인 캐나다 같은 국가 이외의 맥락, 즉, 이주민 수용의 맥락이 다른 사회에서는 적용성에 대한 의문이 있어 현재 국제적으로 발생하고 있는 비자발적 이주 및 수용국의 고민 등에 대해 시사점이 많지 않다. 무엇보다도 복합적인 이주의 상황을 적절하게 다룰 수 있는 대안이 되기에는 이주자의 보편적인 권리에 대한 논의를 생략하고 있는 점이 문제가 된다. 예를 들어 김희강 외(2016)는 킴리카가 '이주'

가 발생하는 글로벌 차원의 문제들을 간과하고 있으며 지나치게 수용국 중심의 접근을 취하고 있고 이주민을 송출하는 "송출국 내부, 수용국 내부, 송출국과 수용국 간의 관계에서 나타나는 다양한 정의의 이슈를 간과하게 만든다"고 비판했다. 이는 결국 킴리카의 다문화주의 시민권이 다양성과 포용을 여는 새로운 대안일 수도 있으나 같은 이유로 오히려 새로운 흐름에 역행할 가능성이 있다는 역설을 보여준다. 김병곤, 김민수(2015: 295) 역시 킴리카가 이주에 대해 다소 부정적인 관점을 가진 것을 지적하는데, 킴리카의 논의 속에서 이주는 장기적으로 국제적 분배정의가 실현되면 없어질 수 있는 것이고 현실이 그렇지 않으니 '좋은' 국가라면 민족－국가 내에 존재하는 이주민들의 권리를 보호해야 한다는 입장을 취하고 있다. 이에 대해서 이주가 국민국가의 경계를 넘어서 인간이 갖는 자유로운 이동에 대한 선택과 보편적 권리에 대해서 근본적인 사고가 결여되었다는 비판이 제기된다.

정리하면 다문화주의 시민권은 정치공동체의 통합과 안정성을 위해 이주민과 소수 민족 집단의 권리를 인정하도록 기존 성원들을 설득함으로써 이주민 시민권 문제를 해결하려는 정책으로 요약된다. 따라서 영토적 경계를 넘어서는 사람들의 정치적, 문화적 시민권의 문제에 해답을 제공할 것이라는 기대와는 달리, 이주민 시민권으로서 근본적인 권리 문제를 해결하지 못하는 한계를 지닌다.

3. 난민을 포괄하는 이주민의 정의로운 성원권

다문화주의 시민권이 이주민 시민권을 다루는 데 있어서 가지는 한계들을 고려할 때 이주가 개인의 근본적 권리라는 차원에서 이주민 시민권에 접근할 필요성이 제기된다. 아렌트는 '어떤 인간도 불법은 없다'고 단언하면서(No human is illegal), 인간 이동의 자유를 부정하는 것은 매우 어렵고 궁극적으로 이는 인간의 자유 이동의 권리로 보호되어야 하며, 인간은 자기 결정에 충실한 민주적 커뮤니티와 함께할 수 있어야 함을 주장했다. 아렌트의 이런 주장은 당시 큰 주목을 받지 못했지만 이후 여러 학자들의 숙고를 거쳐 현재 이주민 시민권을 논하는 다양한 논의의 출발점을 제공한다(데구이어 외, 2018). 더 나아가 대규모 추방과 난민 위기, 새로운 유형의 분쟁 등으로 점철된 오늘날 시민권 논의의 핵심적 권리 개념으로 부상하고 있다.

그 중 가장 분석적인 해석을 시도한 학자 중 하나가 벤하비브이다. 벤하비브는『타자의 권리』등의 저작을 통해 근본적으로 인권을 보호할 수 있는 정당한 제도를 어떻게 확립할 것인가의 문제를 중심적으로 다루고 있다. 벤하비브에 따르면 국제관계에서 인권의 확립에 대해 회의적 시선이 있는 이유는 주권 기반의 국민국가를 정치의 유일한 토대로 간주하고, 국가 이외의 공동의 법이나 제도가 정착할 수 있는 가능성을 실질적으로 사고하지 못했기 때문이다. 벤하비브는 아렌트가 말한 '권리들을 가질 권리'의 토대가 무엇인가에 천착하여 단수형의 '권리'와 복수형의 '권리들'이 서로 다른 범주에 속한다고 주장하였다. 즉 뒤에 놓인 단수형의 '권리'는 모든 개인이 소유한 도덕적 자격, 그리고 앞에 쓰인 복수형의 권리들은 시민이 소유한 법적 자격이라는 것이다(데구이어 외, 2018: 24). 즉, 도덕적 권리의 토대는 무엇인가를 질문하고 그 답으로 인간은 자유롭고 이성적인 주체이며 그 자체로 목적이라는 칸트의 개념을 계승하여, 국민국가의 시민권만이 개인의 권리를 보장한다는 경직된 사고를 탈피하고 국민국가 수준을 넘어서는 세계적인 체계를 마련해야 한다고 보았다. 실제로 인류는 1948년의 세계인권선언, 1951년의 난민의 지위에 관한 협약, 그리고 1976년의 시민적 정치적 권리에 관한 국제규약 및 경제적 사회적 문화적 권리에 관한 국제규약 등의 각종 선언 및 협약, 그리고 규약들을 만들어 왔고 이들의 준수와 이행을 위해 만들어진 국제기구와 제도 등을 통해 '권리들을 가질 권리'가 점점 더 실행 가능해지는 체제를 만드는 것의 중요성을 설파해 왔다.

이상의 논의들을 볼 때 근원적으로 제기되는 질문은 '이주자의 권리를 누가 승인하고 인정하는가?'의 문제이다. 이에 대한 답으로 벤하비브는 모든 시민들이 공론의 장에서 토론과 숙고 그리고 학습을 거치는 복합적 과정에 참여하는 '민주적 반추(democratic iteration)'를 제안한다. 현대사회에서 모든 국가의 시민권은 단순히 일방적인 자기규정이 아니라, 보다 상대적인 것으로 바꿔야 하며, 민주적 국민 주권은 지속적으로 자기 창조적인 과정을 반복해서 구성된다고 역설한다. 이와 같은 민주적 반추를 통해 '시민'과 '외국인', '우리'와 '타자' 사이의 구분이 유동적이면서 협상이 가능해지고, 이때 비로소 탈(脫) 형이상학적이고 탈(脫) 민족국가적인 세계시민적 연대가 실현될 수 있다고 본 것이다. 벤하비브는 "이러한 세계시민적 연대 아래서는 오직 인간이라는 바로 그 이유 하나만으로 모든 인류가 보편적 권리의 망 아래 귀속되며, 성원권이라는 배제적 특권이 사라질 것이다"(Benhabib, 2006)라고 언급하고 있다. 이렇게 될 때 세계시민성, 즉 코스모폴리타니즘(cosmopolitanism)은 결코 신기루가 아니라 자유 민주주의 정치체제에서 인간의 모든 권리를 다양한 수준에서 존중하는 가장 근본적 원리로서 지역공동체 안에서 구현될 수 있다(서윤호, 2014).

벤하비브가 제시한 이 시민권은 종종 '정의로운 구성원권(just membership)'이라고 불린다. 이 '정의로운 구성원권'은 아렌트가 언급한 단수형의 권리와 유사하다. 전체 인류를 대상으로 하며 국민국가에 속한 대다수가 외부자와 함께 이 인간집단에의 성원임을 인정하도록 요청한다(2006: 39). 이렇게 모든 사람들이 권리를 가질 권리가 있음을 인식한다면 난민 및 망명자들의 임시 입국에 대한 도덕적 요청이 고려 가능한 것이 되고, 이민자에 대해서 수용적 국경 정책을 긍정적으로 검토할 수 있으며, 국적 박탈과 시민권 강제몰수 등의 조치에 대해 우려를 표할 수 있다. 또한 일정한 조건을 충족시키는 외국인의 경우 시민권을 부여하는 것을 고려할 수 있다. 즉, 어떤 지위의 정치적 성원인가와 무관하게 인간으로서 양도할 수 없는 확실한 권리를 소지하는 법적 인격을 보장해야 한다는 것이 '정의로운 성원권' 주장의 핵심이다(서윤호, 2014). 이렇게 벤하비브의 주장은 상호 간의 수평적 존중을 통한 영토 주권과 보편적 인권 간 공존의 모색으로 요약할 수 있다. 벤하비브를 비판하는 측은 실현가능성이 낮은 '낙관주의'로 규정짓는다. 즉, 이상주의일 뿐이지 현실 사회에서 실현된 적이 없다는 것이며, 오히려 최근 유럽은 벤하비브의 세계시민적 인권 체제 구축과 정 반대의 정치 역동이 나타나고 있다는 논거를 제시한다. 즉, 서구 선진국들은 어떻게 하면 '위험한 이방인'의 유입을 효율적으로 막는가에 대한 정치 외교적 전략구상이 시급한 아젠다로 인식하는 형국이다. 이상에서, 지금까지 논의한 킴리카와 벤하비브의 주장을 비교해보면 이주민이 갖는 보편적 권리와 개별 민족－국가 사이에서 일어나는 논의나 협상에 대한 상이한 관점이 도출된다.

이 두 논의가 세계공동체 안의 국제사회 일원인 한국에 주는 시사점은 자못 다면적이다. 킴리카의 주장과 이를 바탕으로 하는 캐나다의 다문화 정책 및 이민자 정착 제도는 이주민에 대한 국가체계 내 구조적으로 구현된 환대를 상징한다. 반면 벤하비브의 코스모폴리탄적 관점은 이주민이 가지는 인간으로서의 보편적 권리와 개별 민족－국가의 주권 사이에 존재하는 정당성의 역설을 통해서, 국제 이주가 제기하는 근대 자유민주주의의 갱신 가능성에 주목하는 시각이다. 즉, 국경을 넘은 개인들이 국적에 관계없이 인간으로서 갖는 양도할 수 없는 보편지위를 인정하는 것이 세계시민적 이주민 성원권이며 벤하비브는 이주민의 법적 인격 보장을 논의했다(Benhabib, 2006; 진태원, 2018).

표 3 킴리카와 벤하비브의 이주자 성원권 논의 비교

구분	킴리카(Kymlicka)	벤하비브(Benhabib)
이주에 대한 인식	소극적, 부정적 인식	적극적, 긍정적 인식
시민권 형태	다문화주의 시민권	세계시민적 정당한 성원권
이주민에 대한 관점	수용국가의 입장 대변, 소수민족의 권리 강조	이주민의 인간보편적 권리 강조, 규범성, 심의민주주의
이주민 수용 방법	강력한 수용국의 정책 필요	제도 및 시민사회의 민주주의적 반추

이것은 국제 이주를 자발적, 비자발적으로 감행하게 되는 이주자들의 성원권을 이해하는 개념틀이며, 동시에 현재 예멘 난민 사태를 포함한 현실 세계의 난민 관련 상황을 바라보는 분석적 도구이다. 더 나아가 다문화사회에서 새로운 형태의 정치적 법적 변화를 가져올 수 있는 논의의 시작을 제공하며, 보편성에 근거한 혁신적인 다문화교육의 시작을 사고할 수 있게 한다.

Ⅳ 난민 논쟁에서 본 한국 다문화교육의 한계와 방향성

이상에서 이주자의 성원권에 관한 세계시민성 논의와 다문화주의 담론을 분석한 결과, 한국 사회에서 '불시착한' 예멘 난민에 대한 논쟁은 그 어느 쪽으로도 해석할 수 없는 분열적 양상을 나타내고 있다고 진단할 수 있다. 지난 10년 동안 정부 주도로 전개된 다문화교육은 무력했다고 볼 수 있다. 본 장에서는 예멘 난민 논쟁을 통해서 한국의 다문화교육의 한계와 쟁점을 비판적으로 고찰하고자 한다.

1. 예멘 난민 논의의 다층적 지형과 분열

유엔은 예멘 시민전쟁으로 발생한 난민 사태를 지구상에서 가장 심각한 인도주의적 위기(the world's worst humanitarian crisis)라고 규정했다(UNHCR, 2018). 이는 이란에 대항하는 사우디 주도의 연합국의 폭격으로 민간인들이 사살된 비극으로, 예멘 국민들은 전쟁과 박해를 피해서 디아스포라(diaspora)로 흩어져 일상적인 삶이 해체되고 붕괴되었다.

글로벌 경제의 프레임 속에서 살아가는 한국사회에서 우리는 그동안 경제적 관점에서 이주노동자에게 문호를 개방하고, 인구학적 관점에서 결혼 이주민을 수용해 오는 데 관심을 쏟아왔지만 인도주의적 관점에서 난민을 수용해 온 역사와 경험이 일천하다. 영국의 가디언(Guardian)지는 2018년 제주도에 입국한 500여 명의 난민들은 글로벌 선진국가의 위상을 쌓아오던 한국의 '외국인 혐오(xenophobia)의 민낯을 보여주었다고 신랄하게 보도했다(The guardian, 2018년 7월 12일자). 한국은 유럽이 겪고 있는 전 세계 골칫거리인 난민 문제를 직면하게 되었고 반 이슬람주의, 반 다문화주의 담론과 결합하면서 국민들의 여론은 분열되었다.

(1) 난민과 인권주의, 그리고 안보담론

난민은 '인간이 인간에 대해 행할 수 있는 악행의 결과'이기도 하지만 위기에 처한 인간의 존엄을 지키고 실현할 수 있게 하는, 인간의 인간에 대한 '인류애 발현의 상징'이기도 하다(송영훈, 2016). 즉, 난민은 정치·경제·사회·문화적으로 총체적 삶의 위기를 겪고 있는 존재로서, 이 '내몰린' 이들을 보호하고 지원하는 것은 국민 국가의 경계를 넘는 보편적 윤리와 세계시민적 책무성 이슈를 동반한다(박순용, 2015).

국제 난민을 둘러싼 다문화주의 담론 지형에서 가장 두드러진 것은 우선, 인도주의적 이념으로서의 세계시민적 관점이 견지되고 있는 동시에 그것이 끊임없이 국가의 실리와 '사회안보'라는 현실 논리에 의해 부딪히고 저울질된다는 점이다. 특히 사회안보는 한 사회가 변화하는 조건과 실재적, 잠재적 위협으로부터 언어, 문화, 조직, 종교적, 민족적 정체성, 관습 등 전통성과 본질적 양식을 지속할 수 있는가라는 문제와 연결되는데, 여기서 난민은 사회적 안보를 위협하는 존재로 인식되는 경우, 곧 '배척'과 '경계'의 대상으로 위치지어진다(김성진, 2018). 이러한 학술적 논의가 예멘 난민 사태에서 실체를 가진 현실로 재현된 것이다. 예멘 난민 사태를 계기로 난민신청 허가를 폐지하자는 청와대 국민청원이 올라온 지 5일 만에 22만 명 이상이 동의하였고, 난민에 대한 부정적인 반응은 무슬림에 대한 혐오성 반감에 더해 이들이 저임금 일자리를 빼앗으러 온 '가짜 난민'이라는 비난과 혐오가 대부분이었다. 트위터나 페이스북에는 "테러하는 사람들을 받아줘선 안 된다"는 글과 난민 유입이 현 정부의 인권주의 정책 탓이라며, "이슬람이 들어와 여러분의 아들을 죽이고 딸과 며느리를 강간할 것"이라는 글이 돌았다.[4]

특히 최근의 사회 안보 영역에서 관심 있게 다루고 있는 영역이 국제 이주 문제이다. 이민자 문제는 세계 각국에서 주류 사회의 집단 정체성에 도전하는 문

---

4 제주도에 온 예멘 난민 500명, 무슬림 혐오에 내몰리다(한겨레신문, 2018.6.18.일자).

제로 여겨지며, 정치 및 경제 영역에서의 사회 문제를 파생시켜 왔다. 대규모로 진행된 이주 문제에 비해 난민 문제는 그 중요성이 상대적으로 가려져 있었다 (Thiel, 2007, 3). 구(舊)유고 내전으로 인한 난민들은 유럽 사회에서 경제적·사회적 혼란을 일으킨다는 이유로 냉대를 받긴 했지만 유럽 대륙 내에서 발생한 내전이었기에 이들이 사회 안보를 위협하는 요소로 인식되지는 않았다. 그러나 아랍권 난민의 경우는 경제적·사회적 혼란 차원을 넘어선다. 2015년 1월 7일 샤를리에브도(Charlie Hebdo) 파리 테러에 이어, 같은 해 11월 13일 또다시 파리에서 발생한 테러 이후, 안보 위협의 문제까지 안게 된 것이다. 유럽은 난민 수용으로 인한 경제적인 문제와 더불어 이질적인 사회문화적인 배경을 지닌 난민들로 인해 유럽 정체성의 위협을 느끼며 나아가 정치−군사 영역에서도 위기감을 느끼게 된 것이다.

그동안 난민의 문제에 대한 담론은 개인의 생존과 인권 보호를 위한 규범적 성격이 강했다. 난민과 국내 실향민(internally displaced people) 모두 그들의 협약상의 지위에 상관없이 기존의 공동체로부터 이탈하였다고 하여도 그들의 인간 존엄은 인류 공동체의 구성원으로서 존중받아야 한다는 인식이 존재했다(Arendt 1966). 이러한 통찰은 인권이 미국 헌법에서는 '불가분리의 권리'로 표현되고 프랑스 혁명에서는 '인간과 시민의 권리'라고 표현되는 것과 맥락을 같이 한다 (Kennedy 2006: 177). 이처럼 난민의 인간존엄 및 인권 보호의 내용들은 국제법과 국제규범에서 포괄적으로 다뤄져 왔다. 그 구체적인 내용으로 첫째, 난민은 박해에 대한 합리적 공포와 보호의 부재라는 구조적 환경으로부터 보호되어야 한다. 기본적 인권의 침해는 누적되는 사건, 체계적인 학대, 고문과 같은 것에 의해서도 발생할 수 있으며, 이로 인해 발생하는 난민은 국제사회의 보호 대상이 된다 (정인섭·황필규, 2011; 조정현, 2011).

궁극적으로 국제 난민 이슈를 둘러싼 다문화주의 담론이 인도주의적 관점과 통치성의 관점을 겪고 있는 상황은 인종적, 계층적 소수자이며 타자화된 '난민'이 '시민'으로서 온전한 성원권을 누리기까지는 수많은 제약과 장애물이 놓여있는 것을 반영한다(김진희, 2012). 점점 확대되는 난민위기로 인해 개별 국가들이 난민을 수용하는 절차가 더 까다롭게 제도화되고, 난민에 대한 시민사회 여론은 더 인색해질 뿐 아니라, 반(反)이민정서, 이슬람 혐오범죄, 난민 문제의 안보화 경향이 더욱 두드러진다. 이는 예멘 난민을 포함해 세계 난민문제의 해법을 모색하는 데 제도적이고 사회적인 장애 요소가 되고 있다. 인도주의 관점에서 난민문제에 접근해온 일부 서방국가들마저 점차 복잡해지고 심각해지는 난민유입에 대해서 까다로운 면접을 통해 거부하고 있어 '유럽 요새화'의 입장을 보이고 있다(이신화, 2016). 제주도에 입국한 예멘 난민 사태의 경우 중동/무슬림/남성이라는 개별 요소들이 합쳐지고 부풀려져(conflated) 국가의 '안보'를 위협하는 (낯설고 힘 있는) 침략적인 타자로 재현되고 있음을 보여준다.

(2) 난민과 인종주의 그리고 민족주의

「우리는 왜 이슬람을 혐오할까」의 저자 김동문 목사는 예멘 난민들에 날선 반응이 일어나는 가장 큰 이유는 이들이 다름 아닌 무슬림이기 때문이라고 지적했다. 김 목사는 "한국에 유색 인종을 부정적으로 생각하는 여론이 있기는 하나, 500명의 난민들이 비(非)이슬람 국가 출신이었더라도 이렇게 청원을 올리고 반대 집회를 열었을지 생각해봐야 한다"고 말했다. 즉 예멘 난민 사건에서 가장 중요하게 보고 있는 것은 한국 사회에서 오랫동안 진행된 혐오세력의 반(反)이슬람 이슈화이다.

인종차별 관점에서도 난민문제를 분석할 필요가 있다. 대다수의 한국인들은 '인종차별'이라는 주제를 한국사회에는 해당되지 않는 것으로 생각한다. 견고한 혈연 기반의 단일 민족정서는 이방인에 대한 타자화를 강화시키는 기제이다. 한국사회에 들어와 100여 년 동안 생활 터전을 이루며 살고 있는 화교를 비롯하여, 이주노동자, 심지어 한국인이면서도 국제결혼 가정의 자녀조차 외국인의 '피'가 섞였다는 이유로 암묵적으로 차별을 받고 있는 것이다. 하물며 외국인 난민의 경우는 인권보호의 대상으로조차도 간주되지 않고 있다(장복희, 김기연, 2001). 외국인과 이방인에 대한 배타적 국민감정의 폐단과 외국인 혐오증, 넓은 틀에서 인종 이데올로기를 회피하지 않고 냉철하고 비판적으로 인식할 필요가 있다.

'21세기는 세계적으로 통합되고 개방된 사회이며, 보편주의, 인도주의와 문화적·다양성이 존중되는 사회'라고 표면적으로 수긍하고 있지만(바우만 외, 2017) 이번 난민 사태는 여전히 한국인들의 다문화 수용성이 취약하고 특히 정치·사회·문화적 권리가 박탈된 난민에 대해서 혈연기반의 민족주의적·인종주의적 접근법에 머물러 있음을 보여준 실험지라고 할 수 있다(김현미, 2019).

(3) 난민과 페미니즘, 그리고 이슬람 혐오주의

제주도 예멘 난민 사태는 예상치 않은 페미니즘 논쟁을 불러 일으켰다. 페미니즘 연구자에게 젠더 폭력은 가장 대중적일 수밖에 없다. 그런데 제주도에 입국한 난민의 90% 이상이 남성, 특히 '여성의 인권을 짓밟는 중동 국가의 이슬람 남성'이라는 프레임으로 인해 예멘 난민을 반대하는 목소리가 커지고 있는 상황에서 일군의 여성학자들은 "혐오와 두려움을 넘어서는 페미니즘을 고민하기 위해"라는 페이스북 페이지 '경계 없는 페미니즘'을 개설하였다.

얼굴 한 번 본 적 없는 예멘 남성한테 성폭력을 당할 것처럼 느끼는 공포를 '실재다, 아니다'라고 보기보다는, 검증되지 않는 젠더 폭력과 공포의 투사를 예멘 난민 전체를 타자화하고 배척하는 이데올로기로 활용되는 것은 논리적 오류라고 할 수 있다. 김나미(2018)는 단기간에 파급력 있는 국민 청원을 끌어올린 제주 예멘 난민의 난민수용거부 청원은 소위 '민족주의자'들과 '페미니스트'들을 포함한 '일반 국민'들이 연대하여 '여성인권'과 '반(反)성폭력'의 수사를 이용하는 이슬람 혐오주의 논리로 대동단결하는 위험한 연대라고 지적했다. 그들의 논리는 예멘 (남성)난민들이 여성 혐오의 종교이고 폭력을 조장하는 '이슬람'을 따르는 '무슬림'이기에 '테러리스트'일 수 있고, 성폭력을 저지를 수 있으며, 여성인권을 짓밟을 수 있으므로 '우리나라' 사람, 특별히 '우리 여성들'의 안전과 보호, 여성인권을 우선적으로 고려해 난민 수용을 거부해야 한다는 것이다.

그런데 더 깊이 들어가면, 예멘 난민수용거부 청원과 소셜 미디어에서 재생산되고 유통되는 '이슬라모포비아(Islamophobia)'는 한국 사회에서 빈번하게 발생하는 여성 폭력과 성차별을 축소하고 지우는 기능을 하기도 한다. 마치 한국은 배타적이지 않고 성폭력이 없고 여성의 인권이 잘 보장되고, 여성을 객체화하지 않는 '문명화'된 나라인 반면, 예멘으로 대표되는 이슬람 국가들은 여성인권과 안전의 저(低)지대에 있는 '낙후된' 나라라는 담론적 효과를 생산해 낸다. 이런 담론적 효과들을 생산하면서 이슬라모포비아는 지속적으로 재생산되고 유포된다. 이렇듯 이슬라모포비아를 포함해서 타자와 다름에 대한 혐오와 증오를 일상화하는 '위험한 연대'가 일상화되는 현대사회에서, '우리'를 '한국' 사람으로 제한하고 '우리 민족'이 아닌 '타인종'들을 배제하면서 지키는 배타적인 '안전' 개념만이 굳건한 보루가 될 수 있는가? 이러한 배타적 경계와 민족 기반의 이분법은 한국이라는 같은 땅에 발을 딛고 삶을 일궈 나가는 '모두'의 '안전한 공존'을 보장하지 못한다는 점을 날카롭게 인식할 필요가 있다.

2. 한국 다문화교육의 한계와 과제

(1) 현상: 난민과 이주민의 성원권에 침묵하는 다문화교육

앞서 분석했듯이 한국의 다문화교육에서 난민에 대한 논의는 주제 측면에서도 가장 소외되어 있다. 뿐만 아니라 난민을 포함한 이주민의 성원권에 대한 논의는 찾기 힘들다. 이는 현행 교육과정에서 드러난다. 2017년 교육부 검정을 받은 교과서 13종을 전수 조사한 결과, 중학교 교과서 8종 중 1종, 고등학교 교과서 5종 중2 종만 난민의 지위에 대한 협약(난민협약)을 소개하고 있는 것으로 드러났다. 즉, 중등 사회과 교과서 13종 중에서 단 3종만 그 내용을 학습자들에게 가르치고 있는 것이다(경향신문, 2019년 6월 18일자). 이는 학교교육이 소수자의 인권을 소극적으로 다루거나 아예 침묵하고 있다는 증거라고 볼 수 있다.

교과서를 넘어서 사회 전반적으로 형성된 다문화의식 속에서도 난민 차별 문제에 대해서 본격적인 숙의와 토론이 부재하다고 볼 수 있다. 난민은 계속해서 늘어나고 있으나 난민에 대한 이해는 여전히 부족한 실정이다. 다문화교육은 주로 이주노동자나 결혼이주민으로 사회통합의 대상을 한정하고 있기 때문에 난민에 대한 문제는 가치나 태도의 영역뿐만 아니라 한국 사회의 난민 현실에 대한 지식적 측면조차도 제대로 다뤄지지 않고 있다(박순용, 2015).

한국 사회뿐 아니라 전 세계적으로 난민에 대한 사회적 합의의 필요성이 절실해지고 있다. 독일을 비롯한 유럽국가에서도 난민 심사기간이 3년에 달할 정도로 난민 수용을 두고 갈등하고 있으며 난민 보호의 문제와 장기간 지원 계획도 미미한 편이다(김성진, 2018a). 이처럼 한 국가에 난민 유입이 증가하면 난민에 대한 보호수준이나 난민의 권리 수준은 증가와 반비례하는 것으로 나타나기도 한다(Dauvergne & Marsden, 2014).

사회안보의 측면에서 난민문제를 다룬 김성진(2018b)에 따르면, 난민유입에 따른 사회 안보를 확보하기 위해 국경통제 등 법안 마련, 남아프리카공화국의 인종차별정책과 같은 정부 주도의 움직임도 있지만 유럽에서 나타나고 있는 극우정당의 득세와 반 난민 정서의 확대 역시 단순한 외국인 혐오나 난민 정책에 대한 반대를 넘어 행해지는 정치적 행위일 수 있다. 난민이 주류 사회의 사회적 빈곤계층으로 유입되기 때문에 Beck(1992)의 개념인 '위험사회'에 살고 있는 현대인들은 난민을 또 하나의 '위험'으로 인지하고 있으며, 이에 다양한 이익집단들의 힘겨루기가 진행되고 있는 것이다.

한국 사회의 경우, 난민에 대해 인종주의와 민족주의의 태도를 견지하고 접근하는 경향이 관찰된다(장복희·김기연, 2001). 급격한 다문화 인구의 증가와 활발한 이주로 인해 국가주도로 다문화교육을 실시하고 세계시민교육이나 인권교육 등의 다양한 가치교육들을 실시하고 있음에도 불구하고 여전히 난민 수용에 적대적인 의견이 많다. 한 여론조사(2018)[5] 결과 53.4%가 예멘난민 수용에 반대하였고 37.4%가 찬성한 것으로 나타났다. 그 중 20대의 반대 의견이 66%로 찬성

---

5 전국 19세 이상 성인12,046명 중 최종 500명 응답. 신뢰수준 95%, 표본오차 ±4.4%

의견이 21.8%인 것에 비해 압도적으로 우세했으며 30대 역시 53.5%가 난민 수용을 반대하였다. 이에 비해 40대에서 찬성 의견이 46.7%, 반대 의견이 46.8%로 반반으로 나타나, 오히려 젊은 세대에서 반대 의견이 우세한 것으로 나타났다. 반대 의견에서 나오는 '자국민 보호 최우선' 등의 구호에서 알 수 있듯이, 취업난에 시달리는 젊은 세대의 불안이 반영된 것으로 볼 수 있다. 난민은 우리의 일자리를 '빼앗아가거나' 우리 덕에 살려고 하는 '게으름뱅이'인 것이다(Žižek, 2007: 391; 최은주·정흔문, 2016 재인용).

이런 상황에서 다문화교육이나 세계시민교육 등, 글로벌 시민을 기르기 위한 목적을 가진 교육들은 실제 학교 교과과정에서 1회성 교육이나 부차적인 교육으로 존재한다(Rapoport, 2009; 김진희, 2018). 또한 성인을 대상으로 한 평생교육 차원에서 다문화교육을 실천하는 방법론에 대한 논의는 더더욱 미미한 편이다. 결국 이러한 교육은 짧은 기간의 인지적 차원의 교육에만 머무르게 되고 가치와 행동의 영역으로까지 영향을 미치지 못한다. 게다가 자발적으로 건너온 이주민들과 다르게 난민의 이주는 준비 없이 일어나며 본국으로 돌아갈 수 있을지 불확실하고 자원이 없는 상태에서 새로운 환경으로의 진입한다는 특징이 있어 (Anderson, 2004) 난민 당사자들의 어려움은 무척 크며 유입국 사회 역시 이들의 동화를 요구하기도 힘든 상황이라 사회적 갈등이 클 수 있다.

이런 상황에서 상호 이해를 확대하는 다문화교육의 필요성은 커진다. 박순용(2015)은 세계시민교육이 난민의 문제를 신중히 다루어야 한다고 주장하면서 교육의 내용이 정주민들이 난민의 의식주를 해결해주는 시혜적 차원의 접근이 아닌, 그들의 자립과 사회통합을 이끄는 방향으로 나아가야 하며 이는 국제사회의 일원으로서의 책임임을 강조한다. 즉, 난민에 대한 사회적 인식의 변화가 이루어져야 한다는 것이다. 다문화교육에서는 이주 노동자와 결혼이주여성에만 중점을 두고 난민을 범주에 포함시키고 있지 않다(나달숙, 2015). 다양한 교육들이 경계가 없이 혼재되면서 교육에 대한 논의도 혼재된 상황에서 서로 다른 부처에서 사회적 약자의 지위를 정하고 있어 들쑥날쑥하다. 난민에 대한 정확한 정보도 제대로 제공되고 있지 않는 현실에서는 인지적 차원의 교육마저도 제대로 이루어지고 있지 않다.

(2) 비판: 난민 권리가 '없는' 다문화교육에 대한 반성

이제 다문화교육의 철학적 방향과 지향성을 다시금 돌아볼 필요가 있다. 다문화교육 이론가인 뱅크스는(1993)는 다문화교육이란 하나의 교육 철학이자, 교육 개혁운동으로서 인종적, 민족적, 종교적, 계층적 차별 없이 모든 학생들에게 평등한 교육 기회를 제공하는 것이 중요한 목표라고 말했다. 그런데 그동안 한국사회에서 추진되어 온 다문화교육은 이주 배경을 가진 학생 및 이주민에게 외적으로는 균등한 교육기회의 접근성을 강조했지만, 교육 실천 측면에서 다문화학생을 교실 속에서 분류하고, 이주민의 동화와 사회적응을 강조했다. 이론과 담론으로서의 다문화주의는 현실에서는 다문화정책의 현실 속에서 무용지물이 되었고, 그 사이 일반 국민들은 다문화에 대한 거부감과 편견을 강화시키면서 간혹 '역차별'의 가능성에 더욱 민감하게 반응했다(김성윤, 2018).

황정미(2010)는 한국의 다문화교육이 '다문화시민 없는 다문화교육'으로 전락했다고 비판했다. 한국에서 살아가는 다문화 배경을 가진 구성원 가운데 인종, 성별, 출신국, 계층 등으로 인해서 이중적 소수자, 중첩적 소수자의 문제를 제기하면서 이주민 가운데 특정집단이 아니라 사회적 소수자로서 이주민 전체의 삶의 질을 높이는 한편, 단순히 이들을 정책의 대상으로 범주화하지 않고, 소수자로서 이주민의 경제적, 사회적, 정치적 참여 기회를 확대하기 위한 정책을 체계화할 필요가 있다고 주장했다(황정미, 2010: 116).

'다문화시민'의 부재 속, 비판적 논의보다 국제 이해형 콘텐츠를 탑재한 다문화교육이 2018년 한국 사회에서 논쟁을 촉발한 예멘 난민 이슈에서 무력함을 보인 것은 어떻게 보면 예견된 결과로 볼 수 있다. 최근 학계에서도 본격적으로 다문화교육에 학술 토론과 숙의가 부족했음을 고찰하기 시작하였다. 한 예로 양계민 외(2017)의 연구는 지난 10년간 다문화교육 정책의 여러 성과가 있었음에도 불구하고 여전히 한계가 존재한다고 역설했다. 쟁점은 다음과 같다:

- 다문화교육정책의 포괄적이고 종합적인 원칙과 방향성 설정 부재로 인한 문제 해결식 정책 대응
- 다문화배경을 학생의 선별적 지원에 대한 세심하고 신중한 접근 부재
- 용어와 정책 방향에 대한 합의 부재로 인한 교사 및 일선 학교의 혼란 및 자의적 운영
- 다문화 배경을 가진 아동 및 청소년의 미래 시민권에 대한 거시적 사고 및 방향성 부재(진로와 사회 계층성 이슈)
- 각 유관 사업 및 프로그램의 효과성 검토 및 질적 모니터링 부재
- 여전히 결핍 모델로 다문화 배경 학생을 바라보는 인식의 틀
- 지역사회와 일상 삶터에서 시민들이 참여할 수 있는 다문화이해교육의 미비

현재 난민의 경우는 인권보호의 대상으로조차도 간주되지 않고 있다. 난민을 인도적으로 수용할 수 있는 제도적 장치와 그것의 시민사회 착근 사이의 실질적인 간극이 존재한다. 국민국가에서 이주민의 권리가 '권리(들)를 가질 권리'의 바탕 위에서 실천되지 못하는 아이러니를 주장한 아렌트의 지적과 이를 세계시민주의의 확장으로 극복할 수 있다는 벤하비브의 주장 사이에서 다문화교육은 사회통합에 중요한 기제가 될 수 있을 것이다.

물론 외국 출신 거주민의 사회적 공헌가능 여부에 따라 이주자를 성원으로 받아들이는 제도적 대응과 사회적 인식은 다를 수 있지만 현재의 다문화교육은 결혼이주민과 이주노동자'만'을 다루고 있어 한국의 다문화교육이 글로벌 수준에서 퇴행할 우려가 크다. 따라서 그동안 '난민 없는' 다문화교육은 다문화교육의 철학과 가치를 왜곡시킬 수 있는 편향적 교육이 될 수 있다는 점을 반성적으로 고찰할 필요가 있다. 앞으로 다문화교육에서 난민들이 우리 사회에서 가지는 중첩적 교차성에 대해 다면적으로 분석하고 다문화교육과정에 반영하기 위한 개혁적인 노력이 필요하다. 이제 다문화교육은 전쟁과 박해를 피해서 국경을 넘어온

난민 배경 이주민에 대한 성원권이 무엇인지를 학습하고 이해하는 교육이 되어야 한다.

(3) 대안: 세계시민성을 반영한 다문화교육의 개혁

많은 이들이 과거보다 국경을 자주, 그리고 쉽게 넘으며 살아가고 있다. 전 세계간 상호연관성과 상호연결성이 이미 일상이 된 글로벌 사회를 경험하는 한국인들에게 국제이해교육, 다문화교육, 세계시민교육 등 '글로벌 교육'의 큰 개념이 낯설지 않게 다가오기 시작했다. 그 중에서도 2000년대부터 세계시민교육의 정책적 부상이 두드러졌으며 유엔(UN)의 지속가능발전의제의 핵심 교육 아젠다로서 중요한 자리를 차지했지만 이는 정책의 표면에만 머무르고 있는 실정이다. 특히 다문화교육은 한국사회에 외국 출신 이주민이 급증하면서 새로운 교육의제로서 부상하기 시작했다. 이러한 상황에서 다문화교육은 보다 거시적인 시각에서 한국 사회에 장·단기로 정착하거나 거주하는 이주민의 적응과 사회통합만을 강조하는 교육이 아니라 세계시민적 관점에서 국적과 인종이 다르더라도 모든 사람들이 '권리를 가질 권리'를 가진 존엄한 주체라는 시각을 적극적으로 반영한 교육으로 탈바꿈해야 한다. 이런 다문화교육 속에서 정치사회적, 경제적, 환경적 재앙을 피해서 특정 국가로 예기치 않게 유입한 난민을 이해할 수 있을 것이다.

만일 세계시민성에서 주장하는 이주민의 성원권 개념이 한국 시민사회에 희미하게라도 뿌리를 내렸다면, 최근 다급하게 전개된 다문화반대 운동과 시위, 과열된 반(反)난민 담론과 '예멘 난민 반대' 국민 청원은 다른 양상으로 나타났을 것이다. 궁극적으로 우리 앞에 당도한 난민 문제는 다문화교육의 가장 근본적이고 중책적인 주제 영역이자 민주적 토론의 대상이다. 외국 출신 거주민이 인구의 약 5%를 차지하는 사회에서 세계시민교육은 곧잘 글로벌 인재 교육으로 치부된다. 또한 다문화교육은 이질성을 가진 타자에 대한 이해, 포용, 다양성, 사회 참여를 보다 비판적이고 적극적으로 다루지 못하다 보니 실제로 이런 종류의 교육들은 그 효과성이 자못 회의적인 상황이다. 세계시민성을 본격적인 철학과 콘텐츠로 포용하여 학생들을 비롯한 학습자들이 '권리(들)을 가질 권리'의 측면에서 모든 다양한 배경을 가진 이주민들의 권리가 무엇인지 학습하고 현실적인 제약과 미래 방향에 대해서 배울 필요가 있다. 이를 위해서 필요한 일들은 아래와 같다.

첫째, 난민 배경을 가진 이주민에 대해서 시혜적으로 접근하지 않아야 한다. 예멘 난민 논쟁은 '다문화시민'이 없는 교육, 시혜적 접근이 가져온 부작용이 다문화혐오를 야기한다는 점을 보여주었다. 정주민들이 국제사회의 일원으로 가져야 하는 책임을 시혜적으로 인식하지 않도록 할 필요가 있다(박순용, 2015).

둘째, 난민문제는 인류 구성원인 우리 모두의 문제로 이해되어야 한다. 마치 다른 사람의 불행을 방관자적 입장에서 바라하고 진단하는 것이 아니라, 난민법을 제정한 인권국가로서 한국 사회에서는 난민의 역사에 대한 포괄적 인식을 다루고, 소수자인 난민의 보호와 인권을 먼 나라의 이야기가 아니라, 나의 이웃의 문제, 곧 나의 삶의 영역과 상호 연결되었다는 점을 인식할 필요가 있다.

셋째, 세계시민성을 투영한 다문화교육은 난민들이 겪는 복합적이고 다층적인 문제들을 단순화시키지 말고 난민이 처한 교차적인 상황과 복잡한 목소리들이 다각도로 이해될 수 있는 교육 콘텐츠와 교수학습 방법을 심화시켜야 한다. 출신국, 수용국, 이주과정, 이주이유, 성별, 나이 등에 따라 난민의 경험은 개개인이 매우 다르기 때문에 난민을 하나의 동질적인 집단으로 간주하는 것은 이주민 소수자의 실태를 왜곡할 위험성이 있다.

넷째, 난민문제는 정치경제적 논리로 다루기보다는 인류 보편적 인권의 실천이라는 관점에서 담아낼 필요가 있다. 세계시민적 성원권 논의를 포함하는 다문화교육은 국경을 넘은 사회경제적 소수자이자 이질적 배경을 가진 난민이 우리 사회의 구성원이 될 수 있는가에 대한 비판적 사고력과 문제해결력을 함양할 수 있는 교육이 되어야 할 것이다. 즉 세계시민적 관점의 다문화교육은 인권교육 차원에서 글로벌 난민 문제를 다각적으로 다루고, 한국의 정주민들이 난민의 권리 문제에 대해서 어떻게 인식해야 할지에 대해 논의할 기회를 제공해야 한다. 한국이 난민협약과 난민의정서의 비준 국가라는 점을 바탕으로 세계시민적 인권 보호라는 측면에서 다문화교육의 교육적 지향점을 설정해야 할 것이다.

Ⅴ 결론: 다문화교육의 비전과 책무 환기

21세기 지구촌의 세계화는 세계를 하나의 마을로 바꾸어 놓았다. 글로벌 이주는 새로운 혁명이 되었고, 갈수록 더 많은 사람들이 자발적, 비자발적으로 자신이 태어난 고향을 떠나서 새로운 삶의 터전을 찾아 움직인다(바우만 외, 2017).

> 연결된 세계에서 이주는 새로운 혁명이다. 20세기의 대중혁명이 아니라 개인과 가족이 벌이는 이데올로기가 그린 미래상이 아니라 국경 저편의 삶을 담은 구글 지도 사진에 영감을 받은 21세기의 탈출 주도 혁명이다. 이러한 새로운 혁명에서는 정치 운동이나 정치 지도자의 성공이 필요 없다. 따라서 비참한 환경에서 살고 있는 사람들에게는 유럽연합의 국경을 건너는 것이 어떤 유토피아보다 매력적이라는 점은 놀랄일이 아니다. 갈수록 많은 사람들에게 변화라는 개념은 자국 정부를 바꾸는 것이 아니라 삶의 터전 자체를 다른 나라로 바꾼다는 뜻이다(바우만 외, 2017: 135)

혈연 기반의 동질적 국민국가라는 정치 단위는 점차 동질성의 신화에서 벗어나고 있으며 개인은 국가 경계를 넘어서는 자유의 담지체이다. 그런데 이주는 개인의 선택 문제가 아니라, 글로벌 문제로 인식해야 한다. 이러한 전 지구적 흐름 속에서 한국 역시 이주가 양적으로나, 질적으로 심화됨에 따라 다문화주의가 제기하는 여러 도전은 그것이 다문화로 규정되든 그렇지 않든 지속적으로 확대될 것이다(김희강 외, 2016; 김진희, 2018).

지금까지 이 연구는 예멘 난민 사태에 대한 다각적인 숙의 과정이 충분히 이루어지기 전에, 현재의 시민사회에서 난민에 대한 혐오와 편견, 차별이 분열증적으로 전개된 것을 분석하였고, 그 흐름에서 한국 다문화교육의 한계와 방향성을 비판적으로 고찰했다. 인종적, 종교적, 민족적 배경이 이질적인 예멘 난민에 대한 한국인들의 불안과 혐오주의를 단면적으로 비난할 것이 아니라, 그동안 우리사회에서 추진된 다문화교육이 국제 이주에 대한 사회학적 통찰력을 제공하지 못했고, 역동적으로 변화하는 글로벌 사회에서 사회공동체의 정체성의 균열과 분절(disjucture)에 대해서 어떻게 인식해야 하는지, 다문화사회의 변주 속에서 개인들이 다문화의식을 왜, 어떤 방식으로 함양해야 하는지에 대해서 해법을 주지 못했음을 통렬하게 반성해야 한다.

이제는 결혼이주민, 이주노동자, 그리고 난민 등 이주민의 수용이 시민통합과 사회적 신뢰에 주는 긍정적, 부정적 영향에 대해서 다각적으로 고찰해야 한다. 이주민 수용 국가에서 이주 배경 소수자의 권리를 어떻게 인정하고, 대중적 반감을 감소하면서 다문화주의 시민권을 성공적으로 안착시킬 수 있는지(Kymlicka, 1995)에 대해서 고민해야 한다. 더 나아가 벤하비브(Benhabib, 2006)의 언설처럼 타자의 권리에 대한 승인과 이주민과 선주민의 수평적 존중과 공존이 어떻게 가능한지에 대해서 다문화교육은 그 방향을 제시할 수 있어야 한다. 세계시민론을 역설한 벤하비브는 국민국가의 시민권에서 벗어난 이주자들이 보편적 인권을 보장받고 '권리들을 가질 권리'에 대해 실질적인 해법을 제공하기 위해서 지역적이고 국제적인 법적 체제를 확립하는 것이 가장 중요하다고 주장했으며 특히 세계정치적 인권 체제의 구체적인 가능성을 논의했다(진태원, 2018). 그럼에도 불구하고 한국사회에서 코모폴리탄주의 입각한 이주민 성원권에 대한 공론화된 토론과 민주적 반복이 어떻게 가능할 것인지에 대한 묵직한 물음이 우리에게 남아 있다.

요컨대, 이제 다문화교육은 난민문제에 대한 접근과 해법의 임시방편적 논의와 의식주에 국한된 정책 지원을 넘어, 난민이 발생하는 사회학적 맥락과 난민이 촘촘하게 결박된 구조적 상황에 대한 비판적으로 이해하는 사유의 힘을 키워줄 필요가 있다. 더 나아가 이주민 소수자들이 정치, 사회, 문화적으로 자립할 수 있는 종합적인 대책과 다층적인 지원을 심층적으로 다루어야 할 것이다. 특히 세계시민성을 반영한 다문화교육은 난민문제가 국지적인 현상이 아니라 전 지구적으로 당면한 시급한 문제임을 각인시킴으로써 궁극적으로 각 국가의 난민 정책에 대한 보편적이고 실천적인 함의를 찾도록 하는 데 있어서 구심점 역할을 해야 할 것이다.

예멘 난민 사태는 기존의 다문화교육의 내용 구성과 방법론이 개혁되어야 한다는 분수령이 되었다고 할 수 있다. 난민을 포함한 이주민 성원권을 세계시민적 관점에서 다루고, 난민 문제에 대해 적극적으로 알리고 난민을 보호하고 공존하는 것이 사회와 시민의 책임과 역할이라는 인식을 확장해 나가는 핵심 기제가 되어야 할 것이다. 난민 등 이주 배경 소수자에 대한 인식망 속에 박혀있는 '자비로운' 관점을 극복해야 하는 것도 다문화교육의 과제이다. 따라서 비판적 다문화교육의 관점에서 난민 개개인이 지닌 내러티브와 경험 등을 최대한 활용하여 그들을 이해하고 개별 주체로서 인식하는 동시에 불평등한 권력 관계를 이해할 수 있도록 돕는 교육이 함께 실시되어야 한다(Amthor & Roxas, 2016). 즉 정주민들의 인식 변화가 필수적으로 동반되어야 한다. 방향성 측면에서 난민에 대한 사회의 합의를 이끌어내고 사회적 인식을 변화시키기 위하여 학교교육뿐만 아니라 특정 시기나 공간의 제약 없이 일반 시민을 대상으로 한 평생교육적 측면에서 난민 교육의 방향을 설정할 필요가 있다.

김현미(2019: 8)는 예멘 난민에 대한 한국 시민들의 윤리적 실천은 이들이 체류하는 우리 사회의 높은 민주주의를 보여주는 지표가 될 수 있다고 말한다. 궁극적으로 난민에 대한 사회적 관심과 인식의 개선은 다문화사회로 전환된 한국이 다양성을 포용한 더 넓은 의미의 시민 통합의 길로 전진하는 데 필수적이다.

어느 사회든 이질적인 난민의 수용과정은 로맨틱하지 않으며 이주로 인해서 발생하는 각종 사회적 이슈와 갈등이 수반된다. 이와 동시에 난민 수용은 넓게는 지구촌이 풀지 못한 평화, 인권, 전쟁, 인간 존엄의 근원적 문제가 복잡하게 얽혀있는 것을 간과하지 않아야 한다. 바로 이러한 이유로 인해서, 우리에게는 세계시민적 관점에서 난민의 성원권을 민주적으로 성찰하는 학습과 훈련이 필요하며, 난민을 환대하고 새로운 형태의 사회적 신뢰를 쌓아하는 삶의 변화가 요청된다. 이를 견인하는 것은 제도와 법전의 힘뿐만 아니라, 사람들의 인식을 중장기적으로 변화하도록 하는 교육이다. 다문화교육의 새로운 힘이 필요한 시점이다.

국가인권위원회(2018). UN 「모든 형태의 인종차별 철폐에 관한 국제협약」 대한민국 제17·18·19차 정부보고서 심의에 대한 국가인권위원회 독립보고서.

김나미(2018). '여성인권'의 이름으로 맺는 '위험한 연대': 예멘 난민수용반대 청원과 이슬라모포비아. 제3시대, 134, 2-5.

김보나(2016). 중등 사회교과서에서 난민관련 내용 분석. 전남대학교 석사학위논문.

김병곤·김민수(2015). 이주민 시민권으로서의 다문화주의 시민권의 한계와 대안 – 벤 하비브의 시민권 정치를 중심으로. 평화연구, 23(1), 295-328.

김성윤(2018). 다문화주의의 끝자락, 한겨레 오피니언 칼럼. 2018년 11월 12일자.

김성진(2018a). 난민을 만나며. 현상과 인식, 42(3), 193-197.

김성진(2018b). 유럽 내 시리아 난민과 사회안보. 정치·정보연구, 21(1), 99-127.

김수현(2016). 외국 난민·이주자 이해교육의 실태와 우리나라 적용방안 – 청소년 대상을 중심으로. 법과인권교육연구, 9(2), 1-31.

김진희(2012). 호주사회의 국제난민을 둘러싼 다문화담론과 난민 이주민을 위한 교육, Andragogy Today, 15(3). 209-237.

김진희(2018). 다문화교육과 평생교육, 서울: 박영스토리.

김현미(2019). 예멘 난민 '위기'를 통해 본 인종화와 신인종주의. 신인종주의와 난민: 낙인을 짊어지는 연대는 가능한가. 제63차 사회인문학포럼. (3월 23일)

김현숙(2015). 인권적 관점에서 본 한국 난민정책 연구, 목원대학교 산업정보언론대학원 석사 논문.

김희강 외(2016). 한국 다문화주의 비판. 서울: 앨피.

나달숙(2017). 다문화 인권교육의 정립과 실천과제. 법과인권교육연구, 10(3), 23－44.

난민인권센터(2018). 인권위원회 진정서.

데구이어, 헌트, 맥스웰, 모인(2018). 권리를 가질 권리: 어디에도 속하지 못한 사람들을 위해. 서울: 위즈덤하우스. {Degooyer, S. Hunt, A, Maxwell, L., & Moyn, S. (2018). The right to have rights. London: Verso.}

바우만 외(2017). 거대한 후퇴, 서울: 살림출판사.

박순용(2015). 난민문제를 통해서 본 세계시민교육의 과제에 대한 고찰. 국제이해교육연구. 10(2), 77－99.

법무부 보도자료(2018.05.31.). 예멘, 제주도 무사증 입국불허 국가 지정 관련.

법무부 보도자료(2018.06.29.). 제주도 예멘인 난민신청 관련 조치 상황 및 향후 계획

법무부 보도자료(2018.07.24.). 제주 예멘 난민관련 설명자료

법무부 출입국·외국인정책본부 보도자료(2018.10.17.). 제주 예멘 난민신청자 심사 결과 2차 발표.

법무부 출입국·외국인정책본부 보도자료(2018.12.17.). 제주 예멘 난민신청자 심사결과 최종 발표.

서윤호(2014). 이주사회에서의 정치적 성원권－벤하비브 논의를 중심으로, 통일인문학 58, 195－223.

설규주(2018). 사회 교과서 속 다문화 관련 내용 분석 연구－2015 개정 교육과정에 따른 중고등학교 사회 교과서를 중심으로. 시민교육연구, 50(2), 99－135.

송영훈(2016). 난민의 인권과 국가안보: 한국 난민법 개정의 쟁점을 중심으로, 담론 201,19(3), 55－82.

양계민·김성식·김재우·김주영(2017). 다문화교육 종합발전방안연구. 교육부연구보고서.

엄한진(2008). 한국 이민담론의 분절성. 아세아연구, 51(2), 112－140.

이병종(2018). 예멘 난민과 다문화 정책. 아주경제 2018년 6월 28일자.

안혜진·이윤정(2018). 2009 개정 교육과정 『일본어Ⅰ』의 문화 영역에 나타난 다문화

교육 내용 분석. 교육문화연구, 24(6), 647－665.

이신화(2016). 시리아 난민사태: 인도적 위기의 안보적 접근과 분열된 정치적 대응. 한국과 국제정치, 32(1): 75－103.

이수현·안혜리(2018). 비판적 다문화교육 관점에 따른 고등학교 미술 교과서 분석. 조형교육, 68, 113－142.

장복희·김기연(2001). 인종차별의 시각에서 본 난민의 인권. 서울국제법연구. 8(2), 247－254.

장인실(2015). 다문화교육 실행을 위한 학교교육과정 개발 방향 탐색. 교육과정연구, 33(2), 45－70.

정인섭·황필규(2011). 난민의 개념과 인정절차, 서울: 경인문화사.

조정현(2011). 난민지위협약상 박해의 이유. 공익과 인권: 난민의 개념과 인정절차 18집, 113－32.

진태원(2018). 권리들을 가질 권리 I (right to have rights), 난민인권센터.

최은주·정홍문(2016). 포함과 배제로서의 난민 공간과 시적 상상력. 수사학, 27, 57－84.

황정미(2010). 한국인의 다문화 수용성 분석: 새로운 성원권의 정치학(politics of membership) 관점에서. 아세아연구, 53(4), 152－184.

윤인진·송영호(2011). 한국인의 국민정체성에 대한 인식과 다문화 수용성, 통일문제연구, 23(1), 143－192.

Arendt, H. (1996). The Origins of Totalitarianism. New York: Harcourt.

Anderson, P. (2004). 'You don't belong here in Germany…': On the social situation of refugee children in Germany. *Journal of Refugee Studies*, 14(2), 187－199.

Amthor R. & Roxas, K. (2016). Multicultural Education and Newcomer Youth: Re－Imagining a More Inclusive Vision for Immigrant and Refugee Students. *Educational Studies*. 52(2), 155－176.

Beck, U. (1992). *Risk Society: Towards a New Modernity*. SAGE Publications Ltd.

Benhabib, S. (2006) Another Cosmopolitanism. Oxford: Oxford University Press.

Dauvergne, C., & Marsden, S. (2014). Beyond numbers versus rights: Shifting the parameters of debate on temporary labour migration. *Journal of International Migration and Integration*, 15(3), 525－545.

Derida, J. (2004), 『환대에 대하여』(남수인 옮김), 동문선.

Derrida, J. (1997). *Cosmopolitanism and Forgiveness*. Routledge, London.

Kymlicka, W. (1995). Multicultural Citizenship: A Liberal Theory of Minority Rights. Oxford: Oxford University Press.

Kymlicka, W. (2012). *Multiculturalism: Success, Failure, and The Future*. Migration Policy Institute Europe.

Ong, A. (1993). On the edge of empires: Flexible citizenship among *Chinese in diaspora. positions: east asia cultures critique*, 1(3), 745－778.

Rapoport, A. (2009). "A Forgotten concept: global citizenship education and state social studies standards". *The Journal of Social Studies Research*. 33(1), 91－112.

Rong, X., & Brown, F. (2002). Socialization, culture, and identities of Black immigrant children: What educators need to know and do. *Education and Urban Society*, 2, 247-273.

Shaw, J. (2003). Children exposed to war/terrorism. *Clinical Child and Family Psychology Review*, 6(4), 237-246.

UNHCR(2018). 2017 UNHCR Global Report.

자료

노컷뉴스(2018.09.07.). 난민 심사받는 제주 예멘인 일터서 폭행당해도 '쉬쉬' http://www.nocutnews.co.kr/news/5028469.

노컷뉴스(2018.09.06.). 제주 예멘 난민 거부감 속 포용…"공존 가능성 봤다" http://www.nocutnews.co.kr/news/5027437

리얼미터(2018.07.12.). '제주 예멘난민 수용' 반대 49%→53% vs 찬성 39%→37%. http://www.realmeter.net/제주-예멘난민-수용-반대-49→53-vs-찬성-39→37/.

The Asian(2019.6.17.).[아시아 난민②] 제주 예멘난민 사태 이후 난민법 개정과 시민 사회 http://kor.theasian.asia/archives/222869

연합뉴스(2018.10.20.). 광화문서 난민 환영행사·반대집회 동시에…각 1천명 참가 https://www.yna.co.kr/view/AKR20181020033800004

조선일보(2018.07.03.). [난민쇼크]② 성범죄 위험 높다? 여성들 더 민감한 '난민 루머' http://news.chosun.com/site/data/html_dir/2018/07/03/2018070301101.html

조선일보(2017.04.04.) '외국인 신뢰 않는다' 20대가 가장 높아 http://premium.chosun.com/site/data/html_dir/2017/03/27/2017032701560.html

중앙일보(2018.07.14.). "재앙이 오고 있다"…제주서 예멘 난민 반대 2번째 집회 https://news.joins.com/article/22801859

한국일보(2018.07.10.). "비는 오는데 잘 곳도 없는 예멘 난민들… 외면할 수 있겠습니까" http://www.hankookilbo.com/News/Read/201807081580354378

한겨레(2018.08.02.). '제주 난민 반대 청원' 법무부 답변에 인권단체들이 분노했다. http://www.hani.co.kr/arti/society/society_general/855899.html

경향신문(2018.12.14.). 제주예멘인 난민심사 끝났지만…
협소한 인정기준, 난민정책은 '논란'
http://news.khan.co.kr/kh_news/khan_art_view.html?art_id=201812141740001

경향신문(2019. 06. 18). 소수자 인권' 가르치지 않는 중·고등학교
http://news.khan.co.kr/kh_news/khan_art_view.html?art_id=201906181637001

충남일보 (2018. 07.03). "번역된 다문화자녀교육 매뉴얼? 몰라요"
http://www.chungnamilbo.com/news/articleView.html?idxno=455055

국가지표(2018). 난민 통계 현황.

http://www.index.go.kr/potal/main/EachDtlPageDetail.do?idx_cd=2820

KBS(2018년 12월 13일자). 다문화교육 지원 확대도 한계…즐거운 교실 되려면?

The Guardian(2018년 7월 12일자). Influx of refugees from Yemen divides South

Korean resort island

http://www.theguardian.com/world/2018/jul/12/refugees-from-yemen-divi

des-south-korean-resort-island-of-jeju

CHAPTER 04

브렉시트 시대 영국의 세계시민교육 위축과 제약

요약

이 논문은 영국의 브렉시트 결정 이후 세계시민교육이 어떤 맥락에서, 어떤 쟁점과 이슈로 위축되고 있는지를 살펴보고 세계시민교육의 위상을 국제정치적 관점에서 고찰하고자 한다. 국가중심의 블록화를 추진하는 브렉시트는 세계시민교육과 어떤 관계를 가지는지 이것이 세계시민교육의 발전과 제약에 미치는 관계가 무엇인지 통찰하고 영국 사례가 세계시민교육 실천 과정에 주는 시사점을 분석하고자 한다. 또한 영국의 브렉시트 사태는 '가르침'으로서 세계시민교육의 교과서(text) 문건으로 치부되는 것이 아니라, 시민들이 학습 주체로서 탈(脫)유럽화라는 이슈를 자기 앞에 펼쳐진 '삶의 경험'으로 이해하고 대응하면서, 브렉시트라는 사태가 살아있는 세계시민교육의 '내용'(content)이 된다는 점을 논의하였다. 이 연구를 통해서 오늘날 흔들리는 세계시민교육의 위상과 향후 방향성을 비판적으로 고찰하였다.

주제어 : 브렉시트, 영국, 세계시민교육, 유럽연합, 위축, 제약

I 서론: 브렉시트의 충격과 교육

전 세계에 식민지를 거느리며 패권을 쥐었던 영국은 한때 '해가 지지 않는 나라'라는 표제를 걸고 제국의 위엄을 내세운 나라이다. 서양 근·현대사에서 정복과 지배를 통해서, 세계를 향해서 '위대한 대영 제국은 전 세계로 확장한다'는 초국경적 경계 넘기를 해왔던 특유의 코스모폴리탄 정신을 잉태한 나라가 영국이다. 그랬던 영국이 2016년 6월 23일에 치러진 국민투표에서 유럽연합(EU) 탈퇴를 자발적으로 선택하였다. 이른바 영국의 EU 탈퇴로 축약되는 '브렉시트'(Brexit) 결정이 세계에 충격을 주었다(안문석, 2016; 고정애, 2016). 영국의 EU 탈퇴는 1973년 EU의 전신인 유럽경제공동체(EEC)에 가입한 지 43년 만에 이루어졌다. 브렉시트 절차를 밟기 위해서 테레사 메이 영국 총리는 2017년 3월 28일에 EU 탈퇴를 선언하는 서한에 서명을 하고 유럽연합과의 '이혼' 절차를 밟고 있으며, 2019년 3월 29일 밤 11시에 발동된다고 설명했다.

그러나 2018년 현재 지금도 영국 국민들 사이에서는 크고 작은 시민 사회단체를 통해서, 또 비형식적 모임을 통해서 '브렉시트 결정을 다시 물러야 한다'는 목소리가 들려온다(BBC, 2018년 6월 5일자). 최근에는 브렉시트의 추진 입장을 유럽연합으로부터의 완전한 탈퇴를 주장하는 '하드 브렉시트'(hard Brexit)와 유럽연합 탈퇴 이후에도 영국이 EU 단일시장과 관세동맹에 남아야 한다는 '소프트 브렉시트'(soft Brexit)로 나눠지고 있을 만큼, 브렉시트 결정 이후에도 추진과정에서는 서로 상이한 입장이 전개되고 있다.

한걸음 더 나아가, 영국의 EU와 벌이는 브렉시트 협상이 난항을 거듭하면서 그 협상을 주도하던 테레사 메이 총리의 사임 이후, 2019년 7월 새로운 수장으로 보리스 존슨이 영국 총리가 되면서 '노딜 브렉시트'(no-deal Brexit)에 대한 우려가 더욱 높아졌다. 영국의 브렉시트 탈퇴 과정이 장기화될 것으로 예상하면서, 유럽에서의 영국의 정체성, 이민을 둘러싼 논쟁, 영국 내 거주하고 있는 유럽인들의 안전보장과 거주, 일자리, 교육, 보건의료 등 많은 부분의 변화가 일어나고 있다. 이러한 변화를 누구도 명확하게 예측하거나 영향력을 측정할 수 없기에 학계와 언론, 시민단체들은 'Still in the Dark(여전히 암흑기)'이라고 표현하면서 브렉시트의 향방에 대해서 불안과 의구심을 나타내고 있다(2017년 12월 8일자).

분명한 것은 브렉시트가 영국 국민들에게는 시민교육의 생생한 '삶의 경험이자 내용'이 된다는 점이다(김진희, 2018). 심성보(2016)는 브렉시트로 인해서 영국인들은 오랫동안 이어져온 전통, 즉 이민족의 다양한 문화와 어울려 사는 '영국다움(Britishness)'이 무엇인가에 대해서 근원적 질문에 대답해야 하는 시기라고 말했다. 전 세계에서 최초로 산업혁명과 자본주의 대장정의 문을 열었던 영국의 세계시민정신(cosmopolitanism)의 쇠퇴는 브렉시트 시대에 선명하게 나타날 수밖에 없다(서영표, 2016).

특히 세계시민사회 단체의 리더 역할을 하며 '세계시민교육을 위한 교사 가이드라인'(guideline for global citizenship)을 개발한 글로벌시민단체 옥스팜(OXFAM)을 잉태했던 영국 사회는 자국 중심의 국민국가 시대의 시민교육으로 회귀할 우려를 가지고 있다(Hoskins, 2016). 그렇다면 브렉시트는 세계시민교육과 어떤 관계를 가지는지 분석해야 한다. 다시 말해 국경의 개방적 문을 봉쇄하고 국가중심의 블록화를 추진하는 브렉시트는 세계시민교육과 어떤 관계를 가지는지, 그리고 이것이 세계시민교육의 발전과 제약에 미치는 관계가 무엇인지 파악할 필요가 있다. 이러한 맥락에서 본 연구에서는 브렉시트 이후 영국에서 세계시민교육 담론이 제약을 받는 맥락과 현상을 분석하고자 한다. 나아가 영국 사례가 세계시민교육 실천 과정에 주는 시사점이 무엇인지 고찰하고자 한다. 요컨대 이 논문은 정치사회학회의 관점이 아니라, 교육학의 관점에서 브렉시트 사태와 세계시민의식을 탐색하고자 한다.

Ⅱ 세계시민교육과 브렉시트의 관계성 논의

1. 세계시민교육의 이해: 확장성, 포괄성, 탈경계성

세계 간 상호의존성(interdependence)과 상호연계성(inter‑connection) 높아진 글로벌화의 영향은 정치, 경제, 사회, 그리고 교육의 제 측면에서 정치·경제·사회·교육에서 나타나고 있으며, 이미 우리의 소비행위, 경제행위, 문화행위 곳곳에서 엄연한 일상 영역에 스며들어 있다(김진희, 2017). 저 멀리 시리아에서 내전이 발생했다는 뉴스가 죽어있는 교과서 같은 텍스트로 치부되는 것이 아니라, 시리아 난민 출신 어린이가 대한민국 전라남도의 한 초등학교에 입학하게 되면서 지역 사회에 반향을 일으키는 생생한 시민교육의 현장이 된다. 예멘 내전으로 전쟁을 피해서 디아스포라 형태로 전 세계에 흩어진 예멘 난민 중 일부인 500여 명이 제주도에 무비자 형태로 입국하면서 지역사회의 반발과 혼돈이 확장된 것도 살아있는 교육 콘텐츠이다. 또 환경 재앙이 덮친 일본의 쓰나미(tsunami) 사태로 인해서 일본의 방사선 오염수가 유출되자 우리의 식탁에 일본산 수산물이 올라오는 것을 금지하는 정책이 발효된 것도 지구촌의 생태계가 긴밀하게 상호연계되어 있음을 보여준다.

이처럼 인권·평화·환경·문화다양성 등 다양한 이슈는 정치·사회적 확장성을 가지며 여러 경계를 넘나드는 세계시민교육의 주요 콘텐츠가 될 수 있다. 점차 글로벌 문제를 고민하면서 한 나라의 '시민'은 국민국가의 경계라는 '컨테이너'에서 벗어나서 확장적으로 넓게 사고하고 행동해야 하는 시대에 이르게 되었다. 새로운 시대에 새로운 시민교육을 필요로 하는 목소리는 세계시민교육의 발현을 구성하는 사상적·실천적 토대가 된 것이다.

각 나라마다 시민교육이 담지하는 철학, 내용, 지향성에는 차이가 있지만, 이제는 하나의 주권국가 내부에서 일어나는 계층적, 문화적, 인종적 갈등과 공존 문제가 일국(一國) 내에서 발생하고 해결될 수 있는 것이 아니라, 세계와의 상호작용을 통해서 새롭게 조명되고 국내와 국외의 이슈는 끊임없이 교차하며, 상호 영향을 주고받게 된다. 아울러 정치사회적으로 복잡다단하게 얽힌 전쟁, 테러, 난민 이슈부터 환경, 음식, 여행 등 소소한 일상의 영역까지, 국가를 넘어서 전 지구적으로 발생하는 지구촌 문제를 해결하기 위해서는 이제는 힘 있는 강대국과 소수의 엘리트 시민의 능력과 힘으로 풀 수 없는 시대이며, 전 지구적인 연대와 협력을 강조하는 교육이 필요하다. 이러한 원리가 세계시민교육으로 개념화된다.

> 학술적인 맥락에서 '세계적(world)', '지구적(global)', 그리고 '코스모폴리탄(cosmopolitan)' 교육은 언제나 일관성 있게 논리적으로 전개되는 것이 아니며, 합의된 개념틀로 정립되지 않았다. 세계시민성이 가지는 내포한 거시성과 다층성, 그리고 모호성으로 인해서 교육현장에서 일관적인 원리와 체계성을 가지고 체계를 갖고 다루지 못했다(김진희, 2017: 63).

이처럼 비록 이론적으로 세계시민교육을 논하는 지형은 폭넓고 모호하지만 그 핵심은 세계인이 하나의 지구공동체에 대한 의식을 갖고 세계의 체제를 비판적으로 '이해'하며 국제 문제를 해결하는 데 '참여'하는 역량을 키우는 교육이다. 그런 측면에서 세계시민교육은 보편적 인류 공영을 추구하는 가치지향적 교육이자 사회적 실천을 도모하는 시민교육이라는 점에서, 지구촌 전체가 직·간접으로 경험하고 있는 빈곤·인권·평화·환경·형평성의 문제에 공동체적 해결 방안을 모색하는 데 초점을 맞춰야 한다(김진희·허영식, 2013).

오늘날 전 지구적으로 세계에서 국경을 넘는 인간의 이동성 증대는 도덕과 윤리 이슈를 넘어서 개인과 집단에게 영향을 미치는 거버넌스의 유·무형의 탈경계성이 재구성될 수밖에 없다. 세계시민성은 이렇게 포괄적인 사회 구조의 변화와 맞물린다. 바꾸어 말하면 세계시민교육은 인간의 이성에 대한 신뢰를 높이고, 국가 범위를 넘어 국제적 차원에서 인류의 공영을 모색하고, 보편적인 질서를 구축하며 존중하자는 논의로 이어진다(Appiah, 2006).

그런데 중요한 것은 이러한 교육은 광범위하고 다층적인 측면을 수렴하고 있기 때문에 어떤 프레임으로 교육을 실천하는가에 따라 그 내용과 방법, 영향력이 달라질 수 있다. 글로벌화의 가속화로가 빨라지면서 국경을 초월하여 서로 상이한 다른 개인과 집단, 문화와의 공존과 지속가능한 발전 문제를 고민하는 세계시민교육은, 이론적으로 국제 사회에 대한 소속감과 인류를 향한 연대감을 기조로 하는 정신(ethos)을 밑바탕에 깔고 있다(김진희 외, 2014). 그렇지만 세계시민교육에서 누가 '힘(power)'을 가지고 교육의 내용을 선정하고, 주도하며, 어떤 이념과 헤게모니로 인류의 공존과 발전을 모색하는가라는 정치적 입장에 따라서 그 실천 방향은 실질적으로 달라질 수 있다.

2. 브렉시트와 세계시민교육의 조우: 담론의 흔들림, 불협화음, 가능성

(1) 유럽시민성 논의 변화 및 시민교육의 기반 약화

유럽시민성(european citizenship) 연구 혹은 세계시민성(global citizenship)을 분석하는 제 연구들은 하나의 국민국가 경계(border)를 넘어서, 범세계적인 인권의 가치를 실현하는 액션에 참여하는 책무성을 일관성 있게 강조한다. 나아가 지역, 국가, 글로벌 차원의 다차원적인 사회 정의를 구현하는 지식, 태도, 기술, 가치를 키우는 교육을 강조한다(Hoskins et al., 2011). 그런 의미에서 특히 유럽의 세계시민성은 적극적 시민(active citizenship)을 형성하는 근간이 되는 이론적 기반이다.

그런데 유럽연합을 주축으로 이처럼 적극적으로 주창되어 온 세계시민성은 2008년 이후 글로벌 경제위기 이후, 우파가 유럽 각국에서 세를 확장하면서 점차 반(反) 이민, 반(反) 다문화주의, 나아가 반(反) 유럽연합 기류(anti EU sentiment)가 확산되는 결과를 낳게 되었다. Hoskins(2016)은 이러한 기류가 점차 공감대를 확장하면서 그동안 유럽이 줄기차게 추진해온 이민정책이 역풍을 맞고, 영국, 프랑스, 독일 정치 수장들의 다문화주의 실패 선언을 이끌어내면서 결국에는 국민투표(The EU referendum in the UK)를 통해 영국의 브렉시트에 다다르게 되었다는 개연성을 설명하였다. 즉 전통적으로 유럽에서 세계시민성은 국민 국가의 테두리 속에 발생하는 국내 이슈를 넘어서, 유럽과 전 세계의 이웃들이 타인들에게 미치는 개인적, 지역적, 국가적 관계와 영향력, 시민적 참여 행위의 상호연관성을 이해하는 시민을 강조하며 그런 시민 역량을 키우는 교육이 세계시민교육에서 핵심으로 다루어졌다.

그러나 경제위기 이후 갇혀버린 세계시민성 논의는 현실에서 더욱 이상주의적 담론으로 치부되면서 흔들리게 되었다. 심지어 유럽연합의 경제적 안전성과 정치외교적 리더십에 대해서도 의구심이 일어나게 된다. 2008년 경제위기 이후 남유럽과 동유럽에서 서구 유럽으로 밀려오는 유럽 내 이주가 가속화되었고, 시리아, 이라크, 예멘, 리비아의 경제적·정치적 이주는 유럽 전역의 연대의식을 약화시키는 계기가 되었다. 이로써 당초 초국가적 경계 넘기와 글로벌 마인드를 강조했던 세계시민교육의 취지는 현실적 난관을 직면하게 된 것이다. 유럽 내부에 살아가는 부유한 개인들조차도 시민들 간의 사회적 신뢰가 하락했고 공동체와 연대를 강조하는 세계시민 논의는 사람들에게 스트레스를 가중시키게 되었다는 역설적 상황이 전개된다. 조금 더 깊이 들어가면서, 그동안 세계시민교육 이전에 글로벌교육(global education)을 추진해 온 영국에서는 유럽시민성을 영국민 스스로가 결속력 있게 정체성으로 내재화한 것이 아니라, 비교적 느슨하게 수용했기 때문에 브렉시트라는 탈(脫) 유럽적 시민성이 두드러지게 된 것이다.

(2) 브렉시트로 인한 세계시민담론 균열

브렉시트에 대한 전망과 해석은 다양하지만 세계시민성과의 이념적 결별을 단행한 것뿐만 아니라, 새로운 시민교육의 판을 짜야 하는 지각변동이 된 것이라고 볼 수 있다. 2016년 6월 국민투표로 결정된 브렉시트로 인해서, 현재 영국의 세계시민교육에 대한 학습은 공공 담론과 국가정책 아젠다에서 더 약화되고 중심부에서 멀어지게 되었다(New Europeans net, 2017). 브렉시트 결정으로 영국은 다시 자국 중심의 '신-동화주의' 정책으로 돌아설 조짐을 보이고 있으며 이에 대한 우려가 확산되고 있다(안문석, 2016). 학계를 중심으로 '글로벌 시민성'의 포기로 회귀해선 안 된다는 점을 강조하고 있다(심성보, 2016).

특히 Bank(2017: 366)는 영국의 브렉시트 결정과 유럽 정치의 새로운 헤게모니를 장악한 우파의 득세는 서구 사회가 인종적, 문화적, 종교적, 정치적 다양성을 품은 열린사회로 나아갈 수 있는지를 정치적 시험을 하는 논쟁적 계기가 되었다고 주장했다. 이처럼 브렉시트는 이념적으로 세계시민교육이 그동안 추구해온 인류 공동의 번영, 다양성과 포용성의 가치, 지구촌에 대한 책무성과 배치되는 결정이며, 이론과 실제의 불협화음이 강화되는 맥락이라 할 수 있다.

글로벌 경제위기와 불확실성이 심화되면서 유럽연합 회원국 안에서도 시민교육은 이제 자국의 이해관계에 포커스를 맞추는 퇴행적 모습을 보이게 되었다. 내용적 측면에서 볼 때도, 사회적 참여와 정의, 공동체를 강조하던 중심적 논의는 개인의 고용경쟁력 및 기업가정신(employability and entrepreneurship) 함양을 위한 논의로 초점을 이동하게 되었다(Audrey, 2016). 즉 사회적 자본으로서의 시민교육 보다는 개인의 역량을 함양하고 창조성과 혁신을 강조하는 논의로 방점이 옮겨지게 된 것이다. 또한 유럽의 시민교육은 무슬림과 이주민들의 관습과 사회 부적응, 문화적 정체성 유지에 대해서 비판적인 입장을 가르치고, 불확실한 경제위기 속에서 안보와 안전을 강조하는 시민의 대응과 역량을 강조하는 트렌드로 변화하게 되었다. 이런 경향은 유럽 연합 탈퇴를 결정한 영국에서 더욱 선명하게 나타나고 있다.

브렉시트 결정이 확정되자마자, 리즈대학교 교수인 Audrey(2016)는 "Citizenship education, social justice and brexit"라는 제목으로 논문을 발표하면서, 브렉시트로 인해서 직면한 시민교육의 위기와 사회정의를 어떻게 풀어갈 것인지를 비판적으로 고찰하였다. 그는 그동안 시민교육과 세계시민성 논의가 이상적인 관념과 이론의 틀에 갇혀 있었다면, 브렉시트 국민투표 결과로 인해서 시민교육의 필요성이 그 어느 시대보다 중요해졌다고 역설한다. 학생들이 세계가 얼마나 상호연결되어 있는지, 다양한 커뮤니티를 이해하고 존중하는 글로벌 관점이 왜 중요한지 바로 이 시점에서 비판적으로 배워야 한다고 말했다. 왜냐하면 브렉시트가 결정된 단 1주일 동안, 외국인 혐오 범죄와 인종차별 사건 신고, 반 이민을 주장하는 플랜카드, 소셜미디어에서의 무슬림 비하와 조롱 건수가 400프로 증가한 것으로 드러났는데, 바로 이때 시민교육은 갈등과 혼란으로 위태로운 시민사회에서 힘을 발휘하기 때문이다(Audrey, 2016: 12).

Ⅲ 브렉시트가 미친 사회적 영향과 세계시민교육의 위축

1. 브렉시트와 영국사회 균열 문제: 지역별, 연령별, 교육수준별 격차

브렉시트 투표 결과는 세계인의 주목을 받으며 경제적, 정치적 파장을 불러일으켰다. 영국의 유럽연합 잔류가 우세할 것이라는 예상을 뒤엎고, 투표에 참여한 영국인의 52%가 유럽연합 탈퇴에 표를 던지고, 48%가 잔류를 선택하였다. 이로써 국민투표로 결정된 영국의 브렉시트는 하나의 역사적 사건이 되었다. 브렉시트는 단순히 정치적 판단에 그치는 것이 아니라, 영국사회가 지역별, 성별, 교육수준별 차이 및 이해관계에 따라 얼마나 분리되어 있는지를 보여주는 징표이다(김진희, 2018; BBC, 2016). 즉 영국의 잉글랜드와 웨일즈는 유럽연합과 결별을 선언해야 한다는 비율이 높았지만, 스코틀랜드는 영국이 유럽연합에 존속해야 한다는 응답 비율이 높았다. 잉글랜드, 스코틀랜드, 웨일즈라는 거대 행정단위에서뿐만 아니라 지방과 런던을 비롯한 도시의 인식 격차도 큰 것으로 나타났다.

세계 5위의 경제대국이자, 유럽연합에서 독일에 이은 경제적 파워를 갖춘 브렉시트 결정은 영국이 유럽경제공동체(EEC)에 가입한지 43년 만에 탈퇴를 결정한 것이고 유럽의 통합 아젠다에 역주행했다는 것을 의미한다(고정애, 2016: 194).

개방보다는 새로운 고립과 자국 우선주의를 택한 것이 브렉시트이며, 영국

그림 1 영국의 브렉시트 투표 결과(지역별 분포 및 격차)

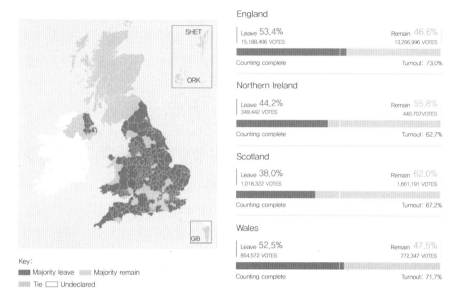

출처: BBC(2016년 6월 24일자)

은 유럽과의 교역 및 잠재적인 경제적 불이익을 감수하더라도 이민을 통제하고
자국의 정치외교적 리더십을 되찾겠다는 선택을 했다. 특히 브렉시트를 반대하
는 표가 가장 많았던 코스모폴리탄(cosmopolitan) 도시 런던은 세계화의 수혜자
였지만 '진정한 영국'은 아니라는 주장까지 나오게 되었다. 런던의 젊은 청년들
은 유럽 친구가 없는 이가 드물 정도로 유럽 연합의 통합적 정신이 도시를 지방
에 사는 영국민의 인식은 다르다. 고정애(2016: 195)는 다음과 같이, 브렉시트 현
장의 분위기를 보도하였다.

> 지방은 달랐다. 여전히 미묘하게 작동하는 공동체 정서가 작동하는 곳이다. 동네 펍
> 에선 예의바르지만 이방인을 경계하는 시선을 느낄 수 있다. 이곳 젊은이들에겐 영
> 국인이 아닌 친구가 있을 가능성은 낮다. 이들에게 세계화는 그저 길거리에서 낯선

간판을 보게 되고, 영어를 제대로 못하는 이들과 접하게 되는 걸 의미할 수 있었다. 중도에 학교를 관둔 젊은 백인 남성들에겐 일자리를 빼앗기는 일이기도 했다. 잉글랜드 중부 보스턴이 대표적이다. '리틀 폴란드'로 불릴 정도로 동유럽 이민자가 몰려 10년 사이 인구가 네 배로 불어난 지역이다. 이곳에서 탈퇴의견은 75.6%에 달했다.

이미 일상의 경제·문화·소비 활동에서 탈국가적 시민으로 살아가는 영국의 중산층과 젊은 세대, 학력 수준이 높은 시민들은 브렉시트를 반대하는 격앙된 가두시위를 벌이기도 했다. 특히 세계의 금융 자본과 문화의 중심이라 일컫는 수도 런던에서 브렉시트 결정에 대한 반대 운동이 다른 어느 도시보다 격렬하게 전개되었다. 런던 시민들은 'I am European', 'Stay with EU'(나는 유럽인이다. 영국은 유럽연합 회원국으로 남아있어야 한다)와 같은 피켓을 들고ㅡ의회 민주주

그림 2 연령대별, 성별 브렉시트 의견 차이

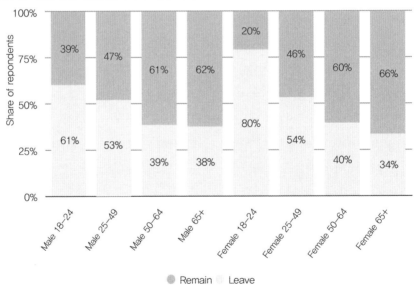

출처: Statista(2018)

의라는 정치체제하에서 이미 결정된 사안이라 할지라도 — 시민들은 그 결정이 가져올 파장을 지식과 정보를 통해서 이해하고, 비판적으로 분석하고 행동함으로써 시민교육 현장에 참여한 것이다. 실제로 브렉시트 반대표를 많이 던진 런던에서는 시민 17만여 명이 시민이 수도 런던도 영국으로부터에서 독립해 EU에 가입하자는 청원운동이 일어나기도 했다(BBC, 2016년 6월 24일자). 브렉시트 결정 이후 1년이 지난 2017년 8월에도 3차 브렉시트 협상이 시작되자, 영국 내부에서도 브렉시트 결정을 취소하자는 목소리가 나왔다(BBC, 2018년 6월 5일자).

브렉시트 결과는 연령별, 성별 기준에서도 차이를 드러냈다. 18세에서 24에 해당하는 청년층 남성들의 61%는 영국이 유럽 연합에 잔류해야 한다고 표명했지만 반면, 50세에서 64세의 장년층 남성의 61%는 반대로 영국의 유럽연합 탈퇴에 투표를 던졌다. 특히 18세에서 24세 해당되는 여성들은 동일 연령대의 남성들보다 압도적인 비율인, 80% 이상이 유럽연합 잔류를 선택했다. 이는 청년

그림 3 교육수준별 브렉시트 의견 차이

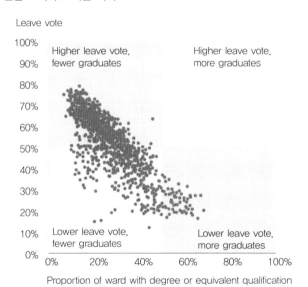

출처: HUFFPST UK Edition(2017년 2월 6일자)

세대가 중장년층보다 압도적으로 영국의 유럽연합 잔류에 지지를 표명하고 있다는 점을 보여준다. 런던의 청년들은 젊은 세대가 살아갈 미래에 대한 결정권을 현재 영국사회의 중장년 세대가 박탈했다는 것에 대한 반대 성명을 내기도 했다(BBC, 2017년 12월 8일자).

아울러 교육수준에 따라서 브렉시트에 대한 찬성과 반대 의견도 상이하게 나타났다는 점도 밝혀졌다. 영국의 HUFFPOST(2017)는 교육이수 경험 및 학력 수준이 낮을수록 영국의 유럽연합과의 결별에 표를 던졌지만, 학력수준이 높을수록 영국이 유럽 속에서 성장과 번영을 도모해야 한다는 의견이 우세한 것으로 드러났다. 특히 인종적 소수민들이 많이 사는 지역일수록 영국이 유럽에 잔류해야 한다는 브렉시트 반대에 표를 던졌다. 분석결과에 따르면 영국의 백인 노동자 계층이 많이 사는 지역에서는 유럽연합 탈퇴를 주장하는 표가 압도적으로 많이 나온 것으로 드러났다(Statista, 2018). 이들은 '영국'과 '유럽연합', '우리'와 '그들', '영국 정주민'과 '이주민'에 대한 구분 의식이 보다 선명하고, 이민자를 향한 타자화 인식이 더욱 명료한 그룹이라 할 수 있다. 특히 백인 노동계층의 반(反)이민 정서는 동일한 직업군과 일자리를 이주민과 경쟁해야 하는 경우, 더욱 커지게 된다(김진희, 2017). 이들은 세계시민교육을 학교교육 과정이나 일상 생활세계에서 접해 본 경험이 낮을 수 있으며, 이주민들이 수반하는 차이와 다양성에 대해서 긴장과 거부감을 가질 우려가 더욱 높은 집단이라고 볼 수 있다.

이는 영국과 유사하게 한국에서도 공통적으로 나타나는 맥락이다. 2015년 발표된 한국의 다문화수용성지수 관련 보고서에서도 드러났듯이, 교육수준이 낮을수록, 나이가 많을수록, 노동계층에 종사할수록 이민자에 대한 거부감이 높고 다양성에 대한 관용성이 낮게 나온 상황과 일맥하는 대목이다(여성가족부, 2015). 한 사회 내에서 선명하게 나타나는 다양성과 개방성에 대한 균열과 격차는 일상의 영역에서 세계시민교육을 실천하는 데도 제약이 될 수 있다.

2. 반(反) 이민정서 강세와 사회통합의 흔들림 문제: 정서적 태도

근현대사에서 다른 어느 나라보다도 제국의 유산을 품고 세계의 문화를 탈경계적으로 흡수하던 영국의 브렉시트 결정은 역설적이다. 산업혁명 이후 국력을 과시하며 영국연방을 구성하는 국가 간의 거래에 차별관세를 적용하면서 금융, 무역, 문화의 새로운 기준점을 제시하면서 영국화(British Commonwealth)를 시도하며 세계를 향해 거대한 개방주의를 추구했던 영국은 오늘날 국경의 문을 닫고 브렉시트를 결정한다. 세계시민적 관점에서 볼 때 영국의 브렉시트 결정은 '영국 우선주의'를 외치는 보수주의와 우경화를 상징하는 신호라는 점에서 역사적으로 후퇴했다고 볼 수 있다. 유럽연합이라는 초국가적 공동체에서 탈퇴하고 국가의 빗장을 닫고 새로운 번영을 모색하겠다는 대국민적 결정은 영국 사회뿐만 아니라, 현대사회가 후기 신자유주의 시대를 맞이하며 개방보다는 폐쇄를 강화하며 전 세계적 불안과 공포를 차단하려는 움직임을 보여준다.

현대사회의 불확실성과 불안정성을 이론적으로 파헤치면서 '위험 사회'(risk society) 담론을 펼친 울리히 백(Ulrich Beck)은 세계시민주의는 계몽적 규범이 아니라 개개인의 일상생활의 실제 과정에서 나타나야 한다고 말했다. 오늘날 브렉시트는 세계시민성의 열림과 닫힘을 보여주는 주요 지점이 되고 있다.

시민성(citizenship) 논의에서 차별과 배제의 문제는 핵심 쟁점이다. 누가 시민이며, 누가 시민의 범주에 들어올 수 없는지는 오랫동안 시민성 논쟁에서 다루어진 문제다. 세계시민성 관점에서는 한 개인이 어떤 이유로도, 즉 인종·계층·국적·종교·외모 등 어떤 이유로도 한 개인은 차별받지 않아야 하고, 지구공동체의 일원으로서 다양성을 존중하고, 인권과 평화, 번영을 향유할 수 있어야 한다. 그러나 브렉시트로 인한 유럽연합과의 결별은 세계공동체와의 공존의 문제, 다양성 존중의 문제, 인권과 정의를 위한 글로벌 참여 행위 문제에서 소극적인 시민성을 선택한 것이라고 볼 수 있다.

브렉시트 국민 투표는 영국사회에서 타자와 이질적 집단에 대한 무관용적인 폭력이 커질 우려가 있다는 점을 보여준다(Audrey, 2016). 이 문제는 영국 사회의 반(反)다문화주의, 반(反)이민 정서, 이주민과 실업 문제, 테러 이슈 같은 정치·문화적 배경과 밀접한 관련을 맺고 있다. 특히 2017년 한 해 동안 수도 런던에서만 규정한 3건의 공식 테러(테레사 메이 영국 총리가 규정함)가 발생했다. 3월 22일 국회의사당 주변 차량 테러, 6월 3일 런던브리지와 버러 마켓에서 차량과 흉기를 이용한 테러, 6월 19일 북부 핀즈버리 공원 근처 이슬람 사원 테러가 그것인데, 이는 영국 시민들에게 '이주민은 잠재적 위험 세력'이 될 가능성이 높다는 반(反)이민주의 정서를 결과적으로 강화시키는 충격 기제가 되었다.

이에 앞서 2011년 영국 총리였던 데이비드 캐머런은 독일 뮌헨에서 열린 국제안보회의에서 다문화정책 무용론(無用論)을 주장하면서, 이질적인 문화에 대한 관용을 원칙으로 삼았던 다문화주의가 영국사회에서 실패했다고 말했다(김진희, 2016). 오히려 다문화주의로 인해서 영국 사회 내부에 이슬람 극단주의가 뿌리를 내리고 있다는 목소리에서 문화 다양성과 사회통합에 대한 회의론적 시각이 기저에 깔려 있음을 알 수 있다. 이런 회의론 속에서 영국에서 끊임없이 발생하는 테러 때문에 '이주민＝무슬림＝잠재적 테러집단'이라는 등식이 시민사회에 스며들면서, 영국민들은 영국의 국경을 점진적으로 닫는 것이 '영국다움'(Britishness)을 지키는 것이라는 인식을 강화하게 된다(New Europeans net, 2017년 3월 30일자). 이러한 인식을 가진 다수의 영국시민들이 영국의 유럽연합 탈퇴라는 브렉시트를 결정한 것이다. 이처럼 사회 구성원에 대한 구분화(categorisation)와 타자화의 경계선 긋기가 가속화되면서 사회통합을 향한 태도는 위축되고 있다.

3. 지구촌 공동체 의식의 약화와 움츠려든 시민연대 문제: 행위 측면

브렉시트 결정을 바라보는 시각은 다양하지만 분명한 것은 국내 정치경제적 측면과 국제적 헤게모니 측면이 얽혀 있다. 영국의 유럽연합 탈퇴를 지지하는 입장(leave EU)과 '유럽 속의 영국'을 지지하는 입장(Remain EU)은 선명한 차이가 있다. 후자는 유럽체제에서 영국의 부를 창출하고 유럽동맹 내에서 국가안보를 지키자는 입장이지만, 브렉시트 탈퇴를 이끈 전자의 입장은 고용과 안정성이라는 손에 잡히는 이슈와 유럽연합에 대한 반감이 켜켜이 둘러싸여 있는데 그 입장은 다음과 같다. 특히 국제이주, 이주민에 대한 반감과 회의론이 큰 비중을 차지한다.

❶ 유럽이주민들은 영국의 저숙련 일자리를 잠식하고, 노동 임금을 삭감해 받기 때문에 실업, 저임금 등 영국 본토 국민들의 노동 환경과 취업 경쟁력을 해치고 있다.

❷ 유럽연합에서 흘러들어온 이주민은 지역 학교에서 건강보험과 교육 등 공공 서비스를 무상으로 누리는데 이는 영국민의 세수 부담을 증대시킨다.

❸ 터키, 리비아, 시리아에서 발생하는 난민의 서유럽 행렬은 국제이주 위기를 가속화시켰고 이것이 영국의 안보 위협을 키우고 있다.

❹ 유럽전역의 이주민은 영국의 문화적 정체성을 변질시켰다.

그런데 브렉시트를 국제정치의 세력균형 헤게모니로 논의하는 관점도 있다. 안문석(2016)은 브렉시트는 그동안 독일과 프랑스를 주축으로 결합된 EU에서 영국의 견제의식이 발동해서 나온 산물로 보았다. 전통적으로 유럽의 번잡한 일에 관여하기 보다는 국익을 추구하는 '화려한 고립(splendid isolation)을 추진하며 고립주의 외교노선을 추구한 영국이 브렉시트를 결정한 것은 그리 놀라운 사건이 아니다(안문석, 2016:113). 유럽연합 탈퇴는 금융과 난민 문제 등 독일과 프랑스 중심으로 이루어진 굵직한 의사결정을 견제하고 유럽보다는 민족적, 문화적 동질성이 높은 미국과 동맹을 추구하고자 하는 움직임으로 해석하기도 한다. 눈에 보이는 난민문제, 영국이 EU 재정 부담 등이 외형적 논리이지만 그 깊은 이면에서는 영국의 오랜 외교 고립주의와 제국주의에 대한 향수가 내적 동인이 된 것이라는 해석도 설득력을 가진다.

> 브렉시트의 직접적 동인인 난민문제, 저임금 노동력의 유입으로 인한 영국 저소득층
> 의 반 EU 정서지만, 영국의 세력 균형 전통도 브렉시트의 여러 원인 가운데 하나로
> 작용한 것이다(중략). 영국은 세계제국을 형성했고 열강으로 세계를 지배했다. 실제
> 여전히 세계도처에 식민지를 거느리면서 마지막 군주제를 폐지하지 않고 영연방을
> 유지하는 나라이다. 이런 시각에서 8세기 산업혁명을 가장 먼저 일으키고 민주주의
> 와 자본주의를 정치 경제 제도로 처음 발전시킨 나라로서 제국을 이루었던 영국은
> 향수를 가지고 있다(안문석, 2016: 121-124).

한편 서영표(2016)도 표층적으로 나타나는 인종주의, 반이민정서나 경제적
이해관계로 브렉시트를 해석하는 것은 협소하다고 분석했다. 브렉시트의 영향을
쉽게 이야기할 수 없는 것은 영국의 유럽연합 탈퇴 결정이라는 '사건' 이면에 작
동하고 있는 매우 복잡한, 때때로 공존하기 어려워 보이는 다층적 기제들이 동
시에 작용하고 있기 때문이며, 영국 국내 정치상의 신우파, 신좌파라는 진영 논
리에서 기인한 것으로 분석했다. 역설적이게도 지금의 신자유주의적 유럽연합은
영국 모델을 충실하게 반영하였지만, 영국은 유럽연합과의 결속에서 좌절, 저항,
연대를 갈구하는 과정에서 결국은 지구공동체의 이상을 폐기하였다. 브렉시트
결정은 인종과 국적으로 분절화된 평범한 시민들의 마음을 반영하는 것이라는
해석이 주목을 끈다(서영표, 2016: 215). 즉 브렉시트는 영국의 국수주의와 인종주
의라는 옷을 입고 등장했지만, 영국의 국내 정치 역동 속에서는 합리적인 유럽
잔류파와 국수주의적인 탈퇴파라는 두 패로 쪼개지는 과정에서 정치사회적 분
열은 가속화되었다. 영국의 많은 사람들, 노동하는 민중들은 영국의 현실에 불
만이 많았고, 유럽연합에 비판적이었다. 그래서 모종의 저항의 목소리를 내고
싶었지만 선택지는 유럽 잔류와 탈퇴라는 두 가지밖에 없었다. 설불리 브렉시트
는 모든 사회적 위기의 원인을 영국의 주권 상실과 외국인 노동자의 탓으로 덧

씌우는 극우파적인 선동에 휩쓸린 것이라고 단정할 수 없으며, 노동계급 사람들을 백인우월주의에 찌든 인종주의자들로 단편적으로 간주할 수는 없다(서영표, 2016: 227).

브렉시트 과정에서 시민들의 거리 시위 가운데 '난민과 집시, 유색인종은 물러가라'는 구호가 퍼지는 등 공공연하게 인종주의적 선동이 진행된 것은 그동안 다양한 인종이 모여 사는 영국의 사회적 신뢰와 사회적 통합을 위태롭게 한다(Hoskins, 2016; James, 2016). '유럽' vs '영국'이라는 국수주의적인 프레임을 강화하고, '영국노동자' vs '이주노동자'라는 인종차별적 프레임을 고착화시키면서, '유러피안 정신을 가진 합리적인 중간계급' vs '영국고립주의를 외치는 비합리적이고 노동계급'이라는 구도를 재생산시키는 것은 영국사회의 분열을 증폭시키는 결과를 낳게 되었다(서영표, 2016; New Europeans net, 2017년 3월 30일자). 브렉시트 과정과 그 결과가 남긴 숙제는 아직 풀지 못했다. 영국의 국경을 닫고, 반이민주의와 반다문화주의 정서가 강화되는 지금의 영국사회의 문제를 비판적으로 진단해야 하고, 브렉시트 결정으로 '주권을 지킨' 영국이 유럽연합을 탈퇴하면서 지금보다 더 긴축 재정을 강요받고 복지가 축소될 가능성도 남아있다. 유럽연합을 탈퇴한 후에도 복지수당은 축소될 것이고 영국인들의 삶의 질을 결정하는 도서관, 박물관, 갤러리, 공원 등 공공시설 지원이 삭감되면서 유럽에서 유입되던 EU 대학생의 축소로 인한 학비 상승, 교육 불평등도 심화될 수 있다(James, 2016). 따라서 브렉시트를 결정하기까지 지금의 영국인들을 좌절하게 하고 분노하게 했던 것은 유럽연합의 강요한 것도, 외국인노동자들이 악화시킨 것도 아니라, 신자유의적 체제라는 서영표(2016: 228-229)의 비판은 명료하다.

브렉시트로 인해서 세계시민의식은 더욱 메말라갈 수밖에 없는 상황이 도래되었다. 국제적 연대의식의 결정체를 응집적으로 보여주는 사태가 국제난민 이슈이다. 영국은 유럽연합을 탈퇴하면서 회원국이 분담해야 하는 난민할당제의 책무에서 표면적으로 벗어날 수 있는 제도적 정당성을 확보하게 되었다. 외교적 입장과 사회심리적 측면의 정당성과는 다른 문제이다. 유럽연합체제에서 난민

문제는 화약고가 되고 있으며 지구촌 공동체가 국제적 연대의식을 실천하는 것이 얼마나 난망한 것인지를 보여주고 있다.

> 지난 수십 년 동안 유럽연합 내부의 난민정책에서 연대의식을 갖춘 책무와 부담의 배분에 도달하려는 모든 시도는 실패하였다. 예를 들면, 2015년 9월 유럽집행위원회가 제안하고 내무장관특별이사회가 결정한 난민배분이 실현될 가능성은 별로 없다. 왜냐하면 이 결정에 따른 책무를 이행하는 데 있어서 일부 회원국이 주저하거나 아니면 거부하고 있기 때문이다. 모든 회원국에 대해 의무를 지우는 기제(메커니즘)를 마련하는 일은 앞으로 당분간 실현되기 힘들 것으로 보인다. 예상하건대 그러한 실현은 기껏해야 '뜻을 같이 하는 국가들의 연대'로 국한될 가능성이 높다(허영식·강현석 2018: 22).

브렉시트 이후 현재 유럽연합의 난민 수용에 대한 각종 회의와 회담에서도 나타나듯이 난민 수용의 책무, 부담을 배분하고 실천하는 문제에서 세계시민적 연대의식과 포용적 여건이 조성되어 있지 않다(허영식·강현석 2018: 23). 유럽 내부의 경제적 위기로 인해서 난민은 사회, 경제적, 문화적 측면에서 기존의 체제와 공동체의 문화에 균열을 주거나 안전을 위협하는 존재로 바라보는 인식의 오류가 보다 강화되고 있다.

그런데 역설적으로 브렉시트를 통해서 세계시민교육의 위상은 흔들리지만 그것의 중요성이 반증되고 있다고 볼 수 있다. 비판적 사고를 바탕으로 더 이상 영국에서 이주민들이 사회적 타깃이 되는 것을 방지해야 하고 시민사회 영역에서 발생하는 인종차별과 외국인 혐오, 타자화로 점철된 사회적 균열을 교육을 통해서 멈추어야 한다. 그동안 영국이 추진해온 세계시민교육이 위축되는 상황에서 참여적 시민교육의 의제는 다시 영국사회 정책의 우선순위로 복귀해야 하는 상황이다. 영국의 대중들이 삶의 이슈와 직간접적으로 연관된 생활정치 맥락에서 브렉시트에 참여했듯이, 보다 시각을 확대하여 세계공동체 관점에서 국내 문제와 국제 이슈의 상호연관성을 구조적으로 파악하고, 지속가능한 사회발전을 위해서 국가적, 지역적, 지구적 차원에서 더 나은 삶터를 만들기 위한 세계시민교육을 실시해야 한다. 이것은 학교교육의 교육과정은 물론 시민사회의 성인교육의 프레임에도 반영되어야 하며 무형식학습으로서 직업훈련, 지역공동체 활동, 문화예술 활동에도 녹아들어가야 한다.

4. 브렉시트로 인한 세계시민교육의 제약과 도전

그동안 데이빗 카메론이 이끈 보수당이 정권을 잡아온 잉글랜드 지역에서 정부예산 책정에서 뿐만 아니라, 시민교육은 학교교육에서 비주류 교육으로 치부되어 왔고(Hoskins, 2016), 청년보다 성인들의 정치참여와 사회적 정의를 주장하는 목소리도 경시되어 왔다(김진희, 2017). 그런데 이에 더해서 브렉시트 이후의 시민교육은 세 가지 측면에서 중대한 도전에 직면해 있다(Audrey, 2016: 12–13). 이를 정리하면 다음과 같다.

첫째, 점증하는 국제 난민과 사회적 소수자의 증가가 가속화되는 상황에서 인권과 사회적 정의를 향상시키는 교육적 이니셔티브를 어떻게 확보할 것인가 라는 도전 과제이다. 특히 영국 사회의 거대한 다양성(super diversity)을 직면할 때 유럽과 영국의 이민자는 과거 식민지의 주민들이 유입되는 통로뿐만 아니라, 냉전 이후 해체된 동유럽과 중앙 유럽 국가의 국민들이 양질의 일자리를 위해서 서구 유럽으로 유입되는 통로도 열려있었다. 이러한 가운데 사회, 경제, 문화적 영역에서 이민자에 대한 타자화(他者化)가 심화되고 있으며 그 속에서 영국 (United Kingdom)의 다양한 구성원들이 보여주는 사회적 응집력과 통합력은 취약해지게 된다. 인종, 민족, 종교적 배경이 다른 이민자를 침입자, 낯선 타자로 이해하는 것이 아니라 새로워진 영국의 사회적 자본을 확충하고 경제 활력을 주는 사회의 자원으로 인식하도록 의식을 전환하는 교육이 필요하다. 그렇지만, 아직 시민교육의 힘과 영향력은 역부족이다.

둘째, 브렉시트 전후로 다양성과 사회적 통합 그리고 다문화주의에 대한 논의는 폐쇄적인 방향에서 정치담론으로 활용되어 왔는데 여기에 시민교육의 입지가 흔들리고 있는 것이 도전 요인이다. 시민교육에서는 근본적으로 국가 정체성과 시민성의 관계를 비판적으로 탐색하고, 동시에 '우리'와 '그들'이라는 국민국가의 경계선을 둘러싼 사람들과의 이해관계, 즉 자국의 국민과 국민국가의 경계에 속하지 않는 사람들과의 세계시민적 연대성을 높일 수 있는 교육의 역할이 강조되어 왔다. 그러나 이러한 시민교육의 전통은 브렉시트 시대에 취약해지고 있다. 특히 유럽에서 '이슬람'이라는 키워드는 다문화주의를 급속하게 움츠려들게 하는 닫힌 구도가 되고 있다. 이러한 상황에서 진정 영국적인 가치(British Values)가 무엇인가에 대한 논쟁이 일어나고 누구를 위한 시민교육인가라는 명시적, 암묵적 긴장관계가 심화되고 있다(Audrey, 2016). 영국의 정치엘리트들의 보수 우경화 움직임이 '이슬람＝범죄집단'이라는 인식으로 곧바로 이어지는 것은 아니지만, ISIS 테러 이후 대중의 신경쇠약과 경계심은 '이슬람으로 물드는 유럽, 서구 가치가 이슬람으로 인해 전복당할 위기'라는 음모이론을 확산시키고 있는 형국이다. 이런 상황에서 문화적 인종차별주의 형태로 이슬람포비아(Islamophobia)가 보다 확산되고 시민들의 안전에 대한 위협이 자각되면서, 그동안 포용적이고 모든 이의 인권을 강조한 가치를 지향했던 세계시민교육은 영국을 포함하여 유럽 전역에서 흔들리고 있다.

셋째, 유럽의 무슬림 인구와 급진 무슬림을 타깃으로 조준한 안보에 대한 국가정책이 현재 영국의 시민교육과 세계시민교육을 무력화하고 있다. 이러한 정책은 교육에서 사회정의와 공정성을 강조하고 모든 학습자의 시민적 형평성(civic equality)을 강조해온 시민교육을 흔들고 있다. 2015년 영국에서 발표된 <The Counter－Terrorism and Security Act 2015> 조례가 잉글랜드 전역의 지방자치기구, 학교, 사회단체 등에서 테러를 방지하기 위해서 일괄적으로 적용됨에 따라 암묵적으로 무슬림 배경을 가진 학생, 청소년을 소외시키고 차별하는 '비의도적 결과'를 낳게 되었다. 이것이 하나의 독트린이 되면서 시민교육에서 '안전'

이 더욱 중요한 요소로 방점이 찍히게 되었다. 기존에 무슬림 테러그룹과 연관된 배경을 가졌다는 이유만으로 일부 무슬림 청소년들은 암묵적으로 침묵을 강요당하거나 표현의 자유를 억압받는 상황 속에 놓이게 되기도 한다(Bank, 2017).

같은 맥락에서 심성보(2016)는 브렉시트 이후(post-Brexit) 영국의 시민교육은 체질적으로 달라져야 하며 새로운 도전을 맞고 있다고 역설한다. 도전은 위기이자 새로운 돌파구라는 양면성을 함축한다. 정책적으로 세계시민교육이 퇴행하고 공동체의 경계선을 더욱 명료하게 구분하는 분절적 움직임이 나타나고 있지만, 브렉시트 사태를 계기로 오히려 인간, 지역, 국가, 세계의 정체성을 형성하는 시민교육의 공론의 플랫폼이 만들려는 움직임도 있는 것이 사실이기 때문이다. 이런 맥락에서 사회정의와 세계시민적 정체성을 심도 있게 다루는 교육담론이 흔들리는 동시에, 역설적으로 브렉시트라는 세계적 흐름에서 시민교육이 일상의 정치행위와 시민사회 참여라는 점에서 다시금 부각되고 있다.

세계시민교육에서 유럽의 가치와 의미, 세계시민성을 비판적으로 인식하고 참여적 시민을 키우는 지식, 가치, 기술을 함양하도록 교육을 실천해야 한다. 이러한 아젠다는 새로운 주장이 아니라, 오히려 현재 맥락에 맞추어 부활시켜야 한다. 우리가 살아가는 세계의 불평등을 파악하고 더 나은 사회변화를 도모하고, 모두가 향유하는 형평성을 보장할 수 있는 초국적인 실천이 중요하다. 더불어 시민단체는 모든 사람들이 자신의 삶에 영향을 주는 의사결정 및 그 복잡다단한 과정에 적극적으로 참여하고, 학교, 대학, 일터, 지역사회 등에서 이러한 일상의 정치를 활성화해야 한다. 후기 신자유주의체제에서 세계시민교육은 국민국가 경계를 넘어서 전 세계를 향한 인류애와 소속감, 그리고 공유된 주인의식을 증진시키는 교육이 되어야 한다(심성보, 2016).

브렉시대 이후 세계시민교육의 방향과 시사점

1. 세계시민교육은 이론적 표상이 아니라 삶의 내용이자 경험

지금까지 영국의 브렉시트라는 국제정치적 사태를 다각도에서 분석하고 그 것이 세계시민교육에 미치는 영향과 쟁점을 고찰하였다. 영국의 시민들이 왜 브 렉시트에 찬성하고, 왜 반대하며 각자의 평온한 일상을 포기하고 거리에서 찬반 집회 시위에 참여했는지를 이해해야 한다. 그것은 정치의 영역이 곧 삶의 영역 이기 때문이다. 영국의 EU 탈퇴로 프랑스, 독일 등에서 관세 없이 들여오던 농 산품과 식료품의 가격이 올라가고, 영국에 들어오던 EU 국가들의 저숙련 노동 자들의 자유로운 이주노동이 어려워지면서 영국민들은 인력난 문제를 겪게 된 다. 앞으로 저임금으로 고용하던 동유럽, 남유럽 출신의 베이비시터를 누구로 대체할 수 있을지, 다양한 직군에 종사하던 EU 출신이 맡았던 배관공·청소부· IT인력·간호사 인력을 어디서 구할 수 있는지, 집값은 상승하는지, 실업률은 어 떻게 되는지 등 복잡한 셈법과 얽히고설킨 이해관계가 일상생활에서 '나'의 삶의 문제로 복잡다단하게 작동하게 된다.

그러나 더 큰 틀에서 인식해야 하는 것은 이러한 결정을 통해서 영국 시민 들은 삶 속에서 시민학습을 하게 되었다는 것이다. 관련 사태가 나에게 주는 영 향이 무엇인지 인지하고, 해석하고, 그것에 대해서 어떤 태도를 취할 것인지 관 점을 획득하고, 다양한 의견을 가진 사람들의 입장을 관조/경청하면서 브렉시트 라는 정치사회적 '구조'를 자기 일상 생활세계에서 스스로 해석하고 의미를 부여 한 '직면하는 삶의 경험'으로 삼는 시민 참여적 행동이 가능하게 된 것이다. 그 리고 영국 시민의 이러한 결정은 시민으로서 자신이 무엇을 지향하는지, 어떤 사회를 만들고자 하는지, 어떤 구성원으로 살아갈 것인지를 성찰하게 하는 일상 의 시민학습의 계기가 된 것임에 분명하다.

세계시민교육은 학교교육에서 교육과정을 통해 다루어지는 시민교육도 장기적으로 유효하지만 시민들이 일상 생활세계(life-world)에서의 경험을 재구성하는 과정에 참여하는 시민학습에 초점을 두고 지속적으로 실천되어야 한다. 한층 열린 형태로 시민공동체의 일원으로서 개인들은 세계와 '나'의 관계를 자기주도적으로 탐색하고, 글로벌 시대에 이질성과 다양성을 직면하면서 토론과 논쟁을 통해 비판적으로 사유하는 장이 폭넓게 마련되어야 한다. 그리고 그것은 곧 삶의 경험을 새롭게 직조하고, 변화를 이끄는 교육이 되어야 한다.

2. 시민사회의 개방과 폐쇄라는 딜레마: 세계시민교육의 재구성

최근 영국에서는 유럽적인 것, 국제기구, 난민과 소수자에 대한 존중, 세계 속에 연결된 개인과 공동체에 대한 본질적인 물음들이 브렉시트 이후 얼마나 달라졌는지 성찰하는 논의가 커지고 있다. 브렉시트에서 나타난 사회 갈등과 보이지 않는 긴장을 영국사회가 과소평가하거나 부정해서는 안 된다(Audrey, 2016). 유럽이 코스모폴리탄(cosmopolitan) 정신을 기반으로 국경을 넘는 세계시민적 마인드를 키워왔지만, 브렉시트는 그러한 세계시민성이 표상에 그칠 뿐, 일상을 살아가는 시민들의 마인드에는 투영되지 않고 있다는 점을 명확하게 보여준 계기가 되었다. 이는 세계시민교육의 효과가 있다, 없다라는 영향력 논쟁이 아니라 경제, 정치, 문화적 위기와 분열이 시민사회의 개방과 폐쇄에 긴밀한 영향을 주고 있다는 점을 방증한다. 이처럼 교육과 학습은 전 사회적인 맥락 속에서 딜레마적 환경과 상호작용하고 있다.

New European net(2017년 3월 30일자)은 "Brexit: What now for European and Global Citizenship Education?"라는 비평문을 통해서 브렉시트로 인해서 더욱 위태로워진 세계시민교육을 부활시키기 위한 고민을 담고 있다. 이민자, 무슬림, 이주노동자를 타자로 규정하면서 순수한 영국다움을 다시 찾겠다는 우경화 논리로 인해서 세계시민교육의 가치와 실천이 훼손되고 추락해서는 안 된다는 논지이다. 오히려 브렉시트 투표 이후 협소해진 시민교육을 더 넓고 확장적인 가치로 가르쳐야 한다는 주장이 커지고 있으며 특히 잉글랜드 전역의 교육과정을 다시금 비판적으로 들여다보아야 한다. 이제 유럽의 내부와 외부, 국민국가에 대한 논의는 더욱 날카로운 위험요소와 갈등을 가진 것이 사실이다. 그러나 여전히 브렉시트 투표결과에서 나타났듯이 미래 사회의 주체인 젊은이들이 유럽 속의 영국을 주장하고, 유럽과 국제이슈에 대해 열린 자세로 학습하는 것이 중요하다는 입장을 보이고 있다. 브렉시트 여파로 인종적 다양성, 다원성에 대한 관용이 훼손된 사회에서 시민들은 더욱 스스로 돌아보는 관용의 질적 수준(qualities of tolerance)을 높이고 나의 이웃, 세계의 이웃과 함께 살아가는 법을 배워야 한다(New European net, 2017년 3월 30일자). 이 지점에서 영국의 교육철학과 교육시스템이 개방적으로 열려 있어야 브렉시트 이후의 삶의 모습들, 즉 노동, 환경, 주택, 문화생활, 정치활동 등에서 새로운 정체성을 배양하는 사회로 거듭날 수 있을 것이다. 따라서 이제 영국 학교들은 21세기 개방화 시대의 학습자들이 브렉시트 맥락과 조응하는 새로운 정체성을 이해하고 형성할 수 있도록 교육의 방향을 새롭게 설정해야 한다. 이를 담는 세계시민교육의 교육과정과 콘텐츠, 방법론도 달라져야 할 것이다.

그런데 브렉시트를 결정한 정책입안가를 어떻게 설득하고 새로운 세계시민학습의 기회를 어떻게 키워야 하는지 질문만 쌓여가는 시점이다. 이제 교사, 연구자, 시민단체 등 사회 각계각층에서 브렉시트 이후 세계시민교육의 향배에 대해 머리를 맞대야 한다.

이에 대해서 오드리(Audrey, 2016)의 연구는 몇 가지 제언을 남긴다. ① 교육과 사회정의의 관계를 보여주는 경험과학적 연구가 활성화되어야 하며, 도덕과 정치적 책무성에 대한 비판적 학습이 필요하다. 개인의 도덕성을 일방적으로 강조하는 교리적 방식이 아니라, 사회구성원들의 관계망 속에서 실질적인 인성교육을 실천하는 것이 중요하다. 특히 사회적 약자들이 사회정의의 프레임 속에 제대로 접근하지 못하는 구조적 문제를 비판적으로 이해하고 제도와 문화, 인식을 제고해야 한다. ② 교사는 달라진 시대에 영국의 권리와 역할을 살펴보고,

자신이 가진 정치적, 도덕적 책무성을 강화하면서 학생들을 적극적 시민으로 양성할 수 있어야 한다. 과거의 시민교육은 영국 국내의 이슈였지만 글로벌시대 시민교육은 지역적, 국가적, 전 지구적 관점으로 다각적으로 다루어져야 한다. 인권에 기반을 둔 세계시민교육이 실천되어야 하며, 개인 시민들이 동료시민에게 어떻게 대해야 하는지를 가르쳐야 한다. ③ 시민교육은 앞으로 취약계층의 경제적, 사회적, 문화적 권리를 찾는 데 적극적으로 관여해야 하고 난민과 이주문제에 대한 감수성을 키울 수 있어야 한다. 브렉시트가 백인 노동계층의 분노와 박탈감을 이용하고, 무슬림, 이주민 등 특정 그룹을 희생양으로 삼아 불타오르는 인종차별의 분노를 극복하기 위해서는 새로운 인권 기반의 비판적인 세계시민교육이 필요하다. ④ 브렉시트 시대에 학생들이 정치적 효능감을 키우고, 이들의 권리를 주장하는 주체로 인식하도록 교육시켜야 한다. 정치적 참여의식과 연대의식이 브렉시트 이후의 삶에서 사회적 결속과 공공의 이익을 가져올 수 있도록 기여하는 깨어있는 시민이 필요하다.

3. 흔들림 속에서도 여전히 유효한 세계시민교육의 위상

2015년 9월에 열린 제 70차 유엔 총회를 통해서 국제 사회는 인류 공영의 번영을 위해서 지속가능발전목표(SDGs)로서 총 17개 글로벌 의제를 선언했다. 한국을 우리나라를 비롯한 193개 유엔회원국은 2016~30년까지 '5P'라는 핵심 가치를 기반으로 한, 즉 사람 중심의 지속가능한 발전(People), 모두의 공동의 번영 추구(Prosperity), 평화로운 세계 구축(Peace), 지구의 보호(Planet), 모두가 협력하고 참여하는 파트너십(Partnership)으로 정의롭고 포용적인 세계시민사회의를 구축하자고 결의했다.

국제 사회는 이처럼 지구촌 공동체정신과 세계시민교육을 지향하고 있는데, 정통적인 강대국의 파워를 가진 영국이라는 국민국가는 외형적 국경을 약화시키고 유럽의 시민을 양산하려는 유럽연합의 노력에서 빠져나와, 자국민 중심의 평화와 발전을 도모하는 '폐쇄 전략'을 선택한 것이다. 세계적으로 저성장과 불확실성의 가중으로 인해 세계시민적 개방성의 가치는 심각하게 위협받고 있다. 영국의 브렉시트부터 미국의 트럼프 대통령 집권 그리고, 중국의 신(新)패권주의까지, 유엔이 추구하는 다자 협력과 세계시민적 번영은 움츠러든 표제에 지나지 않게 되었다.

브렉시트 국민투표를 앞두고 열정적으로 EU 잔류운동을 벌여온 조 콕스 노동당 하원의원의 갑작스런 피살에 대해서 영국의 일간지 《가디언》은 "인간성과 이상주의, 민주주의에 대한 공격"이라는 논평을 냈다(경향신문, 2016년 6월 17일). 거창하게 세계시민 담론을 논하지 않더라도 불확실성과 불안정성이 높아지는 현대 사회에서 인류애와 보편적 공공선은 결코 훼손되지 않아야 한다. 불확실성의 시대를 맞아 최근 많은 유럽 국가들은 어떻게 하면 위험한 이방인의 유입을 효율적으로 막는가에 혈안이 되어 있는 것이 사실이다(Benhabib, 2004).

그러나 모든 시민권은 단순히 일방적인 자기규정이 아니라, 지구촌의 다른 나라들에도 영향을 미칠 수밖에 없는 성질의 것이다. 영국은 EU의 제도적 통제와 협약에서 벗어나 자율적인 영국의 시민권을 온전히 추구하는 방향에서 브렉시트를 결정했지만, Benhabib(2006)의 논의에 따르면 현대사회의 시민권과 국가주권의 개념은 지속적으로 자기 창조적인 과정을 반복해서 거쳐야만 한다고 말했다. 그동안 이분법적으로 구분해 온 시민 vs 외국인, 우리 vs 타인 사이의 간극을 유동적이고 민주적으로 반추할 수 있어야 하며, 궁극적으로 탈국가적, 탈민족적 세계시민적 연대가 실현될 수 있다(벤하비브(이상훈 역), 2008).

Ⅴ 결론: 유동하는 시대의 세계시민교육의 길

앞으로 세계시민교육은 그 사회의 가장 변두리에 존재하는 있는 소수집단의 권리를 보장하고 그들의 존엄성을 존중한다는 원칙에서 전개해야 한다. 가치가 무너지고 불확실성이 높아지는 유동하는 세계에 소외와 불평등 문제를 논한 지그문트 바우만(Zygmunt Bauman, 2009)의 언어를 빌리자면, 세계시민교육은 인간의 불평등과 정의롭지 못함에 맞서는 연대의식을 키우고, '인간다운 삶을 지향하는 사람 사이의 유대'를 끌어올리는 일상의 교육과 학습이 되어야 한다. 다시 말해 세계시민교육은 학교 교육의 울타리 안에 머물러 있지 않고, 모든 연령의 학습자들이 인권, 사회정의, 다양성, 성평등, 환경적 지속가능성의 중요성을 비판적으로 인식하고, 관련 지식과 태도를 함양할 수 있도록 평생학습차원에서 실천되어야 한다. 글로벌한 수준의 시민 참여와 지역 사회에 대한 구체적인 참여와 기여는 모든 차별을 반대하고 형평성과 공존의 학습을 다루는 것이다(김진희, 2017).

영국의 브렉시트 사태는 바로 이 점에서 '가르침'으로서 세계시민교육의 교과서로 치부되는 아니라, 시민들이 학습 주체로서 자기 앞에 당도한 삶의 경험을 이해하고 대응하는 살아있는 세계시민교육의 내용이자 삶의 경험(experience of life)이 될 수 있다. 특히 탈국민적, 탈경계적 시민성의 함양을 도모하는 추상적 개념으로서 세계시민교육의 위상은 일상을 살아가는 시민들이 현실적인 삶의 선택에 의해서 흔들리고 있음을 볼 수 있었다.

국내외의 정치와 사회적 문제에 대해 관심을 갖고 지역공동체의 발전을 위해 실천하는 책임 있는 시민이 곧 세계시민이다. 중요한 것은 형평성을 제고하고 다양성을 존중하기 위해서 학습자가 수동적으로 '받는' 교육이 아니라, 자신의 문제의식과 경험을 바탕으로 '참여하는' 교육으로 거듭나야 한다는 점에서 세계시민교육에 대한 새로운 접근법이 요구된다. 왜냐하면 세계시민의식은 달콤한 신기루가 아니라, 민주주의 정치체제에서 자율성을 가진 시민들이 다양한 수준에서 지속적으로 반추하는 과정에서 형성될 수 있으며(Benhabib, 2006), 가장 근본적인 단위인 지역공동체 안에서 구현되도록 하는 공공의 과제를 남긴다.

마지막으로 본 연구의 한계와 후속 연구 과제의 필요성을 논하고자 한다. 본 연구에서는 영국에서 긴 역사를 가지고 있는 글로벌 교육(global education)과 시민교육(citizenship education)이 어떤 맥락에서, 어떻게 결합하고 병립하는지를 분석하지 않았다. 아울러 학교교육과정에서 시민교육이 다루어진 방식과 역사성이 브렉시트와 영국사회의 세계시민담론 변화에 어떠한 관련성을 가지는지를 분석하지 않았다. 학교 이외에도 시민사회 단체들이 주창해온 글로벌교육이 영국인들이 스스로 형성하게 된 세계시민성과 어떤 양태로 결합했기에 브렉시트라는 탈(脫) 유럽적 시민성을 형성하게 된 것인지를 내밀하게 논증할 필요가 있다.

사회과학 연구에서 담론 분석은 선행 연구의 양적 부족이라는 도전과 제약에도 불구하고, 그 속에서도 유의미한 데이터와 논점을 서로 비교하고 통찰하는 연구 방법론은 가능하다는 점을 상기하면서 본 논문의 의의를 밝히고자 한다. 이 연구는 교육학계에서 본격적으로 다루지 않았던, 그러나 시대적 시사점을 주는 브렉시트와 교육의 다층적 관계, 나아가 세계시민교육의 개념적, 실천적 관계를 심층적으로 고찰함으로써 그것의 학술적 의미를 넓힐 수 있는 후속 연구의 기반을 마련했다는 점에서 가치를 가진다. 향후 더욱 심층적인 이론연구와 현장의 역동성을 분석한 사례 연구가 고대된다.

**참고
문헌**

고정애(2016). 브렉시트 현장 리포트와 이후의 영국, 관훈저널 140. 192-198.

김진희, 허영식(2013). 다문화교육과 세계시민교육의 담론과 함의 고찰. 한국교육
40(3). 155-181.

김진희, 차윤경, 박순용, 이지향(2014). 평화와 협력을 위한 세계시민교육: 2015 세계
교육회의 의제형성 연구. 유네스코 한국위원회.

김진희(2016). 다문화교육과 평생교육(제1판). 박영스토리.

김진희(2017). 글로벌시대의 세계시민교육: 이론과 실제. 박영스토리.

김진희(2018).브렉시트 시대의 영국의 정치교육, 세계시민 2018 봄(12호), 시와 진실.

서영표(2016). 브렉시트, 우리네 세상을 들여다보는 창, 진보평론, 69. 215-233.

심성보(2016). 브렉시트(Brexit) 이후의 세계시민교육이 절실하다. 흥사단 정보마당.

안문석(2016). 브렉시트의 근원은 영국의 고립주의, 인물과사상, 220, 113-125

여성가족부(2015). 국민 다문화수용성 조사 연구. 연구보고서.

지그문트 바우만(이일수 역)(2009). 액체근대. 강.

진태원(2018). 권리들을 가질 권리. 난민인권센터.

허영식, 강현석(2018). 난민문제와 난민정책에 관한 연구동향과 함의:

독일과 유럽의 사례를 중심으로, 한독사회과학논총, 28(1), 3-32.

Appiah, A. (2006), Cosmopolitanism: Ethics: in a world of Strangers. New York;
London: w.w.Norton

Audrey O. (2016). *Citizenship education, social justice and brexit*, Research gate(Summer 2016).

Bank, J. (2017). Failed Citizenship and Transformative Civic Education. *Educational Researcher* 46(7). 366−377.

Benhabib, S. (2004). *The Rights of Others: Aliens, Residents, and Citizens.* Cambridge University Press.

세일라 벤하비브(이상훈 역)(2008). 타자의 권리: 외국인, 거류민, 그리고 시민. 철학 과 현실사.

Benhabib, S. (2006). *Another Cosmopolitanism.* Oxford University Press.

Hoskins, B., Barber, C., Van Nijlen, D., and Villalba, E. (2011). Comparing civic competence among European youth: composite and domain−specific indicators using IEA civic education study data.(link is external) *Comparative Education Review* 55(1), 82−110.

Hoskins, B. (2016). *Brexit and its implications for Citizenship Education across Europe.* Electronic Platform for Adult Learning in Europe.

HUFFPOST (2017). *Revealed: Britain's Deep Divisions In The Brexit Vote, With Education.* Race And Age Key Factors.

James, C. (2016). Brexit: What now for Study Mobility between the UK and the EU? *Pécs Journal of International and European Law* 2016/II.

New Europeans net(2017년 3월 30일자). "Brexit: What now for European and Global Citizenship Education?".

Statista (2018). *Distribution of EU Referendum votes in the United Kingdom (UK) in 2016.*

자료

경향신문(2016년 6월 17일자). 브렉시트 주장하는 세력의 위험한 선동을 우려한다. 경 향신문 사설.

BBC(2016년 6월 24일자). EU Referendum Results.

BBC(2017년 12월 8일자). Brexit: The rights of EU citizens in the UK and Britons in the EU.

BBC(2018년 6월 5일자). Brexit: All you need to know about the UK leaving the EU.

CHAPTER 05

인종 및 반(反)차별 담론에서 분석한
   영국 레스터(Leicester)의 다문화교육

요약

본고는 지금까지 한국의 다문화교육의 경계 내에서 소수집단의 평등을 위해 서 '인종' 및 '반(反)차별' 담론이 실천적인 수준에서 제대로 논의되고 있는 가를 반성하면서 시작한다. 이론적 논의에서 인종 및 반차별 담론은 다문화 교육의 중핵적 개념이지만 한국에서는 여기에 침묵한다. 따라서 이 연구는 인종차별 공론화, 소수자 주체화, 평등제고 그리고 기관과 제도개혁이라는 네 가지 준거를 통해서 도출하였고, 영국 레스터 시의 지역사회의 평생교육 차원에서 이것이 어떻게 드러나는지를 분석하였다. 연구의 결과, 레스터 시 는 이주민과 정주민을 대상으로 이주민 차별 개선과 권한 배분을 위한 시민 참여형 평생교육 프로그램을 실천하고 있으며, 소수자의 평등 제고를 위한 다문화 친화적 문화를 형성하고 있었다. 이 연구는 다문화사회의 정착이 일 상 생활세계가 펼쳐지는 지역사회에서 이루어진다는 점에 기초하여 앞으로 다문화교육이 개별 문화 간 이해를 넘어서 이주민에 대한 불평등을 해소하 고 동시에 정주민들의 다문화 인식개선을 위해서 지속적으로 전개되어야 할 전 생애적 배움이 필요하다는 것을 논증하였다.

주제어: 인종, 반차별, 다문화교육, 평생교육, 영국, 레스터, 지역

⊓ 서론: 문제 제기

인간과 유무형의 자본이 국경에 구속되지 않고 빈번하게 유동하는 '액체 초대'(liquid modernity) 사회에서는 불확실성과 유동성이 점증하면서 글로벌 이주는 보편화되었다. 이로써 전 세계적으로 점차 많은 사회가 인종문화적으로 다양한 구성체를 가지게 되었다. 그렇지만 깊이 생각해 보면 인종문화적으로 다양한 사회가 곧 '다문화사회'라고 등식화될 수 없으며, 역사적으로 다문화사회에 대한 논의, 그 중에서도 인종·문화적으로 소수자 집단의 권리와 평등, 반(反)차별에 대한 논쟁이 다문화사회의 발전과정에서 핵심이 되어 왔음을 확인할 수 있다. 이때 다문화교육이 어떤 지향성을 가져야 하는가? 즉 함께 어울려 살게 된 사람들 간의 '문화 이해'에 그치는 것이 아니라, 소수자의 보편적 인권과 평등에 대한 이슈를 둘러싼 다양한 이해관계가 충돌하고 갈등하면서 나타나는 제 문제를 다문화교육이 적극적으로 다루어야 한다. 왜냐하면 이론적으로 다문화주의는 비(非)정치적인 문화상대주의 즉, 다른 인종과 문화에 대한 단순한 다양성 이해를 넘어서 이질적인 배경을 가진 개별 주체들 간의 차별의 문제, 다양성을 둘러싼 계층과 권리, 권력의 문제와 같은 복잡다단한 이슈를 가지고 있기 때문이며 (Hays, 2008; Kymlicka & Norman, 2000), 다문화교육은 이에 대한 다각적인 관점을 해석하고 실천하는 역량을 키워주는 것이기 때문이다.

바로 이 지점에서 슬라보예 지젝(Slavoj Žižek)의 비판이 유의미하다. 그는 서구에서 1980년대와 1990년대 초반에 부상한 다문화주의에 대해 다국적 자본주의(multinational capitalism)를 실현하기 위해서 문화 간 차이와 위계를 구획한 것이 다양성에 대한 표면적 이해로 대체된 것에 불과하다고 비판하였다(Žižek, 1997). 글로벌 의류업체 베네통의 다국적주의가 화려하고 다양한 색채로 전 세계의 다양한 인종과 문화를 가진 다국적 시장의 구매력으로 활용되는 것처럼 말이다. 여기서 인종적, 민족적, 성별 다양성을 둘러싼 반차별과 권력의 문제는 도외시 된다. 킴리카(Kymlicka)에 의하면 당초에 다문화주의에 적대적인 입장을 취했던 신자유주의자들이 다국적주의, 다인종주의가 글로벌 자본시장에서 활용될 수 있다는 입장으로 선회한 것도 이러한 맥락이다(Kymlicka, 2015). 즉 인종적 소수자의 정치적인 권리와 참여의 이슈를 다루는 시민권보다는 해외 시장에서 옷, 음식, 음악 등 문화적 브랜드를 포용하는 마케팅 전략이 강조되는 것이다. 그런 점에서 현재 팽배한 신자유주의적 다문화주의(neoliberal multiculturalism)가 인종, 종교, 민족 등 다문화적 구성 요소를 하나의 시장적 자산으로 이용하고 있는 것을 경계해야 하며, 다문화교육이 차별과 권력, 평등과 정의의 문제를 진지하게 분석하고 다루어야 한다는 주장이 설득력을 얻고 있다(이민경, 2013; 김진희·이로미, 2015; Kriesi 2015; Vasta, 2007).

그러나 지금까지 우리나라의 다문화교육의 경계 내에서 다문화 배경을 가진 소수 집단의 '평등'과 '반(反)차별' 이슈가 실천적인 수준에서 이해되고 논의되고 있는가에 대해서는 회의적이지 않을 수 없다. '다문화'라는 키워드가 본격적으로 국가 정책의 테두리 안으로 들어오게 된 후, 많은 학자와 현장 전문가들이 비교적 짧은 시간 동안 다문화사회의 이론과 실천의 흐름에 대해 포괄적 이해를 갖추는 데 적지 않은 공헌을 했음에도 불구하고 현재 다문화교육은 주로 다문화 가족의 현실 상황에의 대응과 처방 양상에 초점을 두어 왔으며, 집단 간 권력 관계에 대한 고찰은 찾아보기 어렵다(윤인진, 2008; 전형권, 2014). 다문화교육의 현황을 대상별로 정리하면 아래와 같다.

첫째, 우리 사회의 이주배경을 가진 집단을 대상으로 하는 교육적 개입은 주로 '적응'과 '보상'에 초점을 두고 있다. 성인들에게는 다양한 한국어 및 한국문화에 대한 학습 등 정착교육이 이루어지고 있으나 국적 및 국적소지에 준하는 권한을 허용하는 특별법하에서 특정 이주민 집단이 교육과 훈련에 포함되거나 배제되는 상황이 함께 존재한다(김진희·이로미, 2015; 설동훈 외, 2006). 2018년 현재 초·중등학교에 재학하는 다문화 배경 학생 비율이 2%를 넘어섰다. 이에 따라 다문화 배경을 가진 학습자를 대상으로 하는 각종 교육적 개입이 크게 증가하였고, 그 일환으로 아동들의 차질 없는 한국어 습득, 정서지원, 소질과 재능의 계발 및 부모의 언어와 문화의 학습지원 등이 전개되고 있다(교육부, 2016). 또한 중도입국 청소년을 위해서 한국어와 한국문화 적응 프로그램을 집중 제공하는 예비학교를 확대하고 직업세계로의 이행을 지원하고 있다.

둘째, 모든 시민과 학생을 대상으로 변화된 한국사회를 이해하고 사회통합을 견인하도록 하는 다문화 인식 교육이 시행되고 있다. 학교교육의 경우 학생들이 서로의 다름을 존중하고 어울리는 학교문화를 조성할 수 있도록 문화이해교육, 반(反)편견 반(反)차별 교육, 세계시민교육 등이 실시되고 있으며 이를 활성화하기 위한 중점학교 지정 방식의 운영도 이루어지고 있다(교육부, 2016). 일반 시민의 학습은 일터나 각 지역사회의 평생학습현장에서 이루어지는 경우가 많다. 그러나 평생교육학 분야에서의 다문화교육에 대한 논의가 부족하여 교육의 현장과 유리되어 있는 것도 사실이다. 여성이주노동자(나윤경 외, 2008), 이주노동자 및 결혼이주여성(김진희, 2016), 다문화 평생교육 정책 분석(김진희·이로미, 2015) 등으로 연구대상 및 주제가 일부 학자들에 의해 다루어지고 있지만 평생교육학에서의 다문화주의에 대한 논의는 포괄적인 논의의 틀을 갖추기에는 부족하다고 볼 수 있다. 유사 맥락에서 지역사회 평생교육의 중요한 전문가 자원으로 양성되어 활동해 온 평생교육사들이 다문화사회로의 전환에 맞추어 혁신적이고 창의적인 교육 프로그램을 제공하는 데 필요한 역량이 무엇인가에 대한 논의가 전무한 것도 다문화 맥락과 조응하는 평생교육 현장의 척박한 현실을 보여준다.

이렇게 우리사회 다문화교육의 현황을 일별해 볼 때 현재 이루어지고 있는 교육이 앞서 고찰한 다문화주의를 구성하는 의제(agenda) 중 하나인 인종 문제에 의거한 '반(反)차별'의 이슈를 어떻게 반영하고 있는지에 대해서 대략적인 답을 얻을 수 있다. 중앙 정부 차원의 정책적 지지에 힘입어 다문화교육이 교육과 학습의 현장에서 중요하게 다루어지기 시작한 데에는 이견이 없지만 한편 다문화주의가 지향해야 할 비전을 포괄적으로 다루지 못하고 있음을 알 수 있다. 첫째, 이주민을 대상으로 하는 상당수의 교육이 결함이론(deficit theory)에 기반을 두어 이주자들의 '결핍'을 진단하고 교육을 '처방'하는 '보상교육' 수준에 머물러 있음을 부정하기 힘들다. 물론 이주 성인과 그 자녀의 '다양성'이 우리의 삶을 풍부하게 하는 요소라는 점을 강조하고 있음을 확인할 수 있지만 이 '차이가설' 역시 허영식(2015)의 지적처럼 배제의 부호(符號)만을 바꾼 것에 불과한, 또 다른 분리라는 점에서 비판이 가능하다. 둘째, 일반 학생과 성인을 대상으로 하는 교육 역시 '다양성' 존중을 강조하며 '타'문화를 국제이해 차원에서 이해하는 자유주의적 접근이 주를 이루며, 그 교육 내용 역시 대동소이하다. 셋째, 학교에서의 다문화교육은 그나마 체계적이고 다양한 측면에서 이루어지고 있는 데 비해, 지역사회 평생교육의 현장에서의 다문화교육은 이주민을 위한 적응교육과 정주민을 위한 타문화 이해교육 영역이 주를 이루고 있지만 그것도 질 낮은 수준의 교육 프로그램이 산재되어 있다.

Fleras와 Elliott(1992)는 캐나다 다문화교육의 다양한 접근과 초점을 네 가지 측면에서 구분하였다. 인종적·문화적 소수자를 지원하고 주류사회로 편입시키는 보상적 측면(Compensation), 소수자의 문화를 지원하는 다양성 진작 측면(Enrichment), 소수자가 겪는 각종 차별적인 행태를 제도나 기관적 차원에서 개선하려는 차별개선 측면(Enhancement), 그리고 소수자의 불이익을 상쇄하는 조치를 마련하는 권한배분 측면(Empowerment)이 그것이다. 이러한 제 측면에서 분석해 볼 때 한국의 다문화교육은 특히 제도적·구조적 차원에서 나타나는 차별의 시정이나 권한의 배분에 관한 논의가 취약하다는 점을 재확인할 수 있다(윤인진, 2008; 김진희, 2016; 신지원 외, 2013).

그렇다면 다문화사회를 구성하는 데 필요한 근간은 무엇이며 어떤 종류의 교육과 학습이 요구되는가? Vasta(2007)는 다문화주의가 한 사회에서 성공하기 위해서는 상호적인 수용(mutual accommodation), 모두를 위한 다문화주의(multiculturalism for all), 기회 접근성과 결과의 평등성 제고(equality of access and outcomes), 그리고 인종차별 혁파(combating racism)의 네 가지를 필요한 원칙으로 제시한 바 있다. 그런데 현재 우리나라 다문화교육은 전반적으로 세 번

째와 네 번째 원칙이 제시하고 있는 권력의 문제, 즉 인종 문제에 의거한 반(反) 차별 이슈를 상대적으로 철저하게 도외시하고 있다. 이는 교육이 결코 사회적 구조와 권력의 작용에서 벗어난 공간에서 이루어질 수 없다는 점을 상기할 때 큰 문제로 지적하지 않을 수 없다. 다문화적 사회구성체를 형성해 온 많은 나라들은 인종적 불평등과 인권의 문제를 진지하게 다룰 뿐만 아니라 이것이 가장 근본적인 지점이라는 것을 강조하고 있다(hooks, 1992). 특히 지역사회에서 성인을 대상으로 하는 평생교육의 현장에서는 인종 차별, 권력, 소수자의 문제를 적극적으로 다루어야 한다는 주장이 지속적으로 제기되고 있는데(Guo, 2010), 이는 이러한 다문화주의에 기반을 둔 성찰이 평생교육이 오랫동안 강조해 온 능동적 시민권(agent citizenship) 함양이라는 교육적 목표의 문제로 연결되기 때문이다. 그러나 이런 학습의 사례를 우리나라의 평생교육 현장에서 찾기란 어려운 것이 현실이고 이론적·실천적 탐구도 찾기 힘들다. 이에 다문화주의를 교육 기조로 삼고 있는 해외 사례를 분석하고 실천적인 시사점을 얻는 것이 필요하다.

이러한 맥락에서 본 연구는 인종적 다양성을 가진 다문화사회인 영국의 대표적인 다문화 도시인 레스터(Leicester) 시(市)의 사례를 인종과 반(反)차별 담론을 중심으로 살펴보고, 인종 차별 이슈가 어떻게 다문화교육의 일환으로 자리 잡아 왔는지를 분석하고자 한다. 또한 이를 뒷받침하는 영국의 다문화정책과 레스터 시의 평생교육 프로그램의 특징이 무엇인지 살펴보고자 한다. 현재 영국에서 세부적으로 시행하고 있는 교육프로그램이 어떻게 제도라는 큰 틀 안에서 작동되고 현실화되는지 그 과정을 살펴봄으로써 다문화교육의 방향성에 대해 새로운 시사점을 얻고자 한다.

Ⅱ 이론적 배경

1. 반(反)인종주의 교육 이론에 대한 비판적 이해

다문화교육에 대한 학술 논의나 정책에서 종종 '예찬(celebration)'이라는 단어로 표현되는 다양성에 대한 인정과 장려는 이주민과 정주민 모두에게 '좋은 일'로 제시된다. 그러나 한편 '다양성'으로 명명된 정체성, 즉, 인종, 언어, 문화, 성적 정체성 등이 쉽게 '차별'의 표지(labeling)로 변형되어 교류되면서도 종종 제도나 기관의 차원에서 '다양성 관리(managing diversity)'라는 미사여구로 포장된다는 점 또한 인식해야 한다(hooks, 1992; Kymlicka, 2015). 이를 볼 때 차별개선 및 권한배분을 도모하기 위한 교육의 역할에 대해 비판적으로 성찰하는 것이 곧 다문화교육의 존재 의의 중 중요한 하나가 된다는 점을 확인할 수 있다.

그런데 이 '다양성 범주' 또는 '차별의 표지' 중 무엇보다도 '인종'이 가장 중요하게 논의되어 온 점을 서구사회의 다문화주의 논쟁의 역사를 통해 파악할 수 있으며, 궁극적으로 이것이 차별개선 및 권한배분을 다루는 다문화교육과 접점을 가진다는 것이 중요하다(강미옥, 2014). Dei(2007)를 비롯한 교육학자들은 다문화주의가 인종차별의 문제를 표피적으로 다루고 있지만, 인종을 둘러싼 각종 사회문제에 종종 침묵하거나 백인 특권을 직시하지 않고 다른 문제로 치환하는 상황이 사실상 다문화교육의 주류적 흐름이 되어 왔음을 비판하고 있다. 즉, 다문화교육은 인종문제를 둘러싼 권력과 특권의 배분문제를 핵심적으로 다루어야 한다(Žižek, 1997; Kymlicka & Norman, 2000; Guo, 2010). 특히 지젝(Žižek)은 다문화사회를 지향하는 많은 사회가 실제로는 인종(race)에 근거하여 식민주의적으로 위계화되어 있으며 이런 위계는 사회의 각 구조에 스며들어 있어 일상적으로 인종주의가 바이러스처럼 구조, 정책, 실천, 관계, 저항 및 정체성 사이를 돌아다니고 있다고 비평한다. 이런 현실적 상황 속에서 정주민에게는 다양성의 '수용'을, 이주민에게는 다양성의 '유지 및 계승'을 권장하는 정도로는 근본적인 교육적 개혁이 일어날 수 있다. 다문화를 둘러싼 불평등과 차별에 대한 현실의 개선을 위해서는 역사·사회적 구조 및 관계뿐만 아니라 제도적인 책임문제의 개입이 필요하다는 주장을 펼친다(Dei, 2000).

이런 주장은 통합적 반(反)인종주의 이론(Integrative Anti-Racist Theory) (Dei, 1996)에 잘 나타난다. '통합적'이라는 명칭은 일상생활에서 나타나는 실제 차별은 복합적이므로 인종에 대한 차별을 중심으로 계급차별, 성차별, 장애인차별, 언어 및 종교차별 등을 종합적으로 다루어야 한다는 것을 뜻한다. 즉, '백인특권'이라는 최우선적 권력지배의 시스템을 중심으로 억압의 다양한 형태들을 교차하여 분석할 필요가 있다(Dei, 1996). 통합적 반(反)인종주의 이론에 입각한 반(反)인종주의 교육은 어떻게 한 사회집단이 '인종'이라는 정체성에 근거하여 불평등하게 배치되는가, 그리고 이와 함께 계급, 성별, 성 정체성, 문화 및 언어가 어떻게 함께 작용하여 그들에 대한 불평등한 대우를 정당화하는가에 관한 질문, 즉 '인종화(racialization)'의 과정을 학습한다. 즉, 인권과 시민성을 인종차별 실태와 연결해서 비대칭의 권력관계를 다루는 것이 반(反)인종주의 교육의 핵심이며, 차별적 실태를 파악하고 개선하는 방법을 모색하는 실천이 중심이다. 즉 모든 학습자로 하여금 불평등한 현실을 직시하게 하고 현실을 바꿀 수 있는 활동에 직·간접적으로 참여하게 하여 결과적으로 사회정의를 구현하도록 하는 교육이다. 더욱 중요한 것은 그 대상과 접근 면에서 학령기 아동과 청소년을 위한 교육에 머무는 것이 아니라 모든 연령대의 다양한 사회구성원들이 전 생애를 통해서 학습해야 한다는 점이다.

반(反)인종주의 교육이 제시하고 있는 핵심 개념들을 정리하면 아래의 네 가지로 요약할 수 있다.

첫째, '인종'을 사회현실을 바라보는 가장 근본적인 분석적 개념이자 차별의 경험을 이해하는 출발점으로 다루는 동시에(race saliency) 타 정체성과의 교차에서 일어나는 상호중첩성(intersectionality)을 중요시한다.

둘째, 인종차별의 피해에 직면해 있는 소수집단의 주체적이고도 집합적인 대응을 요구하며(subjectivity and collective resistance), 그들의 경험을 사회의 개선과정에 적극적으로 반영한다.

셋째, 차이(difference)와 타자화(otherness) 담론 간의 차이를 분명히 하며 특히 다양성을 매개로 소수자를 명명하며 때때로 소수자 내부의 경계 짓기를 통해서 권리나 자원을 차등적이고 시혜적으로 부여하는 타자화 담론을 비판한다.

넷째, 반(反)인종주의 교육의 목표는 제도적 불평등(systematic inequities)을 시정하는 결과로 얻어지는 평등한 권리의 배분(equality)과 이로 인한 사회정의(social justice)를 구현하는 데 있다.

이러한 개념들을 통해서 기존의 다문화교육이 문화다양성의 표피적 이해를 넘어서, 인종과 반차별주의 담론을 포용할 경우 혁신적으로 재구성될 수 있다. 그 방향성을 제시하면 다음과 같다. 첫째, 인종차별을 공론화하는 것이다. 인종 문제를 도외시 하는 것이 아니라, 인종을 둘러싼 사회현실을 인식할 수 있도록 공적 영역에서 논의하는 것이다. 둘째, 소수자 주체화를 다문화교육에서 강조해야 한다. 인종차별을 당하는 객체화된 소수자의 역량과 주체성을 강화하기 위한 노력이 담겨져야 한다. 셋째, 다문화교육은 인종과 반차별주의에 입각하여 평등을 제고하는 기제가 되어야 한다. 넷째, 불평등과 차별을 근절하기 위해서 전 사회적으로 제도개혁이 이루어져야 한다. 따라서 본 연구는 이론적 고찰을 통해서 인종과 반차별주의를 반영한 다문화교육의 핵심 개념이자 실천적 준거로서, 인종차별 공론화, 소수자 주체화, 평등제고, 그리고 기관 및 제도 개혁을 설정하고자 한다.

2. 반(反)인종주의 교육의 적용에 따른 문제

통합적 반(反)인종주의 이론은 한 사회 내에서 역사적·사회적으로 형성된 인종주의가 소수집단에 어떤 영향을 미치는지 예의 주시한다. 이민국가인 미국과 캐나다의 경우, 백인 중심의 사회에 이민자를 받아들이면서 생겨난 다문화주의 담론에 '인종'이 그 시작부터 핵심적인 요소라는 점을 부정하지 않았다. 이 인종이라는 개념이 타 정체성 요소들과 결합하여 '포함'과 '배제'의 시민권을 결정하며 결과적으로 한 사회 내 지배세력과 피지배 계급을 형성해 왔다는 점을 학계와 시민사회는 인지한다. 예를 들어 강미옥(2014)은 미국의 다문화주의 담론을 분석하면서 미국 내 보수 세력이 수십 년에 걸쳐 만들어 온 '우월한 백인'이라는 개념을 설명한다. '백인' 범주에 포함될 집단과 배제될 집단에 대해 정치적인 시도들이 수십 년 간 거듭되면서 동시에 '백인'에 대비되는 열등한 '유색인종'이라는 개념을 만들어 왔고, 이러한 인종개념을 통해 백인들이 차별적 지위와 특권을 형성해 온 점을 논박한다(hooks, 1992; 강미옥, 2014). 이렇듯 인종은 생물학적인 개념이 아닌, 사회적으로 구성되는 개념이며, 인종을 중심으로 형성된 '포함과 배제'에 대해 무비판적인 자세를 견지한다면 사회 전체가 보수화되고 소수자의 권리가 침해되고 연대와 공존이 어려워지게 된다.

　문제는 우리나라 역시 역사적 맥락의 차이에도 불구하고 인종차별에 무관하지 않다는 것이다. 한국인의 인종·민족적 배타성은 모든 인종과 민족을 향해 일관적이지 않다. 즉, 한국인은 백인과 서구문화를 대표하는 이민자에는 너그럽고 개방적이며 심지어 '닮고자'하기까지 하는 반면, 비(非)서구문화나 백인 이외의 유색인종에는 차별적이고 폐쇄적인 태도를 지녀왔다(신지원 외, 2013). 다문화주의와 함께 유입되고 있는 이민자들은 주로 이웃 아시아권에서 오는 상황이기 때문에 일부 이민자들을 정착시키기 위한 다문화주의의 공론화조차 생각만큼 쉽지 않은 것이다. 다문화주의의 정책 주도적 확산에도 불구하고 각종 다양성 수용도 조사에서 한민족 중심의 배타성과 동화주의에 대한 기대인식이 줄지 않고 있는 점을 그 증거로 볼 수 있다(김지윤 외, 2014). 오히려 '위'로부터 도입된 다문화주의는 풀뿌리 지역단위의 '아래'에서 표피적으로 겉돌고 환영받지 못하는 현상이 종종 목격된다.

　인종을 둘러싼 차별의 문제는 이민국가인 미국과 캐나다에서조차 결코 가벼운 사안이 아니다. 다문화주의를 상시적으로 논하고 있음에도 불구하고 인종

문제를 직시하기보다는 이주민(immigrants)과 복지(welfare)라는 단어를 즐겨 사용하는 경향이 종종 지적된다(Kymlicka, 2015). 이런 경향은 때때로 보수주의자들을 중심으로 '(유색인) 이주민이 (백인 중산층) 납세자의 세금을 낭비하고 있다'는 주장에 종종 힘을 실어주어 이에 따라 사회적 갈등이 심화되는 사태로 이어지기도 한다(Dei, 1996).

그런데 이런 대표적 이민자 국가들의 상황이 '다문화' 개념으로 인한 갈등이 존재하는 우리나라의 현재 상황과 크게 다르지 않은 것을 볼 수 있다는 점이 흥미롭다. 우리나라에서 다문화주의 담론의 논의는 보수주의 정부에서 시작되었으며 그 핵심 개념 역시 정착을 허용하는 일부 '이주민'과 '지원 또는 복지'라고 할 수 있는데, 이런 정책적 기조하에서 짧은 시간 동안 다문화주의에 대한 거부감이 급격히 증가하였기 때문이다. 일부 이주민 집단을 중심으로 한국사회에의 적응을 지원하는 사이, '다문화＝외국인 복지'라는 인식이 퍼지고 전반적인 경제 여건이 악화하면서 '다문화'의 표지는 타(他)인종에 한민족의 특권을 주장하려는 역차별 논쟁 속에서 '혐오'로 변환되기도 한다. 실제로 우리나라에서 점차 늘어가고 있는 반(反)다문화를 표방하는 온라인 카페에서도 이러한 혐오 논의가 확산되고 있다. 최근 연합뉴스는 <反다문화 경고음>이라는 기획 보도를 통해서 우리나라의 반(反)다문화 관련 커뮤니티가 10여 개에 이르고 회원 수는 2만 명을 육박한다고 보도하였다(연합뉴스, 2015년 12월 21일자). 그 속의 논의를 분석하면 우리나라에서도 인종은 시민권, 그리고 이에 따른 '포함'과 '배제'를 결정하는 사실상 핵심적인 요소로 작동하고 있는 것을 알 수 있다. 이런 상황에서 현재 많은 이주민들이 자신들을 복지의 대상으로 '인정' 또는 '허가'해 주는 '다문화' 표지에 불편한 심경을 드러내고 있다는 사실도 주목해야 한다. 이는 종종 기사화되기도 하지만 주류 언론이 다문화 구성원들을 그저 '약자의 고통' 정도로 소비하고 있을 뿐, 근본적으로 우리 사회에 팽배한 반(反)인종주의에 대해 관심을 갖고 실천해야 하는 장기적 비전에 대해서는 다루지 않고 있다(연합뉴스, 2015년 9월 30일자).

이런 심도 깊은 논의가 우리사회의 다문화교육의 현장에서 필요함에도 불구하고 전반적으로 '반(反)인종주의 교육'은 그 명칭이 낯선 것이 사실이다. 그 이유를 몇 가지로 추론해 보면 다음과 같다.

첫째, 다양성과의 조우를 통해 타 집단에게 긍정적인 태도를 갖게 하고 소수집단에게는 긍정적인 자기 이미지를 심는 다문화교육조차 아직 일반화되지 않았기에, 우리나라의 교육현장에서 인종 간 평등이나 반(反)차별 이슈는 자칫 너무 무겁거나 지나치게 앞서 나가는 논의로 여겨진다는 입장이다.

둘째, 역사적 맥락의 차이로 인해 백인권력(White privilege)을 논하는 반(反)인종주의 교육을 우리나라 다문화사회의 맥락에 직접 적용하는 것의 어려움이 있다. 그러나 다문화사회를 지향하는 많은 사회가 실제로는 인종적으로 위계화되어 있으며 이에 대한 많은 논의와 실천이 이루어지고 있다는 점, 우리나라에는 '백인권력'을 치환하는 '한민족'이라는 뿌리 깊은 인종 또는 민족개념이 존재하며 이에 따른 포용과 배제가 광범위하게 이루어지고 있다는 점을 인식한다면 기존의 다문화교육의 방향이 새로운 판짜기를 해야 한다는 공감이 가능하다(Sin, 2006). 또한 이미 적지 않은 교육학자들이 우리나라 다문화교육의 연성적 접근에 대해서 심도 깊은 비판을 시도하면서 반(反)인종주의 교육이 표방하는 반(反)차별의 이슈를 제기해 온 점 등을 고려해 볼 때, 반(反)인종주의 교육이 우리사회 다문화교육에서 앞으로 가장 핵심적인 내용으로 논의되어야 할 근거를 찾을 수 있다.

그러나 이렇게 인종 다양성에 근거한 다문화사회로의 이행의 과정에 있음에도 불구하고 우리나라의 경우, 인종차별을 금지하거나 인종에 근거한 다양한 차별에 대한 처벌을 규정하는 법률과 제도가 아예 마련되어 있지 않으며, 반(反)인종차별에 대한 국가차원의 정책 또한 부재한 상황이다. 오히려 사회·경제적으로 열악한 계층에 있는 이주민을 지역사회의 잠재적 범죄 집단과 동일시하는 일이 늘어나고 '다문화사회와 인종차별금지법 입법 공청회'가 2009년 처음 실시된 이후로 계속 인종차별금지법의 제정이 표류하고 있는 상황이다. 이런 상황은 다문화교육이 정책적으로 많은 관심과 지원 속에 그 규모가 날로 성장하고 있는 것은 한국 사회의 아이러니가 아닐 수 없다. 즉, 사회적으로 인종차별을 줄이고 공존을 모색하려는 근본적인 노력이 좀처럼 가시화되지 않는 가운데 각종 정책 표어, 프로그램, 정부예산이 주어지는 프로젝트, 그리고 미디어 속에서는 '다양성'에 대한 인정과 장려를 확산시키려는 교육적 시도는 증가하고 있는 상황인 것이다. 우리나라의 다문화교육의 모순적 상황은 다양성을 축제로 인정하고 문화적으로 '소비'하면서 근본적인 구조와 프레임을 고찰하지 않는 "무비판적 다문화주의 (Uncritical multiculturalism)"(Dei, 2007)와 유사하다고 볼 수 있다. 즉, 다양성에 대한 탈(脫)권력적 접근을 표방하는 다문화교육이 교육학 연구에서 큰 논쟁과 저항 없이 수용되고 있는 것에 대한 우려의 목소리를 높여야 하는 상황이다.

Ⅲ 레스터(Leicester) 시(市) 교육 사례분석

1. 사례연구 지역으로서의 영국 레스터 시(市)의 특성

인종 및 반(反)차별주의 담론에 의거하여 이 연구에서는 실제 영국 레스터 (Leicester) 시의 지역사회 평생교육 현장에서 실천되는 다문화정책과 전략, 및 교육사례에서 인종 및 반(反)차별의 이슈가 다루어지는 상황을 분석하고자 한다. 따라서 이론에서 살펴보았듯이 인종 및 반(反)차별주의 담론을 반영한 다문화교육의 핵심개념을 기반으로 인종차별 공론화, 소수자 주체화, 평등제고, 기관과 제도개혁의 네 가지 준거를 도출하고, 이에 의거하여 지역사회 평생교육 사례를 분석하고자 한다.

사례 국가로 영국을 선택한 까닭은 영국의 인종구성의 다양성과 이에 대응하는 다문화정책의 존재 및 변천의 역사 때문이다. 영국은 전 세계의 식민지를 거느려 온 관계로 식민 국가의 국민들을 이주노동자로 받아들이면서 다문화 정책을 추진해왔다(염운옥, 2014). 그런데 현재 영국 사회에서 이주민의 상당수가 소외와 불평등에 노출되는 구조적 장벽에 지속적으로 노출되어 왔으며, 특히 2000년대 초반부터 인종과 민족 갈등이 사회 곳곳에서 터져 나오면서 다문화주의가 위협을 받게 되었다. 최근 영국의 유럽연합 탈퇴라는 '브렉시트(Brexit)'가 국민투표를 통해서 확정된 것은 영국 내부에서 반 다문화주의, 반 이민 정서가 팽배한 지역 민심을 투영한 것이라는 시각이 강하다. 그럼에도 불구하고 여전히 영국사회는 다문화주의를 폐기하기보다는, 더욱 진일보한 다문화정책을 시도해야 한다는 이른바 '후기 다문화주의(post‒multiculturalism)'의 논의가 활발하게 전개되고 있기에 앞으로도 다문화주의 정책 및 다문화교육 영역에 있어 사례연구 대상국가로서의 가치를 지닌다.

　사례 연구의 지역사회로 레스터 시(市)를 선정한 까닭은 이 도시가 영국의 대표적인 다문화도시라는 점이다. 레스터 시는 영국 중동부에 위치한 인구 30만의 도시로서 2008년에 실시된 영국의 여러 도시 중 '다양성 수준 조사'에서 2위를 할 정도로 인종다양성이 높다(Leicester City Council, 2012). 현재 백인 정주민이 약 60%, 소수 인종이 약 40%를 차지하고 있는데 소수인종의 구성을 보면 인

그림 1　인종과 반차별 담론에 의거한 사례 분석틀

도, 파키스탄, 방글라데시 등을 포함한 아시안 인종이 29.9%, 그 외 흑인 3.1%, 혼혈 2.3%, 중국인 0.5% 정도로 나타난다. 산업혁명시대부터 탄광산업, 섬유, 염색공업이 발달하여 이주노동자의 노동력을 흡입해 온 역사로 인해 오늘날 약 70개의 다양한 언어가 구사되는 대표적인 다문화도시가 되었다. 또한 레스터 시에 유입되는 이주민들은 대다수가 청장년층으로서 젊고 역동적인 도시를 형성하고 있으며 시 전체가 인종적 다양성을 어떻게 수용하여 교육, 노동, 지역사회, 공공서비스를 만들고 공존의 노력을 모색하는지에 대해 다양한 분석과 긍정적인 평가가 진행되는 곳이다. 이런 평가를 받게 된 이유는 노동당의 주도로 진행된 다문화정책이 많은 이주민의 지지를 받았고 실제로 많은 노동당 정치인들이 당선되어 정책을 일관적으로 유지하고 있기 때문이라는 분석이 있다(Singh, 2003).

2. 이주민의 주변화와 영국의 다문화정책

영국사회와 교육이 계층, 인종, 성별에 따라 분리되어 있다는 것은 분명하다. 특히 이주민의 사회경제적 지위(SES)는 정주민에 비해서 낮고 불안전하며 빈곤과 주변부화를 겪는 현실은 사회문제가 되고 있다. 영국의 평등 및 인권위원회(Equality and Human Rights Commission, EHRC)의 보고서에서도 이주배경을 가진 학생들이 인도계와 중국계 출신을 제외한 거의 모든 인종에서 전 학령기에 걸쳐 낮은 성취도를 나타냈다는 점, 그리고 파키스탄계 남성의 4분의 1은 택시 운전으로 생계를 꾸려가고 있다는 점 등, 이주민의 인종배경에 근거한 고착화된 격차를 보여주는 통계숫자가 자주 등장한다(Guo, 2010).

노동시장에서도 마찬가지이다. 정주민들은 약 75%의 고용률을 보이는 반면, 이주민은 64%만이 취업을 한 것으로 나타났다. 이주민들은 3D 업종 등 단순 노동에 몰리는 경향이 높고, 호주나 남아프리카 공화국 등 영어를 공용어로 사용하는 국가 출신의 이주민은 취업 시장에서 비교적 강세를 보이는 데 비해 방글라데시나 파키스탄, 그리고 난민 이주민들의 경우에는 비경제활동 인구가 다른 그룹들보다 높은 것으로 나타나고 있다(TREC, 2013).

2000년대 초반부터 인종과 민족 갈등이 곳곳에서 터져 나오면서 영국에서는 다문화주의가 문화적, 인종적, 민족적 분리주의를 조장하고 공동의 가치를 위협한다는 비판을 받게 되었다. 다문화주의가 테러리스트를 묵인하고, 흑인 청소년들의 범죄를 묵인했으며, 오히려 여성 억압의 기제로 이용되었다는 등의 비판이 그 몇 가지 예이다(육주원·신지원, 2012).

그러나 이러한 비판적 인식 아래서 영국의 다문화주의는 재평가를 통한 전환을 모색하고 있다. 이처럼 소위 '후기 다문화주의' 논의는 다문화주의가 가진 복잡다단성과 양면성을 함축하고 있다(Vertovec, 2010). 경제 침체와 우경화의 움직임으로 이민법을 강화하고, 이민 심사를 엄격하게 해서 국경의 벽을 높이고 있는 한편, 이와 동시에 이주민의 사회적 통합을 위한 국가 전략 보고서「Integration Matters」를 발표하고 이주민의 사회 통합을 위해서 힘쓰고 있다. 불법체류자들을 대상으로 운전면허 취득과 은행계좌 개설을 금지하는 개정 이민법을 통과시키는 한편, 이주민의 영국 사회에 강력한 힘의 다양한 원천이 될 수 있다는 점, 다양성으로부터 국가의 성장 동력을 이끌어내겠다는 도시적 비전이 천명된 점, 그리고 정부 및 시민단체들에게 시민통합 전략에 관한 지침이 제공되는 점이 새로운 변화이다.

이와 같은 후기 다문화주의 논의의 일환이 영국 내무부가 주도한「Strength in Diversity」정책이다. 이것은 영국사회의 통합을 추구하는 정책으로서 '다양성이 곧 사회적 힘이 될 수 있다'는 입장하에 이주민과 정주민 양자의 참여와 쌍방향 과정(two-way process)을 강조하고 있는데 이를 통한 커뮤니티의 응집력 강화와 인종평등을 통한 사회통합이 목적이다(MacTaggart, 2004). 이 정책의 기저에는 영국 사회의 인종다양성이 경제적 성장과 문화적 자원을 풍요롭게 만든다는 '기회'라는 관점이 존재하고, 동시에 다양성 속에서 공존의 방법을 한시라도 빨리 찾아야 한다는 '위기'라는 인식이 존재하고 있다고 볼 수 있다. 이 정책의 중요한 원리는 '능동적 시민권(agent citizenship)'의 개념으로서 적극적이고 주체적인 시민성의 함양을 통해서 영국 사회로의 통합을 강화하는 데 있다(IFLL, 2009). 이주민의 능동적 시민권 향상을 통해 고립을 방지하고 사회에 적응하게 하여 각자의 재능을 발휘할 수 있도록 하는 것이 다양성을 사회적 힘으로 길러내는 방향이 되는 한편(김용찬, 2013), 정책 수혜자를 이주민과 정주민 양자로 설정하고 정주민의 참여를 통한 동반성장을 명시하고 있다.

그런데 영국 학계에서 이러한 다문화정책에 대한 평가는 분분하다. Vasta (2007)를 비롯한 일군의 학자들은 동화주의를 골조로 한 기존 다문화정책을 재생산하고 있을 뿐이라고 비판하고 있으나, 한편 지역사회에서의 시민통합을 어떻게 성취할 수 있는가라는 논의가 진전을 이루었다는 긍정적 평가도 존재한다(김용찬, 2013; Joppke, 2004). 즉, 영국의 다문화정책은 새로운 이주민의 유입이 국가적, 그리고 지역적 삶에 어떤 영향을 주고받는지에 대한 공론의 장을 여는 국가전략이라고 할 수 있지만, 동시에 이러한 국가적 수준의 정책은 이주민의 통합과 참여의 '과정'에 대해서는 명확한 청사진을 보여주지 못하는 한계를 가진다. 결국 그 과정은 지역 사회에 직접적인 영향력을 행사하는 지방정부 차원에서 내실 있게 실행되어야 할 문제가 아닐 수 없다.

3. 레스터 시(市)의 인종 및 반(反)차별 관련 평생교육: 정책 및 교육 프로그램

(1) 인종차별 공론화: 인종 및 반(反)차별 이슈의 적극적인 반영

레스터 시의 다양한 배경을 가진 커뮤니티 결속 정책은 지역사회로 유입되는 초기 이민자를 위한 정책적 고려를 반영하고 있다. 2006년 '초기 이민자를 위한 전략(New Arrivals Strategy)'이 제정되었고, 2008년에 '난민과 망명희망자 다기관 협력 포럼(The Refugee and Asylum Seekers Multi-Agency Forum)'이 구성되었다. 이러한 제도는 레스터 시를 주거지로 선택한 망명희망자, 난민, 이주노동자, 유럽연합 국적자를 초기 이민자로 정의하고 이들이 성공적으로 지역사회에 정착할 수 있도록 지원하고 있다. 이런 정책적 기획을 실천하는 데 필요한 요구를 파악하기 위해 레스터 시에 살고 있는 소말리아 및 폴란드 커뮤니티 등을 대상으로 다양한 사례연구가 이루어졌고 이를 바탕으로 새로운 이주민의 유입을 지원하는 프로그램을 만들고 지속적으로 모니터링 하는 등 다면적인 노력을 해왔다(Leicester City Council, 2012). 이처럼 레스터에서는 인종차별 이슈를 공론화하면서 이에 더해 2010년 공포된 '평등성보장 법률(Equality Act)' 역시 다양한 인종의 커뮤니티가 실제로 필요로 하는 지원을 구체화하고 이주민의 삶을 지원하는 법률적 기반을 제공하고 있다. 또한 총 14개가 넘는 시 소속 기구에서 다양한 사회집단의 공존을 위한 다양한 활동을 하고 있다(Leicester City Council, 2012).

레스터 시의 커뮤니티 결속 정책은 단순히 문화다양성을 증진시키고, 문화축제를 열어서 다양성에 대한 저변확대에 머무는 것이 아니다. 지역사회에서 인종 간 평등의 문제를 핵심으로 하여 이주민뿐만 아니라 청년층과 노인, 장애인과 비장애인, 성적 소수자 등 상이한 사회적 집단의 실질적인 평등을 모색하고 지역사회의 화합을 추구한다는 점에서 보다 포괄적으로 평등과 인권, 그리고 반차별을 강조한다는 점에서 주목 받는다.

(2) 인종적 소수자의 주체성 강화: 삶의 주체로서의 이주민 역량 제고

레스터에서는 인종적 소수민이 역량을 키우고 주체적 구성원으로 살아갈 수 있도록 다양한 지원정책을 실시하고 있다. 성인 이주민의 경우 삶의 자립 기반을 갖추기 위해서 가장 필수적인 것은 고용 문제인데, 레스터 시의 해결 방식은 '노동 인력구성 다양화 프로젝트(diversifying our workforce)'로 대표된다. 이는 다문화 배경을 가진 시민들의 고른 노동시장 진출을 위해 이주민들의 대표기구를 설치하고 흑인 및 소수인종, 여성들을 위한 교육 훈련기간을 이주민의 요구와 단계별 역량의 필요에 맞게 도입하는 것을 골자로 한다. 또한 지역사회 교육기관과 일터와 교육훈련 및 취업을 위한 파트너십을 체결하여 우선적으로 이주민을 채용하는 등의 노력을 하고 있다. 예컨대 지방정부 공원 및 환경부서의 필요를 해당 분야의 교육기관에서 훈련 받은 이주민으로 우선 채용한 사례를 들

수 있다. 이런 노력이 이어지면서 레스터 시에서는 이주민 및 소수자들이 지역사회에서 분리되어 주변부화되지 않고, 다양한 직업과 일터에서 역량을 발휘할 수 있게 되었다.

또한 '난민 및 망명자 프로젝트'는 난민 및 망명자들에게 레스터 시의 문화적 유산에 대한 학습이나 영어교육 등을 제공하여 지역사회에 대한 적응과 이해를 돕고 동시에 난민 및 망명자들이 자신의 문화적 뿌리를 이해하고 레스터의 다양한 문화의 한 부분을 구성할 수 있다는 주체의식을 적극적으로 갖도록 한다. 이는 레스터 시의 인종적 다양성과 그로 인한 문화적 역동성을 반영한 정책의 일환으로 시민 모두로 하여금 '레스터 시의 문화(文化) = 다양성'이라는 점을 인지하고 상호 존중하고 협력하는 태도를 일상적 생활세계 안에서 구현할 수 있도록 지원한다는 점이 특색이다(박근태, 2011). 그 밖에 이민자의 건강권에 대한 역량강화, 선거를 통해 목소리를 낼 수 있도록 기회와 수단을 제공하는 정치적 역량 강화 등이 이루어지고 있다. 이렇듯 다양성의 인정과 이해 확산이 시 정책 차원에서 고려되고 있는 가운데 인종 간, 민족 간, 그리고 계층 간 평등에 대한 진지한 접근을 하고 있는 점은 다른 도시의 이주민 정착 프로그램들과 차별성을 나타나는 중요한 지점으로 볼 수 있다.

(3) 전 사회적 평등 제고: 집단 간 차별개선을 위한 생활세계의 상호작용 진작

평생교육 측면에서 레스터 시의 다문화교육 프로그램과 실행 전략에서 두드러지는 것은 모든 연령대의 이주민과 정주민을 대상으로 다양한 정착 지원 및 사회통합 프로그램이 실시된다는 것이다. 앞서 살펴본 인종과 반차별주의 담론에서 다문화교육은 평등 제고를 핵심적으로 이끄는 기제가 되어야 한다는 것을 보여주었다. 그러나 이론과 달리 실제적으로 한 사회에서 인종간 차별을 해소하고 평등한 권한배분이 이루어지기까지는 복잡하고 지난한 과정을 거칠 수밖에 없으며 교육은 이를 위한 가장 중요한 기제로 간주된다. 유입된 이주민을 위한 생활 전반에 대한 평생교육적 지원은 이주민의 사회 통합과 자기 발전에 필수적인 것으로 자리 잡고 있으며(Warren, 2005: 17) 지역사회에서 다양한 학습기회

참여는 중요하다.

이러한 맥락에서 레스터 시는 '초기 이민자 전략 그룹(New Arrivals Strategy Group)'을 구성함으로써 다양한 지역사회 기관들이 협력하여 새로 정착한 이주민들에게 실생활에 필요한 교육 프로그램을 제공하고 있다. 학교 역시 이주 아동청소년의 교육에만 머물지 않고 그 가족에게 공적인 서비스와 다양한 사회적 관계망을 연결하고 묶어주는 역할을 수행하는 것이다. 여기서 이주민과 정주민의 상호작용을 촉진하기 위한 정책적 개입을 시도하고 있다. 아울러 "레스터 시 성인 기술과 학습 서비스(Leicester Adult Skills and Learning Service, LASAL)"는 지역사회 평생교육의 대표적인 이주민 교육으로서, 기존의 영국 도시들이 핵심적인 이주민 교육으로 당연시해 온 영어교육뿐만 아니라 다양한 생애 기술교육을 함께 실시하며 이와 더불어 커뮤니티의 결속력을 높이는 시민교육을 제공하는 프로그램이다(Leicester Adult Skills and Learning Service, 2015). 이것은 성인 이주민의 사회적 적응을 조력하는 역할을 수행하는데, 레스터 시에서는 이 교육을 제공하기 위해서 대학과 도서관 부속 기관을 포함하여 31개의 교육기관을 운영하고 있다. 따라서 일반 정주민들이 '브릿지 프로그램(Bridge program)'을 통해서 이주민들을 만나고 소통하는 기회들에 비형식적으로 노출되게 된다. 특히 수많은 이주민들이 도서관을 이용하는 점을 활용하여, 도서관을 이주민의 평생교육 서비스 제공의 거점으로 활용하고 있다. 도서관에 갖춰진 컴퓨터를 이용하여 이주민 대상의 컴퓨터 기술교육을 제공하고 특히 매년 5월에는 '성인학습자 주간'(adult learners' week)을 정하여 다양한 학습 주제가 다루어진다. 이주민이 정주민인 자원봉사자들과 함께 의사소통 기술을 향상시킬 수 있는 '대화 클럽'도 운영된다(Leicester City Council, 2012). 이는 이주민에 대한 일방적 영국 문화 적응 교육이 아니라, 정주민과 이주민 간 상호작용에 기반을 두고 시민적 통합을 이룰 수 있는 밑거름을 제공하는 것이다.

이처럼 레스터 시 사례에서는 평생교육 맥락에서 이주민과 정주민 간의 상호작용 증진이 일상적으로 장려되고 있음을 알 수 있다. 2010년에 「공동체 화합

헌장」(Community Cohesion Charter)이 채택되었는데 이 헌장을 통해서 공동 기금을 조성하여 많은 시민 단체들이 기금을 이용하여 "글로벌 레스터(Global Leicester)" 프로젝트를 진행한 바 있고, 레스터 시 내부의 다양한 커뮤니티의 연계를 위해서 "이웃 통합 프로그램(neighbourhood integration programme)"이 운영되기도 했다. 이는 삶터를 공유하고 있는 이웃 주민의 문화를 이해하고 지역사회에서 새로 유입된 이주민에 대한 다문화 친화적 환경을 만들고, 나아가 정주민과 이주민들이 함께 더불어 살아가는 학습 기회를 제공하고 있다. 유사한 프로그램으로서 "우리의 가까운 이웃 프로그램(near neighbour programme)"을 통해서 잦은 분쟁과 갈등을 일으키는 종교문제에 대한 접근을 시도하면서, 인종과 종교를 둘러싼 편견과 갈등 문제를 다루고, 종교 간 이해를 증진하는 교육을 실시하면서 이질적인 구성원들이 소통할 수 있는 기회를 제공하고 있다.

다음 장에서 살펴볼 인종간 평등을 지향하는 기구인 The Race Equality Centre에서도 이주민과 정주민 모두를 대상으로 인종차별을 방지하고 전 사회적으로 평등을 제고할 수 있는 교육을 제공하고 있다. 특히 이주민들이 인종차별 경험에 관해서 자유롭게 진술하고 사건이 종료될 때까지 상담과 법적 도움을 받는 지원은 특기할 만하다. '인종차별에 관해서 어떤 에피소드나 경험도 사소하지 않으며 이는 지역사회에 반드시 알려야 한다'는 원칙이 강조된다. 이러한 기본 원칙이 도시 전체의 합의이자, 인종 간 평등이 레스터 시에서 살아가는 모든 사람들의 중요한 삶의 기준이 되어야 한다는 사실을 알린다. 이주민에게는 자신감을 고양하는 지역사회의 토양을 만들고, 정주민에게는 민주시민의 소양을 실천하는 기회를 제공하고 있는 것이다.

(4) 제도 개혁 조치: 인종평등센터의 반(反) 차별 정책 및 프로그램 개발

레스터에서는 인종 차별 담론을 회피하거나 도외시하는 것이 아니라, 모든 사람이 인종, 민족, 국적과 출신에서 차별받지 않도록 시민사회의 공론의 장에서 평등을 제고하기 위한 장치를 마련하고 있다. 여기서 눈여겨볼 대표적인 기구가 인종평등센터(The Race Equality Centre, 이하 TREC)이다. TREC은 1991년 레스터

시 인종평등위원회(Leicester Racial Equality Council) 산하에 설립된 비정부 기구이며 1998년에 제정된 인권법(Human Rights Act)과 2010년 제정된 평등성보장 법률(Equality Act)에서 설립과 존재 근거를 두고 있다. TREC의 비전은 '인종적으로 정의롭고, 모든 이에게 공평한 사회를 만드는 것'이며, 이것은 레스터 시 모든 시민들의 삶의 질을 고양하는 중요한 정신으로 제시된다(Leicester City Council, 2012).

TREC의 주요기능은 개인뿐만 아니라 조직과 단체의 특성에 맞는 인종차별 대항 정책개발(policy development)과 이에 의거한 서비스 제공이다. 이 중 정책개발은 이주민에게 가해지는 인종차별에 대한 정보를 수집하고 공적·사적 영역 모두에서 인종 간 평등권을 보장하기 위한 구체적인 대응 방안을 고안하고 제시하는 것이 핵심이다. 이런 정책개발 과정 중 평생교육 관점에서 주목할 점은 소수자들의 '커뮤니티 역량 제고(community development)'로서 이주민들이 자신들의 정치적, 사회적, 경제적 활동 역량을 길러 주체적으로 지역 발전에 참여할 수 있도록 하는 것이라는 점에서 레스터 시의 커뮤니티 결속 정책과 맞닿아 있다. 즉 이주민들이 영국 사회의 새로운 문화를 학습하고 적응하는 동화적 통합에 초점을 두기보다는, 이주민 중에서도 가장 소외된 집단인 청년과 여성을 주요 참여자 그룹으로 설정하고 이들의 시민적 리더십 강화를 목표로 한다. 평등 제고를 위한 제도적 장치가 어떻게 운용되는지를 보여주는 사례를 들면 다음과 같다.

첫째, 신규 이주민을 위한 다자간 협의체 포럼(New Arrivals Multi Agency Forum)이다. 포럼은 이주민이 안고 있는 불안을 해소하기 위해서 이주민 정착 서비스와 연결된 모든 관련 기구들 간의 파트너십을 강화하고 있다. 특히 소수 인종들이 주축이 된 자원봉사 협의체 혹은 자조그룹과의 파트너십이 핵심인데 이는 소수자들이 직접 자신들의 이해관계와 목소리를 공론화하는 방향이 바람직하다고 생각하기 때문이다.

둘째, 신규 정착 이주민들에게 그들의 권리를 인지시키고 인종적 불평등에 대응하는 힘을 키워주는 방법을 모색하고 홍보와 대응 전략을 제도적으로 마련한다. 그 중 한 예가 불심검문(Stop Search)에 대응하는 방법에 대한 전략수립과 홍보이다. 영국에서는 경찰들이 거동이 수상한 사람을 거리에서 무조건적으로 정지시키고 조사하는 권한이 부여되는데 이러한 불심검문을 당하는 거의 대부분이 소수 인종 배경을 가진 구성원들이라는 조사가 있다(Leicester City Council, 2012). 많은 이주민들이 이런 공권력의 행사에 불쾌감을 느끼고 있으므로 개인의 문제로 치부하는 것이 아니라, 체계적인 대응 방안을 지역사회 차원에서 마련할 필요성이 지속적으로 제기되었고 TREC에서 이에 대한 대응책을 모색한 것이다. 이처럼 TREC에서 제공하는 교육은 대부분이 이주민과 정주민 모두를 대상으로 인종차별을 방지하고 인종평등을 제고하는 데 목표를 두고 있는 것을 알 수 있다.

- **스포츠 활동:** 지역 스포츠클럽이나 리그에서 이주민과 정주민이 어울려 함께 참여할 수 있도록 권장한다. 특히 이주 여성들도 지역 스포츠 리그에 참여하도록 지원한다.
- **취업과 고용에서의 인종차별 방지 교육:** 이주민들이 취업활동에서 차별받지 않도록 직장 내 인종갈등을 해소하는 각종 교육을 실시하고 지역사회 기업들과의 파트너십을 통해서 이주민의 고용 기회를 확장한다.
- **평등과 다양성 교육:** 비형식 교육의 일환으로 수시로 관련 워크숍과 컨퍼런스 기회를 제공하면서 지역의 평등과 다양성을 제고한다.
- **직장 내 인종평등 훈련:** 특정 기관을 대상으로 하는 맞춤 교육으로서의 인종평등 교육을 실시하고 있다. 대체로 인종평등훈련 및 직장에서 차별과 부당대우의 불평에 대해 대처하는 역량을 강화하는 훈련을 제공한다.

이처럼 TREC은 다양한 평생학습 프로그램을 통해서 이주로 인해 나타나는 충돌과 갈등의 문제에 진지하게 접근하면서 이주민과 정주민이 겪는 생활세계의 다양성을 지속적으로 지원하고 있다. 이를 보건대 레스터 시 사례는 다문화교육이 인종적, 문화적 소수자가 처한 불평등에 개입할 수 있도록 인종차별 문제를 공론화하고 소수자의 권리와 주체적 참여의 문제를 고민하고, 사회적 평등을 제고하며, 이를 제도화를 통해 실천하는 모습을 보여주고 있다. 이상의 분석을 정리하면 아래 <표 1>과 같다.

표 1 영국 레스터의 반인종주의 및 반차별 교육활동

분석 준거	평생교육 분야에서의 반인종주의와 반차별 제도화 및 실천
인종차별 공론화	• '커뮤니티 결속 정책'에 의거한 거주 인종집단 별 맞춤형 지원 프로그램 개발과 실시 • '인권법'과 '평등성보장 법률' 등 의해 다양한 인종집단 공존을 위한 시 소속 기구들의 역할 명시
소수자 주체화	• '노동 인력구성 다양화 프로젝트'에 기초한 적극적인 이민자 취업지원 • '난민 및 망명자 프로젝트'를 통한 이주민-정주민 상호작용 도모
평등제고	• 영어, 생애 기술, 시민교육을 망라한 '성인 기술과 학습 서비스'를 통한 이주민 평생교육 지원 • '이웃통합 프로그램'을 통한 이주민-정주민 소통 증진
기관과 제도개혁	• 인종차별 대항 정책개발을 통한 사회적 평등의 제도화 모색 • 다자간 협의와 파트너십, 교육훈련 프로그램을 통한 이주민 리더십 강화

Ⅳ 결론: 다문화교육의 개혁적 좌표

본 연구는 그동안 한국 사회에서 누락되어온 인종과 반차별 담론이 다문화교육의 핵심 개념으로 재구성되어야 한다는 문제의식에서 출발하여 현재 한국의 절름발이식 다문화교육의 문제점을 진단하고, 영국의 평생교육 사례를 분석함으로써 다문화교육의 새로운 개혁적 지표를 밝히고자 했다. 변화하는 다문화 사회에서 한국사회가 놓치지 않아야 할 지역 중심의 다문화교육의 내용과 방향을 비판적으로 탐색하고, 미시적으로는 지역 교육현장에서 이루어지고 있는 다문화교육의 실천사례에서 그동안 침묵한 '인종'과 '반(反)차별' 이슈를 중심 개념으로 적용하는 실제를 분석하였다. 이론적 분석틀로 도출된 다문화교육의 새로운 핵심 개념은 인종차별 공론화, 소수자 주체화, 평등제고 그리고 기관과 제도 개혁이라는 네 가지 준거로 도출되었고, 영국 레스터 시에서는 이를 평생교육 프로그램을 통해서 반영하고 있었다.

분석 결과를 요약하면, 레스터에서는 '다양성'을 중심으로 지역사회 구조를 재편하면서 '다양성'을 합리적으로 관리하고 있었다. 소수자인 이주민의 제 권리에 대한 평등권을 제고를 하지 않으면 사회적 갈등이 확산될 수밖에 없다는 인식이 '인종'과 '반(反)차별' 이슈를 다문화교육의 핵심 콘텐츠로 구현하고 있다.

한 지역사회에서 이주민과 정주민의 공존을 위해 이루어지고 있는 정책과 교육 프로그램을 이해하기 위해서는 다수의 복잡한 작업이 필요하다. 그 지역사회에서의 이주민의 유입과 통합과정에 대한 고찰, 지역주민의 다문화인식 정도 파악, 인종적 권리 또는 인종에 의거한 차별이 삶의 현장에서 작동하는 방식 분석, 이주민의 생애역량 개선 프로그램 유무 및 종류 등에 대한 면밀한 분석이 있을 때 비로소 타 지역사회의 우수사례로부터 우리의 맥락과 필요에 맞는 해답을 도출하고 다문화교육 지원체제를 개선하는 데 일조할 수 있다. 그런 측면에서 본 연구는 사례분석의 대상인 레스터 시의 평생교육이 이주민과 정주민의 공존, 특히 인종과 차별 문제를 직면하고 사회적 평등을 제고하기 위해서 기획되고 제공되는 맥락을 이해하고 이 맥락이 교육 프로그램을 통해서 구현되는 방향을 보여주었다.

그러나 이 연구는 한계를 가진다. 이미 오랜 역사에 걸쳐 다문화배경을 가진 인구의 양적 팽창을 이룬 다문화사회인 영국 레스터 사례의 특수성이 우리나라에 곧바로 적용될 수 없다. 인구의 40%가 소수 인종인 레스터 시는 한국의 어느 도시와도 직접적인 비교가 힘든 사례라는 측면이 존재하며(박근태, 2011) 다문화 자체가 일시적 흐름이 아니라 도시의 대표적인 성격으로 자리 잡은 지역사회에서 '다문화'라는 사회변환을 어떻게 풀어 가는지 이해하는 선에 그치고 있다. 또한 이 연구는 반 인종 차별에 대한 제도와 정책이 실제로 어떻게 운용되는지에 대한 경험과학적인 질적 분석을 수행하지 않았기 때문에 다문화교육 및 프로그램의 효과와 영향력을 세부적으로 드러내지 못했기에 후속 연구과제를 남기고 있는 것도 사실이다.

다만 이 연구는 영국 사례가 다문화교육의 이상향이나 해법을 제시하는 것이 아니라는 측면을 명확히 한다. 오히려 슈퍼 다양성(super-diversity)을 가진 '다문화사회'로 정의되는 영국에서 레스터라는 한 지역이 인종과 차별의 이슈에 어느 정도의 민감도를 가지고 어떤 형태의 구체적인 제도와 정책을 마련하고 다문화교육을 구현하고 있는지를 분석하였다. 즉, 정주민과 이주민을 아울러 '인종'을 차별의 경험을 이해하는 중요한 준거로 다루면서 반차별에 대응하기 위한 소수집단의 주체적인 대응을 교육 프로그램 안에서 녹여 넣고 있다. 레스터 사례는 인종 문제를 개인적 이슈로 치부하는 것이 아니라, 제도화를 통해서 차별을 근절하고 동시에 지역의 다문화 친화적 기반을 꾸준히 확장해 가는 모습을 보여준다. 결국 정책이라는 '제도적 기반'과 지역사회 구성원들의 인식의 총체라고 하는 '문화'를 동시에 탄탄하게 재구성하고 있음을 알 수 있다.

다문화교육은 인생의 특정한 연령과 시기, 학교라는 특정한 공간에서 이루어지는 것이 아니라 인간이 전 생애에 걸쳐서 자신의 경험을 생활세계에서 끊임없이 재구성하면서 평생교육 차원에서 이루어져야 한다는 점에서(Jarvis, 2010) 본 연구는 다문화교육의 발전을 위해 진지한 고민과 새로운 개입 전략이 필요한 한국사회에 시사하는 바가 있다. 특히 학교교육을 포함하여 다문화교육은 인종 불평등과 인권의 사각지대에 놓인 이주배경을 가진 구성원을 위한 지원은 물론, 정주민들의 인식개선을 위해서 지속적으로 추진되어야 하는 평생학습의 과정이 되어야 한다(김진희·이로미, 2015). 그런 점에서 레스터 시의 사례는 이를 유의미하게 보여주고 있었으며, 이를 통해 도출된 함의는 다음과 같다.

첫째, 평생교육의 현장에서 다양한 커뮤니티를 배려하고 소수자의 주체적 역량을 키우는 프로그램들을 기획·제공하고, 이 과정에 이주민과 정주민이 함께 참여하고 있는 점을 눈여겨 볼 필요가 있다. 특히 교육 프로그램들이 기복 없이 지속적으로 제공되기 위해서는 다양한 지역사회기관과 이주민 협의체 등

이해 당사자가 함께 모이는 기구나 회의를 제도적으로 정례화하고 파트너십을 강화하는 일이 필요한데, 레스터 시에서는 이런 중요한 일들이 기관과 제도개혁을 통해 자연스럽게 이루어지는 모습을 보인다.

둘째, 정책의 개발과 교육의 기획 및 제공과정에 이주민과 정주민이 함께 참여하고 있다는 점이다. 인종 문제를 둘러싼 불평등과 차별의 문제를 공론화하면서, 다양한 관련 기구의 임원과 이사진 구성에서 이주민들이 포함되도록 고려하는 한편, 일부 고용 및 취업의 현장에서도 이주민을 우선적으로 고용하는 방안이 지속적으로 추진되고 있어 소수자 주체화를 통한 인종 간 평등이 자연스럽게 도모되고 있다. 이처럼 의사결정의 과정에서 동등한 권한을 가지고 이주민이 주체적으로 참여할 수 있는 구조를 마련한다는 것은 중요하다.

셋째, 지역사회에서 전방위적으로 평등과 반차별이 이루어지도록 다양한 소통의 통로를 확보하고 이주민의 요구를 직접적으로 반영하고 있는 제도적 기반은 지역사회에서 어떤 평생교육적 활동이 추진되어야 하는지 이정표를 제시하고 있다. 출신국가와 피부색이 다른 타자화가 아닌 이주민의 요구와 차이를 인정하고 평등성을 지향하는 것이 시민적 규범이 된다. 이주민에 대한 다문화 자체가 형식, 비형식, 무형식 교육과 다양한 학습의 장에서 주민들의 지역 정체성을 새롭게 역동적으로 만들어가고 '다양성'에 대한 자부심의 향상으로 이어지게 된다. 지역사회의 구성원들이 다양한 정체성을 만나고 소통하고 경험과 편견을 해체하는 과정을 통해서 상호교섭적인 시민 정체성을 형성할 수 있다는 점에서 다중적 시민성(plural citizenship)을 향상시킬 수 있다.

넷째, 인종차별적 언행과 혐오와 배제를 하지 말라고 규범적으로 접근하는 것이 아니라, 제도적 장치를 통해서 이를 긍지하고 소수인종의 권리를 보장하는 것이 중요하다. 다시 말해 인종문제를 해결하기 위해서는 기관과 조직의 제도화가 필요하다. TREC의 인종평등 프로그램 사례에서 보았듯이 '소외와 갈등의 정치학'이라는 예민한 부분을 공론화시키고, 갈등과 충돌, 소외의 문제를 외면하지 않는 교육을 실천하기 위해서 전담 기구를 구축하고 대응 전략을 체계적으로 마런하고 있다. 이렇게 레스터 시의 인종 차별을 근절하기 위한 노력이 돋보이는 것은 아직 우리나라의 다문화교육에서 인종 이슈가 철저히 소외되어 있는 것과 대비된다.

인종과 권력, 계층의 문제를 평생학습 차원에서 다루고 있는 사례는 문화다 양성이 표피적으로 '나'와 '타자'의 거리두기식 문화이해로 완성되는 것이 아니라 는 점을 방증한다. 레스터 시의 사례는 궁극적으로 다양한 배경을 가진 사회 구 성원들이 어떻게 더불어 살아갈 것인지 그것의 가치와 방향성을 진지하게 보여 주는 사례로서, 체계적인 제도적 개입과 다문화 친화적 문화 형성을 통해서 비 로소 다양성의 조화와 사회 통합을 이룰 수 있다는 다문화교육의 혁신적 지향점 을 시사하고 있다.

강미옥(2014). 보수는 왜 다문화를 선택했는가: 다문화 정책을 통해서 본 보수의 대한 민국 기획. 서울: 상상너머.

교육부(2016). 2016년도 다문화교육교육지원계획. 교육부 보도자료.

김용찬(2013). 한국과 영국 지방정부의 다문화정책에 관한 연구－안산시와 영국 레스 터(Leicester)시를 중심으로, 민족연구, 54, 123－142.

김지윤·강충구·이윤철(2014). 닫힌 대한민국: 한국인의 다문화 인식과 정책. 이슈 브 리프 2014－4. 아산정책연구원.

김진희(2016). 다문화교육과 평생교육: 이론과 실제. 서울: 박영스토리.

김진희·이로미(2015). 외국 출신 이주민을 포용하는 평생교육 쟁점 분석과 방향. Andragogy Today: Interdisciplinary Journal of Adult & Continuing Education, 18(1), 129－155.

나윤경·강미연·장인자·허수연(2008). 결혼 이주 여성들의 행위자성과 평생교육의 지 향점 모색: 필리핀 여성의 경험을 중심으로. 평생교육학연구, 14(4), 185－213.

박근태(2011). 영국의 다문화도시 레스터의 문화전략, KCTI 문화예술관광동향분석, 23, 1－11.

설동훈·이혜경·조성남(2006). 결혼이민자 가족실태조사 및 중장기 지원정책방안 연 구. 서울: 여성가족부.

신지원·최서리·이로미·이창원·류소진(2013). 반인종차별 정책에 관한 연구. IOM이 민정책연구원 연구보고서 No. 2013－05. 고양시: IOM 이민정책연구원.

염운옥(2014). 영국 이민사 연구의 쟁점과 전망. Homo Migrans, 11, 5-19.

육주원·신지원(2012). 다문화주의에 대한 반격과 영국 다문화주의 정책 담론의 변화. EU 연구, 31, 111-139.

윤인진(2008). 한국적 다문화주의의 전개와 특성. 한국사회학, 42(2), 72-103.

이민경(2013). 다문화사회에서의 시민성 교육. 교육문제연구, 26(2), 115-136.

전형권(2014). 다문화주의의 정치사상적 쟁점: '정의'와 '인정' 그리고 '소통'으로서의 다문화 정치. 21세기정치학회보, 24(1), 245-268.

허영식(2015). 다문화정책에서 간문화정책으로의 패러다임 전환. 한국행정학회 하계학술발표논문집, 3116-3133.

Dei, G. (1996). *Theory and practice: Anti-racism education*. Halifax, NS: Fernwood Publishing. Chapter 4, "The Intersections of Race, Class, and Gender in the Anti-Racism Discourse," 55-74.

Dei, G. (2000). Towards an anti-racism discursive framework: Power, knowledge and anti-racism education: *A critical reader*, 23-40.

Dei, G (2007). Keynote address at the symposium on: "Multiculturalism with(out) guarantees: The integrative anti-racism alternative" University of British Columbia, Vancouver, April 2, 2007.

Fleras, A., & Elliot, J. L. (1992). *Multiculturalism in Canada*. Scarborough. Ontario, Canada: Nelson.

Guo, S. (2010). Migration and communities: challenges and opportunities for lifelong learning, In S. Guo (Ed.), *Transnational migration and lifelong learning*, London: Routledge.

Hays, P. A. (2008). *Addressing cultural complexities in practice: Assessment, diagnosis, and therapy* (2nd edition). Washington, D.C.: American Psychological Association.

hooks, bell. (1992). "Representing Whiteness in the Black Imagination." In L.

Grossberg et al. (eds.), *Cultural studies*. New York, NY: Routledge, 338−346.

IFLL (2009). *Migration, communities and lifelong learning*. NIACE.

Jarvis, P. (2010) *Adult education and lifelong learning*, London: Routledge.

Joppke, C. (2004). The retreat of multiculturalism in the liberal state: theory and policy. *The British Journal of Sociology*, 54(2), 237−257.

Kriesi, H. (2015). Enlightened understanding, empowerment and leadership− three ways to enhance multiculturalism: comment on Will Kymlicka's article: "Solidarity in diverse societies". *Comparative Migration Studies*, 3(18), 1−4.

Kymlicka, W., & Norman, W. (2000). *Citizenship in diverse societies*. Oxford University Press.

Kymlicka, W. (2015). Solidarity in diverse societies: beyond neoliberal multiculturalism and welfare chauvinism. *Comparative Migration Studies*, 3(17), 1−19.

Leicester Adult Skills and Learning Service (2015) 2013/2014 Annual report. retrieved from

https://newleftreview.org/I/225/slavoj−zizek−multiculturalism−or−the−cultura l−logic−of−multinational−capitalism

Leicester City Council (2012). *Leicester's approach to community cohesion*.

MacTaggart, F. (2004). *Strength in diversity; Towards a community cohesion and race equality strategy*. Home Office Communication Directorate.

Sin, G, W. (2006). *Ethnic nationalism in Korea: Genealogy, politics, and legacy*. Stanford University Press.

Singh, G. (2003). Multiculturalism in contemporary Britain: Reflections on the Leicester model. *International Journal on Multicultural Societies*, 5(1). UNESCO.

TREC (2013) 2012/2013 Annual report. Retrieved from

http://www.theraceequalitycentre.org.uk/latestnews/jul2012/training. html

Vasta, E. (2007). From ethnic minorities to ethnic majority policy. *Ethnic and Racial Studies*, 30(5), 713－740.

Vertovec, S. (2010). Towards post－multiculturalism? Changing communities, conditions, and contexts of diversity. ISS 199, UNESCO.

Warren, S. (2005). *Refugees and other new migrants: a review of the evidence on successful approaches to integration*. Oxford: COMPAS press.

Žižek, S. (1997). Multiculturalism, or, the cultural logic of multinational capitalism *New Left Review* I/225, 28－51.

자료

연합뉴스(2015년 12월 21일자). <反다문화 경고음> ① 나와 다른 이웃에 극단적 혐오표출
http://www.yonhapnews.co.kr/bulletin/2015/12/17/0200000000AKR2015121714
4900371.HTML?input＝1195m

연합뉴스(2015년 9월 30일자). "'다문화'로 불리는 게 싫은 아이들…편견 없애야"
http://www. yonhapnews.co.kr/bulletin/2015/09/30/0200000000AKR20150930
158900371.HTML

CHAPTER 06

유엔 글로벌 교육의제의 내용과 교육담론의 쟁점
: 세계시민교육에의 시사점

요약

본 연구는 유엔을 위시한 국제사회가 설정한 글로벌 교육의제의 내용이 무엇인지 분석하고, 이것이 향후 한국의 교육개발협력 연구에 주는 방향을 탐색하는 데 목적을 두고 있다. 특히 글로벌 교육의제의 실천 기제로서 교육개발협력의 제 방향을 논의하였다. 본론에서는 첫째, 글로벌 교육의제의 개념과 동향을 이론적으로 이해하기 위해서 글로벌 교육의제의 표상과 실제를 분석하였고 글로벌 교육의제를 인식하는 다양한 맥락을 연계성, 포괄성, 중장기성 측면에서 논의하였다. 둘째, 글로벌 교육의제의 내용적 실체에 접근하기 위해서 주요 정점을 이룬 2000년의 교육의제와 Post 2015 교육의제를 비교하고, 최근 교육관련 주요 국제회의에서 다루어진 교육의제의 제 측면을 분석하였다. 셋째, 글로벌 교육의제를 둘러싼 담론과 쟁점을 분석하였다. 여기서는 '교육 접근성' 강화에서 학습자의 '학습성과'로 초점이 이동하는 패러다임의 변화를 보여주고, 글로벌 교육의제의 모호성과 탈맥락성으로 인한 실천의 제약을 논의하였다. 또한 무상 교육의제에 대한 논쟁과 고등학교 교육 보편화 논쟁을 담론적 쟁점으로 제시하였고, 앞으로 데이터 기반의 글로벌 교육의제 분석을 위한 여러 도전 과제를 살펴보았다. 마지막으로 결론에서는 글로벌 교육의제 실천 기제로서의 한국의 교육개발협력을 교육영역별로 제안하였다. 이 연구는 우리나라 교육계에서 유엔의 글로벌 교육의제의 실체와 국내 수렴에 대한 연구와 실천의 지평을 넓히는 데 작은 의의를 가진다.

주제어: Post 2015, 유엔, 글로벌 교육의제, 교육개발협력

Ⅰ 서론: 변화하는 세계와 교육의제

21세기의 시작과 함께 정보, 기술, 인력, 자본, 상품의 초국적 이동과 국제 교류가 그 어느 시대보다 자유로워진 오늘날, 세계간 상호연관성과 상호의존성은 더욱 강화되고 있다. 이제 국민 국가의 고정된 경계를 뛰어넘어 정치, 사회, 환경을 아우르는 범지구적인 문제가 복잡다단한 양상으로 발생하고 있고, 이러한 사태는 하나의 국가와 개인이 해결할 수 있는 것이 아니기에 글로벌한 수준의 초국경적 대응이 촉구되고 있다. 바로 이 맥락에서 교육을 바라보는 인식론과 관점, 교육이 전개되는 다양한 양태와 교육현상 역시 글로벌화의 거시적 흐름들과 밀접한 상호 관계를 맺고 있다. 오늘날 세계 인구는 약 72억 명을 넘어서고 있다. 그 중에 2억 5천명의 학령기 어린이들이 교육의 기회를 누리지 못하고 있으며, 기초 문해력 및 수리 문해력이 부족한 상태에 머물러 있는 청소년 및 성인의 절반이 한국이 속해 있는 아시아 태평양 지역에 살고 있다. 유엔난민기구(UNHCR)에 따르면 전 세계 난민은 5,900만 명을 넘어서고 있고, 이들 난민 아동 및 청소년의 절반 이상이 교육권을 박탈당하고 있다(UNHCR, 2015). 한 국가의 교육 문제는 경계를 넘어서 점차 탈국가적인 글로벌 수준에서 조명되고 있으며, 국적과 인종, 종교와 성 차이를 뛰어넘어 모든 사람들을 위해서 양질의 교육기회를 제공해야 한다는 인식론과 공감대가 확산되고 있다.

이 연구는 교육학은 이러한 제 문제에 대해서 어떻게 개입할 수 있는가에 대한 근원적 질문을 배태하면서, 국제사회가 주도해 온 글로벌 교육의제의 내용과 쟁점이 무엇인지를 밝히고자 한다. 특히 한국 정부는 유엔(UN)체제에서 2015년 이후 향후 15년간 국제사회가 목표로 설정한 글로벌 교육의제를 논의하는 대규모 국제회의인 세계교육포럼을 2015년 5월 인천에서 개최하였다. 교육부를 중심으로 수십억 단위의 정부예산이 투여되고, 전 세계의 167개국 정부 및 국제기구 대표단, 시민사회단체 대표단, 교육전문가들이 참석한 글로벌 교육의제가 한국에서 열렸음에도 불구하고 한국의 교육학계에서 전 지구적 교육 문제에 대한 연구차원의 관심이 없고, 누구도 정확하게 의미를 분석하거나 해석하는 데 주의를 기울이지 못했다는 점을 우리는 주시해야 한다.

실제로 2000년 이후 지금까지 소위 글로벌 교육의제가 무엇인지에 대한 진지한 탐색과 고민이 많지 않았고, 국제적인 교육의제는 '이미 결정된 후 주어진' 것으로 인식해 온 경향이 강하다(김진희 외, 2014). 아울러 그러한 국제교육의 폭넓은 논의를 이해하고 수용해야 하는 의무 사항이 없기 때문에, 아예 관심을 기울이지 않거나 혹은 거대한 국제사회의 야심찬 계획 정도로 이해해 왔다. 이러한 풍토로 인해서 글로벌 교육의제가 어떤 과정을 통해서 형성되었고 이것이 우리나라의 교육학 연구와 교육개발협력 사업에 주는 영향이 무엇인지 논리적으로 탐색하는 연구는 거의 없었다. 세계시민성을 연구하거나 세계시민교육활동에 참여하는 실행 기구에서는 글로벌 교육의제가 가장 중요하게 학습할 텍스트임에도 불구하고, 한국 사회에서 학술적 관심과 실천 활동이 미비했다. 이에 따라 여기서는 글로벌 교육의제가 가진 거시성과 광범위성을 고려하여, 이 연구에서는 논의의 수렴을 위해서 글로벌 교육의제에 개입하는 하나의 기제로서 교육개발협력의 방향성을 탐색하고자 한다.

따라서 본 연구는 유엔을 위시한 국제사회가 설정한 글로벌 교육의제의 내용이 무엇인지 분석하고, 이것이 향후 교육개발협력 연구에 주는 방향을 고찰하는 데 목적을 두고 있다. 이를 통해서 그동안 교육학 연구에서 포괄적으로 다루어지지 않았던 글로벌 교육의제에 대한 인식을 제고하고, 지구촌의 교육발전을 위해서 한국이 교육개발협력을 통해서 취해야 할 방향을 제안하는 데 의의를 둔다. 그리하여 우리나라의 글로벌 교육 추진 역량에 대한 지식 정보 인프라를 확충하고, 실질적인 교육데이터를 수집하고 분석함으로써 다양한 이해관계를 가진 연구자 그룹과 실행 조직에서 우리나라의 특수한 맥락에 맞추어 글로벌 교육의제를 추진하는 큰 그림이 유기적으로 그려질 수 있도록 제 시사점을 얻고자 한다.

1. 글로벌 교육의제의 의미 분석: 표상(表象)과 실제

2015년은 지난 2000년부터 국제사회가 15년간 설정한 새천년개발목표(이하 MDGs)와 모든 이를 위한 교육(이하 EFA) 목표를 이행하는 마지막 해이며, 다음 15년간의 새로운 개발 목표인 'Post 2015' 개발의제가 수립되는 분수령이 되는 해이다. 2015년 9월 유엔 본부에서 개최된 제70차 총회를 통해서 인류 공영의 번영을 위해서 지속가능발전목표로서 총 17개 의제를 선언하였다(UN, 2015a). 여기서 교육의제는 정치, 경제, 환경 영역과 마찬가지로 주요한 개발의제 중 하나로 포함되었다. 이러한 맥락에서 본 논문에서 다루는 글로벌 교육의제는 유엔 (UN) 체제에서 주요 국제기구들이 주도하는 국제사회의 공동 합의를 담은 초국적인 교육 목표의 집합체를 의미한다. 즉 우리나라를 비롯한 193개 유엔 회원국은 2016년부터 2030년까지 글로벌 교육의제를 설정하는 데 최종적으로 합의하였고 그것이 가지는 의미를 읽어내는 것이 필요하다. 이는 두 가지의 기의(記意)로 읽어낼 수 있다. 첫째, 글로벌 교육의제 형성과정에서 국제사회의 교육리더로서 한국의 표상적 이미지 재현에 대한 것이다. 둘째, 다른 개발의제보다 우선순위에 놓여 있는 교육의제의 특수성에 대한 논의이다. 이를 구체적으로 논의해 보도록 한다.

우선, 글로벌 교육의제 형성과정을 주목할 필요가 있다. 글로벌 교육의제는 2015년에 종료되는 EFA 목표와 MDGs 교육의제를 대신할 새로운 패러다임으로서 국제사회는 다양한 교육분야 이해관계자들과의 복합적이고 역동적인 협의과정을 거치며 의제를 발전시켜왔다. Post‒2015 글로벌 교육의제의 역동적 형성 과정을 분석한 연구(김진희 외, 2014)에서는 교육의제를 이끄는 주요 행위자, 갈등 관계 등 글로벌 교육의제의 역동성을 분석하였다. 2014년 당시에는 교육의제를 이끄는 두 개의 축, 즉 모든이를 위한 교육(EFA) 거버넌스 체제를 중심으로 논의되고 있는 글로벌 교육의제와 새천년개발목표(MDGs) 이후의 Post 2015 지속가능개발목표(SDGs) 개발의제 내에서 논의되는 글로벌 교육의제를 모두 분석하였다. 그러나 2015년에 한국에서 167개국의 교육대표들이 참석한 세계교육포럼 이후 명확한 구도가 판가름 났다. Post 2015 지속가능개발목표라는 큰 우산이 글로벌 교육의제를 포함하고 수렴한 것이다(UN, 2015b). 이것이 2016년부터 2030년까지 미래 교육을 이끌어갈 이정표가 되었으며, '2030년까지 모두를 위한 포괄적인 양질의 교육 및 평생학습 보장'으로 방향이 확정되었다(UNICEF & UNESCO, 2013). 여기서 우리나라는 '모두를 위한 교육권'을 강조한 세계적인 기초교육 운동인 EFA를 발전적으로 계승하고, 2015년 이후에 전개되는 21세기의 새로운 교육 패러다임을 제시하는 모멘텀이 될 글로벌 교육 국제회의를 개최한 것이다. 이 과정에서 본격적으로 2013년부터 교육부와 한국교육개발원을 중심으로 글로벌 교육의제를 논의하는 핵심적인 국제회의에 참석하며 국제사회에 한국의 교육의제를 상정하고 협의하는 플레이어로서 활동하였다.

그렇다면 글로벌 교육의제를 이끄는 주체는 누구인가? 구체적으로 교육의제 설정의 행위과정의 중심부에는 UNESCO 본부의 EFA(Education for All)팀이 있었고, 그에 대한 국제적 합의나 정당성을 확보하기 위한 실무적인 의사결정기구로서 지역별 유네스코 회원국 대표, 국제기구, 시민단체 등이 참여하는 EFA 운영위원회가 존재했다. 예를 들어 EFA 운영위원회의 주요 안건은 UNESCO 담당 부서에서 작성하고, 담당부서는 그들이 보유한 기술자문그룹을 활용하여 내용에 대한 논리와 맥락을 보완하는 작업을 거친다. 그 이후 수정된 초안이 다시 EFA 운영위원회에 전달되고, 운영위원회이 의견 수렴 이후 글로벌 교육의제에 대한 'UNESCO의 입장문건'이 완성된다. 특히 세계교육포럼 개최국가의 포지션을 활용하여, 2013년부터 EFA 운영위원회(EFA SC)에 공식 의석을 확보하였고, 2015년 이후 개발의제를 비롯한 미래교육의제 설정의 주도국으로 자리매김을 할 수 있는 기회를 갖게 된 것이다. 그런 점에서 한국은 글로벌 교육의제에 대한 보다 각별한 책무의식을 대내외적으로 부여받고 세계교육포럼에서 창출된 글로벌 교육의제 관련 유무형의 자원과 에너지를 끌어올리는 리더십을 발휘해야 하는 궤도에 들어서게 된 것이다(교육부, 2015).

그러나 비판적인 관점에서 보자면 '글로벌 교육리더로서의 한국'은 정책적 어구로 약술되는 대외적 이미지를 표상하는 표어에 그치는 수준이라고 해도 무리가 아니다. 첫째, 근본적인 관점에서 소위 거시적이고 광범위한 글로벌 교육의제가 우리 내부의 교육문제와 어떠한 연관을 가지는지에 대한 비판적 성찰이 필요하다. 한국사회의 구성원들이 세계의 시민으로서 글로벌의제를 인식하는 지점까지 이르지 못했다고 하더라도, 글로벌 교육의제를 먼 나라 이야기로 타자화(他者化)하는 것은 우리 교육이 놓여 있는 보편성과 특수성을 통찰하지 못하는 장벽이 될 수 있다. 이미 우리나라는 OECD의 개발원조위원회의 멤버 국가로서, 국민의 세금을 모아서 개발도상국가의 발전을 위해 다양한 국제교육협력 사업에 참여하는 행위자이자 주체이기 때문에 글로벌 교육의제에 대한 이해가 필요하다. 비판적 성찰에 기반을 두고, 다양한 국제교육협의체와 지속적으로 교육의제를 논의하는 의사소통 장을 마련해 나가는 것이 필요하다. 표상적 이미지의 재현은 교육개발협력 사업 등 제 기제를 통해서 실제로 구현되는 열린 경로를 거쳐나가야 할 것이다.

둘째, 글로벌 교육의제가 가진 특수성을 어떻게 해석할 수 있는가이다. 2012년 UN은 교육이 다른 개발의제들보다 우선순위에 놓인 특별한 사안이라는 점을 고려하여, 반기문 사무총장은 다른 여타의 개발 목표들보다도 '교육이 최우선이다(Education First Initiative)'라는 글로벌 교육우선 구상 이니셔티브를 발표하였다(UNICEF & UNESCO, 2013). 우리나라는 글로벌 교육의제를 설정하는 중추적인 국제회의인 세계교육포럼(World Education Forum)을 개최한 국가로서, 2015년 유엔 총회 가운데 열린 제3차 글로벌 교육우선구상(GEFI) 고위급 회의에서 '국제사회의 교육 리더'로서의 한국의 이미지를 높이기 위한 외교 활동을 벌인 바 있다. 왜 교육이 다른 어떤 개발의제보다 중요한가? 그것은 교육분야는 다른 경제, 사회, 환경 의제를 달성시키는 데 필수적인 인간의 역량 개발의 기제라는 점에서 근거를 찾을 수 있다(McMahon, 2000). 국제협력사업에서 수원국가의 국민들에게 문제를 인지하고, 지식과 기술을 배우도록 하는 '교육'이 빠진다면 일방적으로 물자를 전달해주고 하드웨어 인프라를 제공하는 단선적 원조 사업에만 그칠 우려가 있다. 그런 점에서 교육은 지식과 기술, 가치를 공유하고 사람과 사회의 성장에 필요한 중핵적인 의제라는 점에서 특수한 연계 맥락을 가진다. 그 선상에서 교육은 국제 개발의 가장 핵심적인 기폭제로서의 입지를 다져오고 있다(World Bank, 2015; 김진희 외, 2014).

이처럼 글로벌 교육의제는 2016년부터 2030년까지 국제사회의 교육발전 방향의 포괄적이고 거시적인 비전을 수립하고, 지구촌의 모든 어린이, 청소년, 성인들이 유·초등교육부터 평생학습을 아우르는 양질의 교육을 받을 수 있도록 하는 것이 중추적 좌표라 할 수 있다. 이처럼 글로벌 교육의제의 최신 동향을 다각적으로 이해하는 것은 한국 교육의 미래뿐만 아니라, 국경을 넘어서 전 세계의 교육공동체와 소통하고 국제사회의 교육 발전에 기여하는 데 중요하다. 이제 지속가능한 발전목표(SDGs)라는 큰 국제 규범 아래서 교육의제를 실천하기 위해서 글로벌 교육의제, 즉 'Education 2030'으로 총칭되는 미래사회의 교육목표를 교육 분야 개발협력사업을 통해서 체계적으로 실행하는 것이 필요하다. 따라서 글로벌 교육의제의 특수성은 모든 유엔 회원국이 합의한 대로 교육은 곧 인간의 보편적 권리(human right)라는 도덕적 규범에 기반을 두고, 개인은 물론한 사회의 더 나은 변화를 이끄는 기제라는 점에서 특별한 기대와 역할을 부여받고 있음을 방증하는 것이다.

그럼에도 불구하고 여전히 글로벌 교육의제가 지향하는 바가 무엇인지는 모호하며, 개발의제로서 교육의 본래적 가치와 실천적 역할이 무엇인지에 대해서 여전히 논란의 여지가 남아있다. 김진희 외(2014)의 연구에서는 글로벌 교육의제는 "사회과학적이며 교육문제에 대한 페다고지적 관점과 범주(scientific and pedagogical criteria)"에 따르는 입장과, 전 세계의 정치적 결단을 요청하며 각국

수장들에게 채택되어야 하는 "외교적인(diplomatic)" 관점이 혼재하고 있다고 밝혔다. 이러한 양면성과 중의성으로 인해서 인간의 잠재성을 발현하고 모두가 함께 살아가기 위한 교육인지, 아니면 경제성장과 인적자원개발을 위한 수단적 기제로서의 교육인지에 대한 논쟁은 여전히 평행선상에 놓여 있다. 또 유성상(2014)의 연구에서는 새로운 교육분야 개발협력 의제에는 각 교육목표를 아우르는 가치가 명확하게 드러나지 않고 있으며, 어떤 방식으로 전 세계의 '교육개발' 문제에 접근할 것인지 여전히 그것의 방향성이 모호하다는 점을 비판하고 있다.

교육의제는 모든 사람들에게 인종, 국적, 성, 계층의 차별 없이 교육의 양적 기회확대와 질 높은 교육기회 보장을 강조하고 있지만, 이때 교육이 전지구적 개발의 문제를 해결하는 데 있어서 어떻게, 왜 중요한 매개가 될 수 있는지 대해서는 여전히 합의되지 못한 채 탈가치적인 수단적 기제로 활용되는 것에 대한 반성적 성찰도 요구된다. 따라서 글로벌 교육의제가 다른 여타의 개발의제보다 급선무라는 우위 담론이 자칫 교육이 담지한 인간의 잠재력 계발과 성장이라는 본질적 가치를 도외시한 채, 발전을 위한 도구적 관점에서 재생산되는 것을 경계해야 할 것이다. 이에 대한 논의는 보다 다각적으로 이루어질 필요가 있다.

2. 글로벌 교육의제를 인식하는 맥락: 연계성, 포괄성, 중장기성

세계 간 상호의존성과 상호연관성이 점차 확대되는 현대사회에서 '글로벌'이라는 기표와 기의는 우리의 일상 생활세계에 보다 근접하게 넘쳐나고 있다. 교육분야도 인류 공동의 번영과 성장을 위해서 교육의제를 공동으로 만들어 가고 있는데, 이러한 글로벌 교육의제를 인식하는 맥락은 상당히 다층적이다. 어떠한 사회철학적 관점에서 교육의제를 볼 것인가에 따라 그것의 실제와 영향력은 달라질 수밖에 없다. 여기서는 글로벌 교육의제를 특정 관점에서 조망하는 것이 아니라, 그것을 둘러싼 다양한 맥락을 분석하는 것이 중요하다.

교육은 계획성, 체계성, 의도성을 가지는 중장기적 개입이다. 교육이 국제사회의 목표이자 의제가 될 때 그것은 식량과 의료 보건 등의 기본적인 삶의 필요를 넘어서, 인간 존엄성과 삶의 기회를 보장하는 지속가능한 성장을 촉발하는 것이라는 점에서 의미를 가진다. 글로벌 교육의제는 누구도 소외받지 않도록, 모든 이를 위한 양질의 교육이 포괄적으로, 형평성 있게, 평생학습 차원에서 이루어져야 한다는 것이 골자를 이루고 있다(UNESCO, 2015b). 교육의 공공성 확보를 요청하는 전 지구적인 목소리를 반영한 것이며(김진희 외, 2014) 이때 중요한 것은 글로벌 교육의제가 놓여있는 다층적 맥락에 대한 이해이다.

첫째, 글로벌 교육의제는 연계성 맥락에서 이해되어야 한다(UNESCO, 2015a). 지난 15년간 EFA 교육목표를 달성하는 과정에서 교육의제는 개발의제인 MDG 목표와 분리되어 추진되어 왔다. 다시 말해 교육목표는 교육목표대로, 개발목표는 개발목표대로 독립된 의제들을 설정하고, 목표 달성표를 테이블에 올려왔다. 그러나 이제는 지속가능한 발전목표의 큰 우산 아래에 교육목표가 포함되어 있다. 이것은 교육목표가 다른 기타의 개발의제와 유기적으로 연계되어 있음을 보여준다. 즉 개발도상국의 지속가능한 성장을 위해서 수원국의 사람들이 개발과 불평등의 문제를 인식하고, 공감하고, 적절한 지식과 기술을 학습할 수 있는 '교육'이 빠진다면 일방향적인 원조 사업에만 그칠 우려가 있다. 그런 점에서 교육은 지식과 기술, 가치를 공유하고 사람과 사회의 성장에 필요한 중핵적인 의제라는 점에서 특수한 연계 맥락을 가진다. 개발협력에서 교육은 개인과 사회 발전의 기본적인 '수요'이자, 동시에 사회적인 발전을 이끄는 '원동력'이다. 예컨대, 물과 건강처럼 교육은 인간에게 기본적인 삶의 필요이며, 동시에 취업과 산업 발전을 이끄는 견인차이다. 또한 사회적 불평등을 해소하고, 사람들의 성 인지(gender sensitivity)를 함양하는 데 교육이 필요하다. 이러한 측면에서 교육 분야는 한 국가의 사회발전 목표와 궤를 같이 하면서 추진되는 분야이므로 연계성에 입각한 총체적인 접근이 필요하다.

둘째, 글로벌 교육의제는 포괄성의 맥락에 놓여 있다. UN체제하에서 전개되는 복잡다단한 글로벌 교육의제는 단순히 모든 개발도상국의 아동 및 청소년의 정규 학교에의 접근성을 향상하자는 논의를 넘어서, 사람들이 그 자신의 삶에 영향을 주고받는 거대한 구조와 체제, 그리고 평등의 문화까지 포괄적인 관계 맺음을 하고 있다. 예컨대 최빈국가, 분쟁지역, 취약집단의 교육 불평등 이슈는 단순히 교육의 형평성과 학교교육의 기회 확대의 문제에 국한 된 것이 아니라 전 지구적 정치, 경제, 사회적인 구조적 불평등과 국가 내 지역, 성, 인종, 계층의 불평등과 격차 문제와 맞물려 있는 것이다(Walker & Unterhalter, 2010). 결국 교육과 개발의 관계는 인간의 존엄성 고양, 인권으로서의 교육 권리, 교육을 통한 사회발전, 그리고 개개인을 둘러싼 국지적, 글로벌 현실이 구성되는 메커니즘을 이해하는 것과 상호 연관되어 있다. 그런 점에서 국제개발협력에서 교육에 대한 논의는 매우 통합적이고 포괄적으로 접근되어야 한다.

셋째, 글로벌 교육의제는 중장기적 개입이라는 측면에서 지속가능성의 맥락에서 바라볼 필요가 있다. 제70차 UN 총회는 유엔 가입국의 만장일치로 지속가능발전목표(SDGs)를 국제사회의 발전 목표로 승인하였다. 따라서 2015년부터 2030년까지 국제사회의 개발협력은 지속가능성을 핵심 기조로 삼고 추진될 전망이다. 이와 궤를 같이하여 교육발전은 단순히 단기적으로 개발도상국 아동과 청소년의 취학률을 높이고 학습 성과를 도출하고 교육의 효과를 측정하는 산발적 접근이 아니라, 개인과 조직, 사회의 지속가능한 역량 개발 및 성장의 기제로 추진되어야 한다. 즉 교육은 인간 개인의 변화와 성장, 공동체의 발전, 국가 사회의 발전을 지속가능한 방식으로 풀어내는 메커니즘이다.

Ⅲ 글로벌 교육의제의 내용 비교 분석

1. 2000년의 교육의제와 Post 2015 교육의제의 비교

오늘날 UN 체제에서 글로벌 교육의제 설정을 주도적으로 이끌고 있는 국제기구는 UNESCO이다. UNESCO는 다양한 이해관계자들과 협력하여 모두를 위한 교육(EFA) 교육의제의 목표 달성이 완료되는 2015년을 기점으로, 새로운 이정표를 세울 15년 동안(2016~2030)의 교육의제를 형성하기 위한 국제적인 협의과정을 주도해 오고 있다. 전술하였듯이 글로벌 교육의제를 형성하는 양대 축이 존재해 왔다. 그 첫 번째 축은 2015년에 종료되는 EFA를 이어받는 Post–EFA 중심의 교육 의제이며, 나머지 하나의 축은 2015년에 만료되는 MDGs 이후의 개발의제를 이끌어가고 있는 지속가능발전목표(Sustainable Development Goals 이하,

표 1 2000년과 2015년 교육의제 내용과 특성 비교

	EFA(2000)	Post-EFA(2015)
포괄적 목표	• 거시 목표가 제시되지 않음	• 모든 세부 교육목표를 아우르는 거시 목표 제시 • 학교교육을 넘어서 평생학습 차원의 접근 최초로 제시
교육의제 범위	• 기초교육 중시	• 기초교육뿐만 아니라 고등교육과 평생학습으로 확장
대상	• 여성과 장애인에 준하는 소외집단 • 취약계층에 대한 모호한 접근	• 구체적 대상(target) 설정 예) 취약계층 구체화: 장애인, 토착민, 난민, 최빈국의 중도탈락 아동, 취약국가 소녀 등
지표	• Global Monitoring Report 중심 • 취학률, 문해율 등 양적 지표 중심 예) Gross pre-primary enrolment ratio(%), Pupil-teacher ratio(%) 등	• 새로운 교육 의제에 대응하는 구체적 지표(indicator) 개발 중 예) 학습 성과 측정 지표, 세계시민교육 (Global citizenship education) 지표, 교육의 질적 지표
주체 및 유관기관	• 교육중심 주체들(agency)	• 다자간 협의체(국가, 시민사회, 기업 등) • 양자채널 • 다자간 채널
NGO 역할	• 참여와 기여를 해왔으나 미미했음	• EFA 운영위원회에 실질적 참여 • 부의장 의석 확보를 통한 영향력 행사
개발의제로서 교육 위치	• 기본권, 인권으로서의 교육 의제	• 기본권에 그치지 않고, 다른 개발의제보다 우선적 담론 확보 예) 교육우선구상사업(Global Education First Initiative, 2012)

출처: 김진희 외(2014: 21–22)

SDGs) 내에서 다루는 글로벌 교육의제이다. 결국 후자 중심으로 새롭게 글로벌 교육의제가 재편된 것을 이해할 필요가 있고, 이것이 교육의제의 포괄적 연계성과 지속가능성을 보여주고 있다(김진희, 2015a).

그러나 2000년에 세네갈 다카르 세계교육포럼에서 제안된 교육의제와 2015년에 대한민국 인천에서 열린 세계교육포럼 이후 확정된 교육의제의 차이가 무엇이기에 '새로운'이라는 수식어구를 붙일 수 있는지 살펴볼 필요가 있다. 다음의 표는 포괄적 목표 설정, 교육의제의 범위, 지표, 대상, 참여집단 등 다양한 분석 준거를 통해서 2000년의 교육의제와 2015년에 확정된 교육의제가 어떠한 차이를 보이는지를 집약적으로 보여준다.

이를 볼 때 Post 2015 글로벌 교육의제는 기존의 모든 사람을 위한 교육권을 강조하던 EFA 시대의 교육의제와 비교할 때 의제의 폭과 깊이, 참여주체, 그리고 그것의 영향력의 외연이 확대되었다는 점을 알 수 있다(OECD, 2014). 그동안의 교육의제는 각 국가의 이해관계를 반영한 거대 목표와 선언적 지향성으로 인해서 논리적 개연성이 떨어지는 의제 설정과 느슨한 행동 강령으로 비판을 받아 왔지만, 2015년에 유엔 결의를 통해서 선언된 글로벌 교육의제는 유엔의 글로벌 교육우선구상사업(GEFI)을 계기로 대외적인 담론의 힘은 얻고 있는 것이 사실이며, 현재 구체적인 교육지표 설정과 행동강령(Frame for Action) 구축에서 보다 체계적인 분석과 실행구조 마련이 활발하게 논의되고 있다(UNESCO, 2015a). 이러한 변화를 보자면 2000년부터 2015년까지 교육 환경이 변화한 것만큼이나 앞으로 구성해 갈 새로운 15년 즉, 2016년부터 2030년까지 글로벌 교육의제를 둘러싼 환경과 구조는 더욱 복합다층적일 것이라고 예측할 수 있다.

분명한 것은 이제 글로벌 교육의제가 유엔 체제에서 독립적으로 설정되고 합의되어, 국제사회가 공동의 대응을 필요로 하는 글로벌 정책의 고려 대상이라는 점을 주목할 필요가 있다. 또한 2000년의 교육의제와 2015년 교육의제의 지평과 내용, 그리고 교육의제 형성과정의 내적 차이에도 불구하고 공통적으로 소외된 개인과 집단의 교육 권리를 공공재로서 강조하고, 교육의 질, 형평성, 그리고 포용성을 강조하고 있다는 점을 인식해야 한다. 다만 2015년의 교육의제에서는 평생학습이 새로운 핵심으로 강조되고 있는 점을 파악할 필요가 있다 (UNESCO Institute for Lifelong Learning, 2013; 김진희 외, 2015b). 인간의 전 생애에 걸쳐서 학습자의 수요와 요구를 반영하고 지속적으로 열린 교육기회를 제공하는 것은 새로운 패러다임이라 할 수 있다. 그 기저에는 다양한 형태의 학습을 존중하고, 인생의 다양한 시기에 걸쳐서 개별 학습자들이 가진 잠재력을 키우는 인간개발과 인간의 존엄성(human dignity)의 문제를 내포하고 있다.

2. 주요 국제회의에서 논의된 글로벌 교육의제 내용 분석

(1) 유엔(UN)의 지속가능발전목표(SDGs)에 포함된 교육 의제

2015년 UN 총회에서 채택된 새로운 지속가능발전의제는 2015년 8월 1일에 193개 UN 회원국의 합의를 거쳐 초안을 공개했다. 선언문의 최종본이 나오기까지 2년이 넘는 시간이 소요되었으며, 기존의 글로벌 의제와 달리 비정부 기구인 시민사회단체, 개별 국가의 참여가 돋보였다. UN이 2015년 확정한 지속가능발전목표(SDGs) 속에 포함된 교육 의제에는 7개의 세부 교육목표와 3개의 이행방안이 제시되어 있다(UN 2015b). 여기에는 유아교육, 기초교육, 중등교육, 고등교육, 평생교육 등 다양한 교육영역에 대한 접근성 강화와 양질의 교육을 보장해야 함을 강조하고 있다. 여기서는 교육의제의 수혜자들이 가장 소외된 취약계층부터 시작되어야 하는 것임을 천명하면서 교육의 불평등 해소를 강조하고, 교육대상에 대한 포괄성과 형평성을 추구하고 있다.

다음 표의 목표들을 자세히 살펴보면 193개 유엔 회원국이 확정하고 결의한 7개의 교육목표들이 단위 교육영역별로 분리하거나 구분하여 의제로 설정한 것이 아니라, 하나의 목표 안에 여러 교육 영역들이 교차하여 제안되고 있다는 점을 파악할 필요가 있다. 예를 들어 '2030년까지 모든 여아와 남아의 적절하고 효과적인 학습 성과를 이끌어낼 수 있는 무상의 공평하고 양질의 초등교육과 중

표 2 유엔의 글로벌 교육의제 세부 목표

목표 4	모두를 위한 포괄적이고 평등한 양질의 교육 보장 및 평생학습 진흥
목표 4.1	2030년까지 모든 여아와 남아의 효과적인 학습성과를 이끌어낼 수 있는 무상의 양질의 초등교육과 중등교육을 이수하도록 보장한다.
목표 4.2	2030년까지 모든 여아와 남아가 양질의 영유아 발달 교육, 돌봄, 초등 전 교육에 접근할 수 있도록 보장하여, 이들이 초등교육을 준비할 수 있도록 한다.
목표 4.3	2030년까지 모든 여성과 남성에게 적정비용의 양질의 기술교육, 직업교육 및 대학과정을 포함한 고등교육에 대한 평등한 접근을 보장한다.
목표 4.4	2030년까지 취업, 양질의 일자리, 창업 활동에 필요한 전문기술 및 직업 기술을 포함하는 적절한 기술을 가진 청소년 및 성인의 수를 최대한 증대한다.
목표 4.5	2030년까지 교육에서의 성차별을 해소하고, 장애인, 토착민, 취약상황에 처한 아동을 포함한 취약계층이 교육과 직업 훈련에 동등한 접근성을 가지도록 보장한다.
목표 4.6	2030년까지 모든 청소년과 최대 비율의 성인 남녀가 문해력과 수리력을 획득하도록 지원한다.
목표 4.7	2030년까지 모든 학습자들이 지속가능 생활방식, 인권, 성평등, 평화와 비폭력 문화 증진, 세계시민의식, 문화다양성 및 지속가능발전을 증진하기 위해 필요한 지식과 기술을 습득하도록 보장한다.
목표 4.a	아동, 장애인, 성차를 포괄적으로 고려한 교육시설을 건립하고, 모두를 위한 안전하고, 비폭력적이며, 포용적이고 효과적인 학습 환경을 제공한다.
목표 4.b	2020년까지 전 세계적으로 개발도상국, 특히 최빈국, 도서개발국(SIDs), 아프리카 국가에서 선진국이나 기타 개발도상국의 청소년들이 직업훈련, ICT, 과학기술 및 공학분야를 포함한 고등교육에 참여할 수 있도록 장학금 지원을 확대한다.
목표 4.c	2030년까지 개발도상국, 특히 최빈국 및 도서개발국(SIDs)의 교사훈련을 위해 국제협력 등을 통해 양성된 자격을 갖춘 교사 공급을 확대한다.

출처: 김진희 외(2015a: 38)

등교육을 이수하도록 보장한다'라고 제시한 4.1 세부 목표의 경우, 초등교육과 중등교육이 같이 단일 목표 안에 포함되어 있다. 의제를 교육영역별로 분리하여 제시한 것이 아니라, 학습성과 제고와 양질의 교육을 위해서 주제별, 목표별로 제시하고 있는 것이 주목할 점이다. 또 4.3 목표의 경우, '2030년까지 모든 여성과 남성에게 적정비용의 양질의 기술교육, 직업교육 및 대학과정을 포함한 고등교육에 대한 평등한 접근을 보장한다'라는 것을 선언하고 있다. 여기서는 기존의 모든 이를 위한 교육 EFA 목표에서 다루었던 초중등 교육을 넘어서, 고등교육에 대한 접근성을 확장해야 한다는 것을 보여준다. 글로벌 교육의제의 폭이 넓어진 것을 반증하는 지점이라 할 수 있다. 4.6에 제시된 의제의 경우, '2030년까지 모든 청소년과 최대 비율의 성인 남녀가 문해력과 수리력을 성취하도록 보장한다'를 목표로 설정하고 있다. 이것은 전통적으로 EFA에서 청소년과 성인의 삶의 기술을 향상시키고자 하는 문해교육 의제를 계승하고 있는 부분이라 할 수 있다. 마지막으로, 4.7의 교육목표는 새롭게 등장한 의제라 할 수 있다. '2030년까지 모든 학습자들이 지속가능발전교육 및 지속가능 생활방식, 인권, 성평등, 평화와 비폭력 문화 증진, 세계시민의식, 문화다양성 및 지속가능발전을 위한 문화의 기여에 대한 교육을 통해 지속가능발전을 증진하기 위해 필요한 지식과 기술을 습득하도록 보장한다'는 목표는 2000년부터 2015년까지 국제사회의 교육목표에서 구체적으로 제안되지 않았던 의제이다. 즉 그동안 교육의 접근성 향상과 교육의 질 제고를 위한 교육의제는 줄곧 강조되어 왔지만, 4.7의 의제는 지식과 기술 중심의 교육보다 비(非)인지교육에 방점을 두고 있다. 그런 측면에서 새롭게 등장한 의제로 볼 수 있지만, 큰 틀에서 볼 때 유네스코가 반세기 넘게 강조해 온 평화, 문화다양성, 세계 공영의 번영 정신을 반영하고 있는 의제라는 점에서 특별한 의미를 가진다.

(2) 2015 세계교육포럼(WEF) '인천선언문'에 제시된 교육의제

2000년 세네갈 다카르 이후 15년 만에 열린 2015 세계교육포럼에서는 지구촌의 지속가능발전목표(SDGs)를 이루기 위해서 인천선언문이라는 하나의 합의된 약속을 담아낸 교육의제를 발표했다는 성취를 이루었다. 전 세계 UNESCO 회원국의 교육 수장, 국제기구 대표단, 시민사회단체 대표단, 청년그룹, 학계 등 국제 교육계의 다양한 인사들이 참석하여 인천선언문을 발의하는 데 합의했다.

'인천선언문'에서는 글로벌 교육의제의 큰 방향성과 핵심 주제를 선명하게 도출하였다. '2030년을 향해: 교육을 위한 새로운 비전'이라는 제목을 통해서 교육의제의 5가지 세부 주제를 제시하였다(UNESCO, 2015b). 이는 첫째, 교육의 접근성, 둘째, 형평성과 포용, 셋째, 양성 평등, 넷째, 양질의 교육, 그리고 다섯째,

인천 선언문: 2030년 교육 – 모두를 위한 평등하고 포용적인 양질의 교육과 평생학습

- 2030년을 향해: 교육을 위한 새로운 비전
  - 새로운 비전은 지속가능발전목표 4("모든 이들을 위한 포용적이고 평등한 양질의 교육 보장 및 평생학습기회의 보장")와 이에 상응한 세부목표(Target)들을 충실히 반영함
  - **교육 접근성(Access)** 확대를 위해 2030년까지 12년의 공적재원으로 지원되는 무상의 평등한, 의미 있는 학습 성취로 이어지는 양질의 초·중등 교육 제공을 보장할 것이며 이 중 최소 9년은 무상의무교육으로 함
  - 교육을 통한 **형평성과 포용(Inclusion and equity)**은 변화를 일으키는 교육의제의 주춧돌로서, 교육 접근성, 참여 및 학습 성취에서 모든 형태의 배제와 소외, 불평등 및 격차 문제를 해결할 것을 약속함
  - 모두를 위한 교육받을 권리를 달성하는 데 **양성평등(gender equality)**의 중요성을 인식함
  - **양질의 교육(quality education)**과 학습 성과 개선을 약속하며, 이를 위해 지속가능발전교육(ESD)과 세계시민교육(GCED)을 통한 지역적·범지구적 도전에 대응할 수 있는 기술, 가치, 태도를 발전시켜 나갈 것임
  - 모두를 위한 **평생학습기회(lifelong learning opportunities)**를 증진할 것을 약속하며, 이는 양질의 직업기술교육훈련(TVET) 및 고등교육(higher education)에 대한 접근성의 균등한 확대를 포함함
  - 국내실향민·난민 등을 포함, 분쟁지역이나 위기에 처한 아이들, 청년들, 성인들의 교육수요를 충족하도록 보다 포용적이고 대응적이며 탄력있는 교육시스템을 개발할 것을 약속함

출처: UNESCO(2015b)

평생학습이다.

인천선언문에서 제시된 글로벌 교육의제의 주제는 제 70차 UN 총회에서 승인된 지속가능한 발전목표로서의 교육의제에 녹아 있다. 특히, 교육 목표 달성에 있어서 누구도 소외되지 않고, 교육의 접근성·형평성·포용성의 가치를 담아 추진되어야 함을 강조하였다(UNESCO, 2015b).

교육의 가치실현을 도모하지 않는 교육개발협력 사업은 개념적으로 모순적이라 할 수 있다. 이것은 인천선언문에 반영된 교육의제의 핵심 5대 주제와도 일맥 한다. 앞으로 이러한 주제가 우리나라의 교유개발협력 사업이 놓치지 않아야 할 주요 준거이자 기조가 되어야 할 것이다. 누구도 소외받지 않고 교육권을

누릴 수 있도록 교육개발협력 사업의 교육 접근성을 확대하고, 양질의 교육에의 참여 및 학업 성취에서 모든 형태의 배제와 소외, 불평등 및 격차 문제를 해결할 수 있는 구체적인 사업이 발굴되어야 할 것이다. 또한 모두를 위한 교육받을 권리를 달성하는 데 있어서 양성 평등(gender equality)을 이룰 수 있는 교육 사업이 추진되어야 한다. 마지막으로 모두를 위한 평생학습기회(lifelong learning opportunities)를 확대하고 모든 아동, 청소년, 성인들이 삶의 기술과 잠재 역량을 키울 수 있는 교육시스템을 구축하는 데 기여해 나가야 한다는 점을 인천선언문은 보여주고 있다.

(3) 오슬로 교육개발협력 정상회의 '오슬로 선언문'에 반영된 교육의제

세계교육포럼(WEF)에 이어 2015년 7월 노르웨이 오슬로에서 진행된 교육개발협력 정상회의는 인천선언문에서 제시된 교육의제를 달성하기 위한 도전 과제를 총체적으로 검토하고, 의제 실천을 위한 행동강령 마련을 위한 국제적 논의를 거치는 회의라 할 수 있다. UN사무총장, UNESCO 사무총장 등을 비롯한 교육 분야 국제 리더들이 참여하여 국제교육개발협력 의제를 논의하면서, 오슬로 선언문을 발표하였으며 주요 논점은 다음과 같다. 핵심적인 논의 주제는 교육 재정과 투자, 여성 및 여아를 위한 교육, 분쟁지역에서 교육, 양질의 학습에 초점을 맞추었고, 이를 달성하기 위해서 교육개발협력의 방향성을 찾기 위한 논의가 전개되었다.

오슬로 교육개발협력 정상회의에서는 인천선언문에 제시된 교육분야의 모든 의제와 주제를 다루기보다 초점의제, 즉 국제사회가 직면한 취약계층을 위한 교육 이슈를 전면적으로 다루었으며 이러한 측면에서 장애인을 위한 특수교육, 난민교육, 인도주의적 긴급 구호와 교육, 성평등을 위한 인권교육이 강조되었다. 또한 교육의제 실천을 위한 정보통신기술(ICT)의 중요성을 부각하면서, 전 지구촌의 교육 격차 해소를 위한 ICT 활용을 통한 문해력 향상, 수리력 향상 교육 등을 양질의 교육 실천의 방법론 중 하나로 제시하였다(World Bank, 2015).

노르웨이에서 열린 오슬로 교육개발협력 정상회의 결과로 채택된 '오슬로

- 교육에 대한 투자: 교육의 보편화를 위한 효율적이고 결과기반의 발전 및 교육을 위한 향상된 국외 지원 및 국내 자원 이동
- 여아를 위한 교육: 중·고등 교육의 취학률 향상을 위한 지원, 특히 여기서 건강보건과 교육의 이슈에 대한 초점
- 분쟁지역에서의 교육: 소외계층을 위한 인도주의적 교육을 지원하며, 분쟁 이후의 교육 지원
- 양질의 학습: 양질의 교원 양성, 학습 자료, 혁신 및 기술 사용 개선 및 노동시장의 수요에 맞는 기술 향상

출처: 김진희(2015b)

선언문'은 지속가능한 국제사회의 발전을 위해 교육이 핵심이라는 점과 교육은 인간의 기본권임을 다시 한 번 환기하였다. 또한 국가 단위 정부의 책무성을 다시금 강조하고, 소외계층의 교육에 대한 접근성 및 이에 대한 교육재원 투자의 필요성을 제시하였다. 아울러 이제는 모든 이를 위한 양질의 교육을 위해서는 선진국과 국제기구가 지원하는 원조 기금에만 의존할 것이 아니라, 개발도상국 자체적으로 세금 조정 시스템 개혁을 통해서 국내의 교육재정 비중을 높여야 한다는 논의가 중심이 되었다. 이는 국제개발협력에서도 국제적 파트너십과 수원국 내부의 주인의식과 책무성을 동시에 강조한 것으로 해석할 수 있다.

구체적으로 첫째, 모든 취약계층에 대한 포용성을 강조하는 접근이 중요하다. 오슬로 선언문에 따르면, 미성년 노동 및 아동 노동 착취 근절에 대한 중요성을 강조하고 있다. 특히 모든 이를 위한 교육이라는 포괄적인 목표 달성을 위해서 장애인을 포함한 소외·취약계층의 교육에 대한 접근성을 보장해야 함을 강조하고 있다(Norwegian Ministry of Foreign Affairs, 2015).

둘째, 글로벌 교육의제는 학교 중도 탈락 어린이 및 청소년을 위한 교육기회를 포용적으로 보장해야 한다. 최근 UN이 발표한 MDG 최종 보고서에 따르면, 초등학생 입학률에 대한 괄목할 만한 성과에도 불구하고 여전히 전 세계의 5,700만 명의 아이들이 중퇴한 상태라고 발표하였다. 이러한 수치는 2000년 1억 명에 달했던 수치와 비교하였을 때 절반에 가까운 수치지만, 이러한 노력에

도 불구하고 2015년까지 모든 이들의 초등 교육을 보장하겠다는 목표 달성은 역부족인 것으로 나타났다(World Education Blog, 2015).

셋째, 분쟁 및 재난 지역의 교육권 보장이 최우선적 과제다. 전 세계에는 1억 2,400만 명의 학교 중퇴 어린이 및 청소년이 존재하고 있다. 이러한 상황에서 분쟁 및 재난 지역의 교육 보장을 위한 수백만 달러의 인도주의적 기금 촉구가 강조되었다. 특히 시리아 피난민의 교육을 위한 투자와 최근 지진으로 인해 큰 피해를 본 네팔의 아이들을 위한 교육 투자를 필요성은 많은 공감을 얻었다. 분쟁 및 재난 지역의 교육 보장을 위한 기금 마련을 신속히 진행해야 한다는 것이 한 목소리로 강조되면서 오슬로 정상회의에서는 분쟁 및 자연 재해를 포함한 재난 지역에 대한 재정 원조 제공의 개선을 위한 공통의 플랫폼(common platform) 마련을 합의하는 자리가 되었다.

넷째, 성과 기반의 재정(results-based financing) 접근과 인권으로서 교육개발의 특수성이 상호 고려되어야 한다. 오슬로 정상회의에서 참석한 세계은행의 대표단(Keith Hansen)은 앞으로 국제교육은 분명한 성과를 나타낼 때 5년간 50억 달러까지 두 배로 늘릴 계획이라는 것을 선언하였다. 세계은행은 우수한 성과를 나타내는 개발도상국의 성공사례로 인도, 자메이카, 방글라데시, 파키스탄을 제시하면서 향후 교육개발 재원 투자를 교육 결과 및 성과와 연동시키겠다는 입장을 밝혔다(World Bank, 2015). 그러나 이에 대하여 시민단체 및 교육계는 교육은 일회적 단기 처방 으로 효과를 볼 수 있는 보건 분야와 다르며, 교육의 효과와 결과는 중장기적인 투자가 필요하므로 결과기반의 재정 투자방식은 교육의 중장기적 특성을 고려하지 못한 방식이라는 문제제기가 있었다. 즉 교육은 성과의 여부와 상관없이 기본적인 인간권리임을 천명하는 시민사회단체와 국제기구 참석자들은 교육은 곧 인권이라는 인식론을 강조하였다. 이에 섣부른 성과기반 재정 투자는 지구촌에 산재한 소외계층을 다시 한 번 소외시키는 결과를 초래할 수도 있다. 다섯째, 새로운 교육재정 협의체를 위한 국제적 노력과 결속력이 중요하다. 국제적인 교육격차는 지구촌이 당면한 현실이다. 이번 오슬로 정상회의에서는 고든 브라운 UN 교육특사를 주축으로 한 글로벌 교육재정위원회의 필요성이 구체적으로 부각되었다. 이미 국제사회는 지난 15년간 추진해온 EFA 교육목표가 달성하지 못한 목표(unfinished business)라고 자인하고 있으며, 교육개발협력 분야의 편중성과 교육 재정에 대한 한계를 뼈아프게 지적하고 있다. 이러한 문제의식을 기반으로 UN을 위시한 국제사회는 동 위원회를 기반으로 여성 및 소녀를 위한 양질의 교육, 분쟁 및 재난 지역의 교육에 대한 재정적 분배와 재원 확보가 필요하다는 합의에 이르렀다. 최종적으로 2015년 10월에 영국 수상을 지낸 고든 브라운 UN 교육 특사를 위원장으로 하여 세계은행 총재, 유네스코 총재 등이 참여하는 '글로벌 교육재정 위원회(International Commission on Financing Global Education Opportunity)'를 발족하였다. 이는 세계의 교육 기회 확대를 위한 교육분야 개발협력 재원에 대한 적지 않은 영향력을 행사하게 될 것이며(김진희 외, 2015b) 지속가능발전 목표로서 교육의제를 실천하는 중요한 첫 걸음이 될 것으로 예상된다.

(4) 에티오피아 아디스 아바바 개발재원회의에 반영된 교육의제

2015년 7월에는 두 개의 중요한 국제회의가 열렸다. 노르웨이 교육개발협력 정상회의가 열린 데 이어, 에티오피아 아디스 아바바에서 제3차 개발재원총회(Third International Conference Financing for Development)가 개최되었다. 아디스 아바바 개발재원총회에서는 반기문 UN 사무총장, 김용 세계은행 총재를 비롯한 국제기구 수장, 유엔 회원국 정부 대표, 시민사회단체에서 약 7,000여 명이 참석하여 Post 2015 개발의제 달성을 위한 재원 동원 방법에 대한 논의가 이루어졌다. 우리나라는 2010년 경제협력개발기구 개발원조위원회(OECD/DAC) 회원국으로 가입한 이후 공여국으로는 처음으로 참석하는 개발재원총회라는 점에서 의미가 있다. 한국 정부는 이번 개발재원총회에서 '교육을 위한 투자(The Investment case for Education)' 부대행사를 유네스코(UNESCO), 노르웨이 및 에티오피아 정부와 공동으로 주관하였다. 여기서 '교육 투자의 높은 성과: 수원국에서 공여국으로(High returns on investment in education: from aid recipient to aid donor)'라는 주제로 교육투자를 통한 한국의 개발 경험을 공유하였다(아시아경제, 2015). 지속가능한 발전의 성과를 제고하기 위해서 국제사회는 개발재원의 전방위적 확보가 중요하며, 개발재원을 활용하는 방안으로는 공적개발원조(ODA), 국내 재정 동원 및 효과적 분배·활용이 강조되었다. 특히 지속가능개발목표(SDGs) 달성을 위한 효과적인 개발재원 동원 방법 제시 및 글로벌 프레임워크 마련이라는 점에서 국내의 공적재원, 국내 및 국제 민간 비즈니스 및 재원을 어떻게 모으고 효율적으로 활용할 것인지를 논의하였다(UN, 2015a).

최종 발표된 아디스 아바바 액션 아젠다(AAAA)에는 교육과 기술에 대한 부분적인 언급만 되어 있을 뿐 교육의 7개 목표에 대해서는 구체적인 논의가 이루어지지 않았다. 다만 교육투자가 지속가능한 발전에 미치는 영향이 매우 크다는 것과 모든 아이들의 교육 받을 권리가 보장되어야 한다는 원칙을 역설하는 데 그쳤다. 또한 모든 이를 위한 생산적인 고용 및 양질의 일자리 제공 부분에서 중소기업을 위한 지원과 연계한 기술의 중요성을 언급하며, 모든 이를 위한(특히 젊은이들과 기업을 위한) 적절한 기술개발훈련을 강조하였다.

특히 아디스 아바바 국제회의의 선언문에는 교육을 위한 글로벌 파트너십(GPE) 강화를 포함한 국제협력과 투자 증대를 강조하였다. 특히 주목할 점은 교육과 공적개발원조(ODA)의 연계성을 언급하며, 국제개발에 대한 투자를 증대시키고 모든 아이들에게 포괄적이고 차별 없는 양질의 유·초·중등 무상교육을 제공해야 한다는 점이 논의되었다는 점이다. 이는 인천선언문에서 논의된 의제를 반영하기 위한 교육 재원의 안정적 확보와 연결되는 것이다. 아울러 과학, 기술, 혁신 및 역량 개발 부분에서는 직업교육, 고등교육이 중요성을 언급하며 혁신적인 고등교육 시스템이 구축되어야 한다는 논의가 있었다. 전반적으로 보자면, 글로벌 프레임으로서 지속가능한 개발을 위한 교육, 기술 및 지식 습득과 활용의 중요성이 강조되었다는 점을 주지할 필요가 있다.

Ⅳ 글로벌 교육의제를 둘러싼 담론과 쟁점 분석

1. 아동의 '교육 접근성' 강화에서 학습자의 '학습 성과'로 초점 이동

2013년부터 세계은행(World Bank)을 비롯하여 글로벌 교육의제를 논의하고 확정하는 여러 국제회의에서 다양한 교육주체들은 '교육' 그 자체보다, '학습'을 강조하기 시작하는 변화가 나타났다(UNESCO, 2015a; 김진희 외, 2015c). 이러한 맥락에서 2013년에 유엔에서 'Learning for All' 국제회의가 개최하는 등 새로운 교육의제 패러다임을 구축하기 위한 일련의 노력들이 있어 왔다. 국제사회가 진지하게 고민하고 개입해야 하는 미래 교육에서 단순히 교육 투입(input)이 아니라, 아동과 청소년이 교육을 통해서 무엇을 배웠는가를 보여주는 학습 성과(learning outcome)가 제대로 도출되어야 한다는 입장에서 브루킹스 연구소(Brookings Institution)를 비롯한 국제교육계에서 학습 성과 측정을 위한 연구개발 활동이 추진되기도 했다.

이러한 맥락에서 지속가능발전목표 상에 포함된 글로벌 교육의제의 포괄적 목표에서 '평생교육'이 아니라 '평생학습'이라는 용어가 채택된 것이다. 유네스코(2015b)에 따르면 "모든 학생들의 출석, 참여 및 학습 성과(the presence, participation and achievement of all students)"는 통합적으로 이루어져야 한다고 강조했다. 즉, 모든 학생들이 교육을 받는 장소에 얼마나 정기적으로 출석하며, 이러한 출석을 통해 학습자의 관점에서 양질의 학습 경험을 쌓고, 단지 시험 결과가 아닌 교과과정을 통한 지식과 기술 및 태도를 내적으로 배워가면서 학습 성과를 거두는 전반적인 과정을 의미한다. 이러한 의미에서 학생들의 학업 성과와 학습 성취도를 높일 수 있는 교육자의 자질과 역량이 더욱 강조되고 있는 것이라 할 수 있다. 지식을 단순히 전달하고 전수해주는 교사의 전통적 역할에서 벗어나 학습자의 학업 수준과 개별화된 교육적 요구에 맞추어서 교수학습 방법을 다양하게 적용하고 촉진하는 교수자의 역할이 수반되어야 함을 의미한다.

2. 글로벌 교육의제의 모호성과 탈맥락성으로 인한 실천 한계

앞서 분석했듯이 국제사회가 합의한 교육의제는 7개의 교육목표와 3개의 이행방안이 확정되었으나 글로벌 교육의제에서 말하는 교육의 본질적 목표와 가치가 무엇인지는 명확하게 밝혀지지 않았고, 다양한 주체에 따라 상이한 해석이 가능할 수 있는 모호한 내용들이 선언문에 혼재되어 있다. 국제사회가 고민하는 교육의제가 진정한 의미에서 인간의 잠재성을 발현하고 모두가 다함께 살아가기 위한 교육인가, 아니면 개발도상국의 경제 성장을 목적으로 한 인적자원개발을 위한 도구적 차원에서의 교육인가에 대해서는 오랜 논쟁이 여전히 풀리지 않고 있다(김진희 외, 2014: 13－15 ; Sinclair, M, 2007; Schultz, 1961; Sen, 2008; Boni & Walker, M 2013). 글로벌 교육의제의 포괄성과 거시성, 그리고 모호성으로 인해 각 가버넌스 및 실행 단위 주체들이 이것을 해석하고 실천하는 데도 한계가 노정되어 있다. 예컨대 교육의제에 포함된 세계시민교육(education for global citizenship)이나 지속가능발전교육(education for sustainable development)에 대해서도 무엇이 세계시민교육이고 지속가능한 발전교육인지 이를 교육프로그램 차원에서 실천하는 주체에 따라 수십 개의 해석이 가능하다. 이에 대한 개념이 명확하게 정의되지 않고 문건에서만 동어반복식으로 강조되고 있기에 거대한 담론들이 학교차원, 지역적 차원, 국가적 차원의 해당 이슈와 쟁점을 개입시키지 못하고 탈맥락적으로 갇혀 있다고 볼 수 있다(김진희, 2015c). 이는 의제가 실천되는 지점에 상당한 한계로 작용될 수 있다. 물론 글로벌 교육의제가 가진 '교육적 측면'과 '정치 외교적 측면'이 서로 타협의 과정을 거치면서 결합된 문건이기에 불가피한 측면도 있을 것이다(Heyeman, 2010).

그러나 여전히 풀리지 않는 질문들이 제기된다. 적어도 2030년까지 미래교육을 이끌어갈 2015 교육의제는 단순히 교육의 세부 영역의 확장인가? 학습자에 대한 포괄적 접근인가? 포괄적 교육목표에 '양질의 공평한 교육과 평생학습의 진흥'을 선언하고 있지만, 여전히 교육 중심 담론에 빠져서 학습이라는 영역에 대한 소외를 재생산하고 있는 것은 아닌가? 글로벌 교육의제는 여전히 인지교육 중심의 교육공급체제(education provision)를 강조하는데, 그나마 교육의제에 포함된 비인지 교육으로서 세계시민교육과 지속가능발전교육에 대한 접근법은 얼마나 유효하게 영향력을 가지는가? 이 같은 다양한 질문들 속에서 글로벌 교육의제의 실체가 무엇이며 국가와 지역, 작게는 학교 현장에서 실천될 수 있는 기제에 대한 본질적 질문을 내포하고 있는 것이 사실이다. 여전히 글로벌 교육의제에서 각국 정부의 역할은 무엇이며 어떻게 정책적으로 대응해야 하는지, 글로벌 교육목표나 교육지표를 수용하여 실천하는 주체들이 교육의제를 어떻게 해석하고 이행하는가에 대한 분석적인 논의가 이루어지지 않았다.

또한 교육계 내에서도 이해관계가 서로 다른 다양한 주체들의 의견을 어떻게 포용하고 수렴할 것인가 문제도 실천의 제약으로 남아 있다(UNESCO, 2015c). 예컨대 선진국과 개도국의 관점이 상이하고 그 내부에서도 지역별, 에이전시별, 선호하고 지지하는 의제가 상이하기 때문에, 교육의제가 실천되는 스펙트럼과 영향력도 다를 수밖에 없다. 선진국은 주로 보편적인 교육 목표를 지향하며, 보편적인 목표치를 설정하고 개도국을 포함한 각국의 교육 정책에 이를 반영하는 방식으로 목표 달성 전략을 수립하고자 한다. 반면에, 개도국은 자국의 정책 과제를 달성하기 위한 국가별 목표가 글로벌 교육의제에 반영되기를 희망하고, 목표치도 자국의 여건에 맞게 설정할 수 있도록 요구하고 있다. 비록 글로벌 교육의제가 전략적으로 포괄적이고 모호한 거시적 용어를 선언문에 넣었다고 하더라도 이것이 실천되는 양상에서의 쟁점은 여전히 교육의제를 수렴하고 해석하고 실천하는 개별 주체들 안에서 달라질 수 있다는 점이다. 이 때문에 글로벌 교육의제는 국제기구에서 선언하는 화려한 수사(rhetoric)나 선언문에 머무를 우려가 여전히 남아있다. 이러한 우려에 대해서 교육계는 물론 다양한 이해관계자들이 갈등과 충돌, 중복, 조정이 필요한 각 지점을 면밀하게 검토하고, 혁신적인 틀에서 교육의제를 실천할 수 있는 방안이 시급하다는 것을 보여준다.

3. 무상 교육의제 논쟁과 고등학교 교육 보편화 논쟁
   : 야심찬 선언인가, 당위적 실현인가

국제사회가 지난 15년간의 공동의 노력을 기울였음에도 불구하고, 세계 곳
곳의 교육격차는 여전히 해소되지 못했다. 가난한 지역에 사는 여아들이 여전히
평균적으로 3년 정도만 학교 교육을 받고 있으며, 최소 2억 5천만 명의 초등교
육을 받아야 할 나이의 아이들이 독해와 수리와 같은 기본적인 교육을 받지 못
하고 있는 상황이다. 여전히 아프리카, 아시아, 중남미 지역에서 교육을 받지 못
한 아동 노동인구가 많다. 2012년을 기준으로 5~17세 아동을 대상으로 조사한
결과 1억 3천 명이라는 많은 수의 아동 노동인구가 있는 것으로 나타났다
(UNICEF, 2013). 뿐만 아니라 서남아시아지역에 18세 미만 여아 조혼율(早婚率)
이 50% 이상을 기록하고 있고 모든 이를 위한 교육이 달성되기 위해서는 여전
히 많은 한계가 나타나고 있다(김선, 2014). 이러한 현실 속에서 유엔에서 발표한
글로벌 교육의제의 선언문대로 모든 어린이들에게 12년간의 양질의 교육을 제
공한다는 목표를 앞으로 15년 동안 성취할 수 있는가? 모두를 위한 발전은 여전
히 국제사회의 수사적 어구에 머무르는 것이 아니라 모든 자원과 전략을 동원해
서라도 달성해야 할 비전이다.

그러나 국제사회의 교육 목표 달성을 진정으로 성취되었다고 보기에는 여전
히 암초가 많다. UNICEF 총재 Anthony Lake는 최근 40% 정도의 공공자금이
10%의 부자 계층에 혜택이 돌아간다는 자료를 제시하면서, 목표 달성을 위해서
는 이러한 패턴의 변화가 필요하다고 주장하였다(World Education Blog, 2015).

2015년 5월 세계교육포럼이 시작되기 한 주 전, 뉴욕에서 교육의제에 담길
세부 목표들을 수정하기 위한 국제회의가 있었다(김진희 외, 2015b). 여기서 다루
어진 것은 지속가능발전에 속해 있는 교육목표(SDGs 4)도 포함되어 있다. 그 중
하나는 4.4항 세부목표인 '2030년까지 x%까지 관련 능력을 가진 젊은이와 성인
의 수를 증가시킨다'를 '2030년까지 모든 젊은이와 성인'으로 수정하였다. 세계

교육포럼의 개막된 첫째 날 NGO포럼에서 지속가능발전목표(SDGs)의 주요 담론 중 하나인 보편성 확보를 위해서 그동안 제한된 'x%'라는 표기보다 '모두'라는 표기를 따라야 한다고 권고하였다. 인천선언문에서도 유사한 문제가 또다시 대두되었다. 인천선언문 6조항에 서술된 '12년의 공공재원으로 지원되는 무상의 평등한, 의미 있는 학습 성취로 이어지는 양질의 초중등 교육 제공'이라는 부분에서 인천 선언 당시 인쇄물로 배포한 선언문 내용에서 '무상'이라는 단어가 생략되어 있었다는 점이 논쟁거리가 되었다. '무상(free)'과 '공적재원(publicly funded)'은 미묘하지만 분명한 차이가 있다. 우선, 공적재원은 정부의 보조금으로 학비의 1~100% 중 어느 정도를 지원하고 나머지 금액은 각 가정에서 부담해야 함을 의미하며, 무상은 아이들의 학비를 전면 지원하기에 가정에서 부담해야 하는 금액이 없음을 나타낸다. 글로벌 교육의제는 '모든 이들을 위한 포용적이고 평등한 양질의 교육 보장 및 평생학습기회의 보장'을 핵심 내용이자 목표로 삼고 있기 때문에 무상교육의 여부는 전 지구촌의 소외계층 모두를 포용하는 데 중핵적인 전제로 해석되고 있다.

그러나 그것이 지나치게 야심찬 목표라는 점에서 논쟁이 상존한다. 그렇다면 실제로 전 세계의 모든 국가들에서 12년 무상교육은 실행 가능할 것인가? 여기에 대하여 유네스코가 발간하는 「2015 글로벌교육현황보고서」는 이번 세기가 끝날 때까지 전 세계의 무상교육과 고등학교 교육의 보편화는 이뤄지기 힘들 것으로 전망했다. GMR 보고서를 이끌었던 수장 Pauline Rose 교수는 12년의 무상 교육이 불평등한 결과를 초래할 것이라는 의견을 제시하였다(World Education Blog, 2015). 그는 자원의 한정성으로 인해서 9년 이상의 무상교육을 실시하는 것은 오히려 한 국가와 지역에서 가장 소외된 취약계층에 자원을 재분배하는 것을 방해할 우려가 있다고 지적했다.

그런데 교육분야의 국제시민단체는 NGO 선언문을 통해서 '2030년까지 모두에게 12년의 무상, 공공재원의 양질의 교육을 제공하고, 9년의 무상의무교육을 제공한다'해야 한다고 적시하고 있다. 12년의 무상 중등교육 캠페인을 진행하는 말랄라 펀드(The Malala Fund)의 Philippa Lei는 만약 12년의 무상 초중등 교육이 제공되지 않는다면, 소녀 및 여아 들은 여전히 중등교육을 마치지 못하고 학교를 중퇴할 것이라고 밝혔다(김진희 외, 2015b). 이처럼 무상교육에 관해서 교육 추계 분석을 통해서 현실적 우려를 하는 입장과 이상과 비전을 주장하는 입장의 상이한 관점은 고등학교 교육(upper secondary education) 보편화 논쟁에서도 나타나고 있다.

2015 글로벌현황보고서(GMR)에 따르면, 중·저소득 국가의 중학교 졸업률은 2030년까지 76%, 2050년에는 85%까지 달성될 것이며, 글로벌 교육의제의 목표 달성으로 설정한 95%는 2080년대까지도 힘들 것이라고 전망하였다. 이처럼, 고등학교 졸업률 또한 2030년 50%, 2050년 63%로 기존의 목표로 설정한 95% 달성은 이번 세기가 끝나도 어려울 것이라는 전망이 나오고 있다(UNESCO, 2015a). 이러한 예측은 각 국가의 최근 졸업률을 고려한 것이다. 물론 상대적으로 낮은 졸업률은 빠르게 교육 정책개입을 한 이후에 상승했던 반면, 목표치에 가까울수록 상승률이 느리다는 것을 알 수 있다. 이는 가장 혜택 받지 못한 아이들을 학교에 머물러 양질의 학습을 하도록 지원하는 것이 점점 더 어려운 달성 과제가 될 수도 있음을 보여준다. 물론 여기서 주목해야 할 점은 이러한 예측은 최근 상승률을 바탕으로 하였으며, 이는 곧 다가오는 미래에 노력이 더해진다는 가정을 고려하지 않았기에 예상 시나리오를 만드는 것은 위험성이 따르기 때문에 주의를 기울여야 하며, 특히 목표 달성 기간에 관련해서는 더욱 주의를 기울여야 한다.

이러한 사실에도 불구하고, 2030년이라는 교육의제의 목표 달성 기한으로 설정한 것은 지나치게 낙관적인 접근이라는 우려의 목소리가 크다. 예를 들어, 28개 유럽연합국 중에서 20~24세에 이르는 단지 79%만이 2010년에 고등학교 졸업률 달성에 동참했다. 사실상, 고등학교 교육의 보편화를 이룬 국가는 거의 드물다. 이러한 현실적 지표는 어느 정도의 동원률이 성취율을 가속화시킬 수 있느냐에 대한 의문으로 이어진다. 2015 EFA GMR 보고서(2015)에 따르면, 국내지출이 빠르게 상승한다 할지라도, 중학교 보편화를 달성하기 위한 교육 원조는 적어도 거기의 4배는 더 상승해야 목표를 달성할 수 있다(UNESCO, 2015a). 한정된 교육재원으로 과연 고등학교 교육의 보편화를 어떻게 구현할 것인가는 쟁점으로 남아있다.

국제사회가 새로운 미래 교육 목표를 설정하는 시점에서 초등교육을 마친 아이들이 중등교육에 대한 접근성을 지속적으로 확대하는 것이 필요하다. 성별, 인종, 출신, 계층 및 장애 여부와 상관없이 모든 아이들에게 공평하게 적용된 양질의 교육을 제공하는 것은 상당히 지난하고 거대한 프로젝트라 할 수 있다(World Education Blog, 2015). 일단 그들이 학교에 입학하면, 학교 등록률은 상승할지라도 그들의 배움을 지원하기 위한 양질의 교육을 보장하는 것은 끊임없는 도전과제가 될 것이다. 많은 재원과 인프라가 소요될 것이며, 투명하고 효율적인 행정체계도 필요할 것이다. 그러므로 2030년까지 소외계층을 위한 12년의 양질의 교육이 모두에게 미치지 못하면 글로벌 교육의제는 다시 한 번 선언적 좌표에 머물 우려가 있다. 이러한 논쟁과정을 통찰적으로 인식할 필요가 있으며 교육을 둘러싼 국제 엘리트들의 선언이 글로벌 교육의 질적 격차를 더욱 확대 재생산할 수 있다는 점을 비판적으로 성찰해야 한다. 결국은 국민 국가의 빈곤과 저개발 상태에서 가장 소외받는 학습자 집단들, 예컨대 학비를 부담할 여력이 없는 가난한 여아들, 난민들, 장애아동에게 양질의 무상교육을 제공하기 위해서 국민 국가의 경계를 넘어서 글로벌 시민사회는 무엇을 해야 하는지 새로운 리더십과 글로벌 실행도구가 시급하다.

4. 데이터 기반의 글로벌 교육의제 분석에의 도전: 지표, 모니터링

국제사회는 2030년까지 미래교육을 이끌어 나갈 새로운 교육의제의 목표와 세부목표를 도출해내는 성과를 거두었지만, 해당 교육 지표를 국가 및 지역 수준에서 어떻게 발굴하고 활용해야 하는지에 대한 문제가 여전히 남아있다(김진희 외, 2014). 우선 글로벌 차원의 지표가 무엇이며, 글로벌 기준이라는 것이 무엇인지 아직 모호한 상태이다. 결국은 국가 수준에서 지표에 대한 모니터링과 거버넌스가 확립되지 않으면 아무리 훌륭한 교육 목표라고 하더라도 실질적인 정책으로 이행되고 교육현장에서 실행되기 어렵다는 것은 자명하다. 2014년 10월 9~10일에 개최된 EFA 운영위원회에서 '국가 단위에서 글로벌 교육의제 세부 목표 및 이행에 대한 심층 과제'라는 문건을 제시하였다. 여기서 논의된 바는 다음과 같다(UNESCO, 2014).

- 교육목표 달성 타깃 x%, y%에 대한 구체적 수치 제시(절대치 또는 상대치)
- 변화가 필요한 교육목표 이슈
- 교육목표 형성에 영향을 미치는 지표 개발
- 행동강령: 국제적 관심과 지역단위를 고려하면서 어떻게 국가 단위에서 목표를 설정하고 이행할지에 대한 방안

이들 각 쟁점은 하나하나 중대하고 파급력이 큰 과제라고 할 수 있다. 글로벌 교육 목표가 국가 내부의 교육목표와 어떻게 구별되는지, '모두'가 성취하도록 제안된 교육 목표의 경우에 필연적으로 발생하게 되는 교육 불평등에 대한 명확한 범위 설정이 없는 것도 문제 중 하나이다. 교육 목표 성과 추적을 위한 지표 개발도 여전히 도전적이다. 앞으로 2030년까지 추진되어야 할 글로벌 교육의제에 제시된 단어들이 여전히 모호하고, 측정 가능한 실증 자료 부족의 한계로 인해 투입 위주의 교육의제와 성과 위주의 교육의제 간 중첩되는 영역이 많다. 이처럼 산발적이고 방대한 교육의제는 선진 공여국의 정치적 부담과 책무성을 부가시키기 때문에 원조 피로감을 가중시키고, 실질적이고 효율적인 교육발전 실천전략을 구축하는 데 족쇄가 될 수 있다는 우려를 반영하는 입장이라고 할 수 있다. 이와 같이 교육의제의 모호성과 방대성은 교육의제의 발전과 실행 방향에 상당한 도전 요인으로 작동할 수 있다.

그러한 문제가 제기되는 정점에는 방대한 교육의제들의 세부 '지표

(indicator)'를 어떻게 설정할 것인가라는 논의가 자리잡고 있다. 지표는 목표 형성의 전반과 목표 이행의 후반 모두에 포괄적인 영향을 미치는 것이라는 점에서 특별히 주목을 해야 한다. 유엔에서 확정한 7개의 교육의제들을 세부 목표별로 지표로 구성하고 그 지표를 투입-산출-성과라는 3단계로 제시할 경우, 각 교육목표마다 투입 위주로 지표가 설정되거나 산출 위주로 설정될 수 있다. 반면에 투입을 측정할 수 있는 경험 과학적 자료가 부족한 의제도 있다. 예를 들어, 개발도상국에서 성인의 문해교육 투입률을 모니터링하거나 측정하는 지표가 빈약하고, 교육재정의 경우는 투입은 선명하지만 교육 재정을 통해 도출되는 성과 지표가 빈약하다. 또한 상대적으로 세계시민교육의 경우는 투입보다 세계시민교육 프로그램 참여를 통한 성과 지표가 보다 풍성하게 제시될 수 있다는 점에서 교육목표별로 지표 설정의 초점과 지표의 활용도가 다르다는 것을 보여준다(UNESCO, 2014). 이는 글로벌 교육의제를 지표로 측정할 때도 상당한 도전으로 작용할 수 있다. 결국 각 국가들이 교육의제를 실천하는 실제 단위가 될 수밖에 없는데, 국가수준에서 지역별로 벤치마킹하기 위한 교육의제 지표 개발 우수사례가 시급하게 마련되어야 하며 그 노하우가 공유되어야 하는 과제를 남기고 있다.

따라서 일군의 국제기구들은 증거 기반의 교육정책이 필요하며, 글로벌 교육의제 달성을 위한 데이터 혁명이 필요하다고 주장한다(OECD, 2013). 거대한 교육의제는 가장 취약하고 열악한 상황에 놓여있는 소외계층의 교육권을 보장할 수 있도록, 확실한 증거를 바탕으로 효과적인 전략이 수립되어야 성공적으로 목표 달성을 할 수 있다(World Bank, 2015). 세계 각국의 정책수립자들이 소외계층의 교육을 지원할 계획 수립을 위해 교육 분야 연구자들의 정확한 증거 제시가 중요하다는 것이다. 글로벌 교육의제의 세부 목표를 달성하기 위해서는 정확한 증거에 기반을 둔 정책 마련이 정책 실행의 효과를 배가시킬 수 있다. 이것은 정확하고 신뢰할 수 있는 통계 자료에 기반을 둔다. 국제사회는 그런 측면에서 교육목표 설정부터 모니터링, 나아가 평가까지 모든 과정에 영향을 미치는 새로운 데이터 혁명을 강조하고 있다.

글로벌 교육의제가 양질의 교육을 모든 사람들에게 제공하는 것을 강조하고 있기에 교육성과에 대한 모니터링이 더욱 중요시되고 있다. 모니터링은 학습자의 학습 성과에 대한 효율성만 강조하자는 입장에서 제시되는 도구가 아니라, 교육이 인간 권리라는 관점에서 형평성을 강화하고 불평등을 시시각각 감소할 수 있도록 하는 중요한 기둥이므로 더욱 필요하다. 이제 유엔 회원국들은 2016년부터 2030까지 교육의 발전과정을 포괄적으로 조사하고 지속가능한 발전 목표(SDGs)의 프레임에 맞게 나라별 교육 발전 과정을 모니터링하는 새로운 임무를 부여받게 되었다. 이전보다 넓어진 지역적 범위에서 교육 발전을 다층적으로 조사 분석해야 하며, 새롭게 추가된 교육의제(예를 들어 세계시민교육, 지속가능발전교육 등)를 반영한 지표들에 따라 체계적인 모니터링이 필요하다.

또한, 교육 목표 달성을 위한 새로운 국제적 기준과 정의를 마련해야 하는데, 여기에는 새롭게 교육의제에 반영된 비인지 교육(non−cognitive education) 영역인 세계시민교육, 지속가능개발교육, 문화다양성 함양을 포함하여 측정 도구의 개발에 난항이 있는 기준들도 포함되어 있다. 특히 SDG 교육의제의 세부목표인 4.7에 포진한 이러한 비인지교육은 교육이 가진 사회적, 인본주의적, 도덕적 가치를 강조하고 있기에 명징하게 드러날 수 있는 투입−산출−성과의 나선형적 프레임에서는 더욱 정교화된 논의가 필요하다.

큰 틀에서 해석하자면 이처럼 복잡다단한 글로벌 교육의제의 이행을 점검하고 교육의 질을 향상시키기 위한 관련 지표와 모니터링 체계를 잡는 작업은 국제사회가 그동안 모호한 선전 문구(propaganda)로 존재하던 교육의제를 보다 과학적이고 효율적으로 실행하기 위해서 체계적인 인프라를 구축한다는 점에서 새로운 변화라고 볼 수 있다. 나아가 이는 개발도상국과 중진국, 그리고 선진국을 포험하여 국가별 교육개발협력사업의 기획과 실행에 증거 기반 정책이 사업 추진의 정당성 확보로 이어지며, 사업의 성과 제고에도 영향을 미칠 수 있다는 것을 함의한다.

V 결론: 세계시민 관점에서 다시 읽는 교육의제

1. 글로벌 교육의제 실천 기제와 토대 마련

지금까지 글로벌 교육의제의 내용과 교육의제가 놓여있는 다각적인 쟁점을 분석하였다. 사유의 지평을 넓히기 위해서는 세부적인 교육의제를 단면적으로 이해하는 것이 아니라, 글로벌 교육의제와 한국의 교육개발협력은 어떠한 연관을 가지는지 비판적으로 사고할 필요가 있다. 우리나라는 2010년 OECD 개발원조위원회에 가입한 공여국가로서 국제사회의 개발을 위해서 공적개발원조에 참여하는 나라 중 하나이다. 전쟁의 폐허 이후 선진국과 국제사회의 도움을 받던 수원국이 아니라 이제는 공여국의 위치에 있기 때문에 국제사회가 지속가능한 발전목표(SDGs)를 공통 규범으로 선정한 것을 인지하고, 지속가능한 발표목표의 큰 우산 아래서 교육의제를 추진해야 하는 책무성을 가지고 있다. 그동안 Post 2015 글로벌 교육의제, 즉 이제는 'Education 2030'(2016−2030년까지 글로벌 교육목표 달성)으로 총칭되는 교육의제의 형성 과정에 우리나라가 참여해 왔고, 향후 한국이 추진하는 교육개발협력 사업에도 적지 않은 영향을 미칠 전망이다. 특히 2015년은 우리 정부가 5년마다 발표하는 '제2차 국제개발협력 기본 계획(2016−2020)'을 수립하는 해로서 국내 국제개발협력의 새로운 방향을 설정하는 시기라는 점을 주목할 필요가 있다. 공여국으로서 역사가 길지 않은 우리나라는 개발협력의 통합적이고 효율적인 축을 결정하는 것이 곧 개발협력의 효과성과 직결된다고 볼 수 있다(김진희 외, 2015b).

글로벌 교육의제가 거대한 선언이나 화려한 담론에 그치지 않기 위해서 다양한 연구개발과 실천적 사업이 필요한 시점이다. 그런 점에서 우리나라가 추진하고 있는 교육개발협력 사업은 글로벌 교육의제의 중요한 실천 기제가 될 수 있다. 지금까지 교육 분야는 OECD 개발원조 위원회의 교육 분류 기준틀에 준거하여, 기초교육, 중등교육, 고등교육, 교육일반 분야로 나누어 추진되고 있다.

이를 준거로 우리나라 교육개발협력사업의 추진 방향이 궁극적으로 국제사회의 Education 2030을 실천하는 유의미한 구현체가 되는 것이 중요하다(김진희 외, 2015a).

첫째, 지난 15년간 글로벌 교육의제가 핵심적으로 강조한 '보편적인 기초교육(Universal Primary Education)'은 Education 2030 의제에서도 여전히 강조되어야 할 부분이며 학령기에 학교에 등록하는 학생의 비율만 측정할 것이 아니라, 학습자가 무엇을 배우고 얻었는지 학습 성과를 측정하는 것이 더욱 중요한 강조점이 되고 있다. 즉 교육의 양적 팽창에서 질적 성장으로 국제사회에서 교육 목표의 중심이 이동하고 있기 때문에 기초교육도 양질의 교사 양성 및 학생들의 학습 성취도 향상에 초점을 두면서 교육개발협력 사업이 전개되어야 할 것이다.

둘째, 기초교육의 접근성 강화와 함께 중등교육에 대한 기회 확대 및 투자도 집중해야 하는 영역이다. 중등교육 과정에서 학습자의 학업 성취도가 지속적으로 향상될 수 있도록 교육과정을 개선하고, 교사의 교수학습법 역량을 끌어올리는 것이 필수적인 의제라 할 수 있다. 이를 통해서 학습자의 학습 성과를 제고하고, 이들의 학습이 지속적으로 이루어질 수 있도록 교육과정과 성취도를 모니터링하고 지원하는 방향이 궁극적으로 중등교육의 내실화를 이룬다는 점에 국제사회가 합의하고 있다. 특히 개발도상국의 중등학령기의 청소년들에게 제공되는 직업교육훈련(TVET)은 우리나라가 비교 우위를 가지는 영역으로서, 단발성의 직업교육훈련 프로그램이 아니라, 교육 경험과 고용(취업)이 연계될 수 있도록 수원국의 중등교육 개발협력사업 시스템 구축을 새롭게 정비하고 수원국의 일자리 환경을 고려한 맞춤형 사업을 추진해야 한다. 다시 말해 중등학령기의 청소년들이 예비 노동자로서의 교육받는 학생이 아니라, 학습 권리를 보장받고 직업세계에서 활용할 지식 및 기술을 배양하는 학습자로서 위치지어지는 것이 중요하다.

셋째, 글로벌 교육의제 실천 기제로서 고등교육 분야에 대한 중요성은 새롭게 강조하는 부분이다. 유엔에서 설정한 교육의제는 기초교육에서 고등교육, 나아가 평생학습 기회까지 균등한 교육 접근성 보장을 주장하고 있기 때문이다. 고등교육은 청소년들의 학령기 교육의 마지막 단계이자, 인재 양성과 직결되는 교육 영역이라 할 수 있다(McEvoy, 2013). 우리나라가 추진해 온 고등교육 분야의 개발협력사업은 대학교 시설 건립과 같은 하드웨어 구축을 중심으로 전개되어 왔지만, 앞으로 고등교육이 글로벌 교육의제로서 강조되고 있는 시점에서는 인재 양성을 위해 대학의 교육과정 개발 및 연구교류와 같은 소프트웨어적 협력 사업에 대한 투자가 강조되고 있다. 개발도상국가의 모든 학습자들이 최종적으로 양질의 대학교육의 기회를 보장받기 위하여, 선진화되고 효율적인 교육 환경과 효과적인 교재 개발 및 교육 과정 수립이 필요하지만, 더욱 중요한 것은 이를 학생들에게 전달하는 교육의 주체인 대학 교원이 충분한 역할을 해내지 못한다면 양질의 교육이라는 목표를 달성할 수 없을 것이다. 또 대학의 교육 정책 및 행정관리 시스템 개선을 통해서 고등교육 분야 개발협력의 전반적인 질 향상이 이루어질 수 있도록 체제를 개선하는 작업이 필요하다.

2. 평생학습 차원에서 글로벌 교육의제의 좌표 설정

2015년 한 해 동안 글로벌 교육의제를 논의하는 주요 국제회의에서 '평생학습'은 가장 주목받는 화두로 논의되었다. 글로벌 교육의제의 실천 방안을 협의하는 국제회의에서도 학교 교육을 뛰어넘어 다양한 사회 현장에서 이루어지는 성인교육과 평생학습이 없이는 거대한 글로벌 교육목표를 달성할 수 없다는 것에 합의가 이루어질 정도였다(Norwegian Ministry of Foreign Affairs, 2015). 환경, 보건, 의료, 농업, 에너지 등 다양한 영역이 국가 발전의 견인차라 하더라도 교육은 그것의 지속가능한 발전이 가능하도록, 한 국가의 역량과 인적 자원을 극대화시키는 중장기적인 접근이라는 점에서 특별한 의의를 가진다. 그런 점에서 정규 학령기에 학교에서만 배우는 교육으로는 개인과 사회의 역동적인 성장이 지속적으로 이루어질 수 없기 때문에 평생학습 차원에서 교육의제가 실천되어야 한다.

전술하였듯이, 제 70차 UN 총회에서 국제사회가 합의한 지속가능발전목표 속의 교육개발의제는 "2030년까지 모두를 위한 평등하고 포괄적인 양질의 교육과 평생학습을 보장한다"는 것을 포괄적 교육 의제로 담고 있다. 포괄적 교육의제는 기초교육이든, 고등교육이든 교육의 영역과 대상 모든 것을 포괄하여 반드시 추구할 큰 틀의 방향성을 내포하고 있다. 특히 지난 15년간 본격적으로 등장하지 않은 '평생학습'이 교육의제로 설정된 것에 대한 체계적인 이해가 필요하다. 이것은 교육단계로 보면 영·유아교육부터 고등교육 및 이후의 성인교육을 아우르는 인생 전반의 교육기회를 부여하자는 것이며, 형식적인 학교교육을 넘어서 비형식, 무형식차원의 교육과 학습도 인간의 전인적 성장에 주요한 기제가 된다는 것을 보여주는 것이다.

이론적 의미로 평생학습은 한 개인이 태어나서 죽을 때까지 받는 수직적 차원의 교육과 다양한 형태의 형식 교육, 비형식교육 및 수평적 차원의 무형식 교육을 통합하는 것을 내포한다. 평생학습은 2000년대 초반부터 우리나라 교육계의 새로운 방향성과 화두를 함축하는 어구일 뿐만 아니라 최근에는 교육개발협력의 키워드로 주목받고 있다. 국제사회에서 평생교육의 발전과 전개를 주도해 온 유네스코(UNESCO)뿐만 아니라, 학습경제(learning economy) 관점에서 개발협력을 강조해 온 경제개발협력기구(OECD)와 세계은행(World Bank)도 2000년대 후반부터 '모든 이를 위한 평생학습'(Lifelong learning for All)을 강조했다.

실제로 MDGs, EFA 목표 영역을 살펴보면 국제교육개발협력에서 평생교육은 깊은 개연성을 가지고 있다. 왜냐하면 보편적 초등교육의 달성과 문해율 제고는 평생교육이 오랫동안 강조해 온 '모든 이를 위한 교육, 전 생에 걸친 교육기회 제공'의 이념을 실현하는 가장 근본 지점이기 때문이다. 이러한 의미에서, 평생학습은 개도국의 발전을 위해서라도 형식 교육과 함께 성인계속교육 및 성인 비형식 직업교육과정 등과 같은 비형식 교육을 연계시켜 지속적으로 발전시켜 나가야 한다. 또한 평생교육이 강조하는 학습자 중심의 관점(learner centered perspective)은 수원국을 개발협력의 대상으로 객체화하는 것이 아니라, 주체적인 교육적 필요와 요구를 가지고 교육개발협력 사업에 참여하는 학습주체(learning agency)로 위치짓게 하는 핵심 관점이다.

평생교육론이 추구하는 이념과 방향은 인간 성장과 사회적 발전에서 교육의 '유기적 통합성'과 '개방성', '포괄성'에 강조점을 두고 있다. 어떤 측면에서 개도국의 국가발전을 위해서 평생교육은 제대로 정립되어 있지 않은 형식교육 및 비형식교육을 포괄하는 발전교육론으로서 적합하다고 볼 수 있다. 그러나 단순하게 평생교육을 개도국의 발전을 위한 발전교육론적 수단으로 치부되기보다는, 교육분야 개발협력 분절화를 해소하고 대상별, 내용별, 방법별, 교육현장(상황)별로 통합하는 전 방위적 접근을 추진하는 메커니즘으로 이용될 수 있다. 마치 공적개발원조의 지향성이 '프로젝트형 중심에서 프로그램형으로 전환'되고 있는 것과 마찬가지로 기존의 교육개발협력 사업이 단기적 성과 달성을 위한 프로젝트형 원조 형태인 것과 달리 평생교육은 개도국의 지역 공동체에서 학교 및 사회공동체에 이르는 연계 발전에 중장기적으로 영향력을 준다는 점에서 차별성을 가진다. 또한, 평생교육은 교육 – 경험 – 삶의 지속적 연계를 강조한다(Jarvis, 2010).

아프리카 대륙의 많은 국가처럼 기초교육의 등록률이 여전히 낮은 경우에는, 우선적으로 교육 자원의 효과적인 사용, 청소년 및 성인의 교육 기회 보장 및 체계적인 사회교육체제를 수립하는 것과 같은 교육역량을 극대화하기 위한 대통합 작업이 필요하다. 이에 유엔에서 발표한 포괄적 교육의제에 선언된 평생학습은 교육 분야 개발협력 사업의 새로운 패러다임이 될 수 있으므로 개발도상국의 교육발전을 위해서 평생교육적 기획과 접근 방식이 필요한 시점이다.

이 같은 맥락에서 국제사회는 개발도상국의 지속가능한 변화를 위해서는 학교교육 중심의 교육개발협력은 분명한 한계를 노정하고 있기에, 다양한 학습자를 아우르면서 형식교육, 무형식교육, 비형식 교육을 종합적으로 포괄하는 평생교육적 관점에서 교육개발협력을 모색하고 있는 것이다. 요컨대 새로운 국제교육개발협력도 새로운 판을 직조해고 재구성해야 한다. 그런 측면에서 한국이 글로벌 교육의제를 달성을 위해서는 양질의 교육 보장과 평생교육 확산이 관건이며, 이를 지역 단위에서 실현하기 위해서는 민간 섹터의 참여가 필수적이다(손혁상, 2015). 앞으로는 지역별, 국가별, 학습자별 차이와 다양성이 존재하는 개발도상국의 상황을 고려하여 수원국 내부에 존재하는 기존의 교육과 학습의 수평적 통합(형식, 비형식, 무형식)과 수직적 통합(유년, 청소년, 중장년, 노년)을 이루는 평생학습체제 구축을 통해서 교육-고용 및 노동- 삶의 질-시민권의 제 영영을 아우르는 중장기적 접근이 요원하다. 개발도상국의 어떤 교육생태계도 완벽한 학교교육 하나로 문제가 해결되거나 성과가 도출되는 방식으로 작동되지 않는다. 학습과 노동, 자기 계발, 시민사회의 성장으로 선순환 고리를 구조적으로 고려해야 하며 비(非)교육적인 글로벌 교육 실천이 되지 않도록 평생학습 차원의 지속적인 모니터링 시스템을 가동해야 한다.

마지막으로 교육계의 연구자와 실천가들은 2015년부터 2030년까지 미래사회의 교육비전의 이정표를 담은 글로벌 교육의제에 대한 다양한 연구 개발에 관심을 확장하고, 나아가 한국적 맥락에 적합한 방식으로 글로벌 교육의제를 어떻게 활용할 것인지 비판적 성찰에 입각한 기초연구와 실천적 토대가 확충되어야 할 것이다. 또한 글로벌 교육의제가 국제기구에서 선언하는 화려한 수사(rhetoric)나 선언문에 머무르지 않도록 국가, 시민사회단체, 지역공동체가 협력하여, 더 나은 교육을 위해서 참여 정신에 기반을 둔 교육의제의 실천이 필요한 시점이다.

3. 세계시민적 관점에서 글로벌 교육협력 사업의 외연 확대

글로벌 교육의제는 유엔이 설정한 다른 여타의 다양한 글로벌 의제와 어떠한 차이와 특수성을 가지는가? 그것에 대한 해답은 '교육'이 가진 철학과 본연의 의의를 이해하는 과정을 수반하게 된다. 특히 글로벌 교육의제의 실천 지형이라고 할 수 있는 국제교육개발협력에서도 '개발'이란 주체로서의 인간의 성장과 존엄성을 고양하기 위해서 각 개인과 사회 안에 내재한 잠재 역량을 최대한 끌어내는 기제이며, 이는 곧 교육의 가치실현을 도모하는 것으로 볼 수 있다. 이러한 기본적인 원칙과 관점에서 글로벌 교육협력은 전 세계의 다양한 구성원들이 인종, 민족, 성별, 문화적 이유로 소외되지 않도록 한 사람 한 사람에게 양질의 교육 보장이 이루어지는 데 기여해야 하는 책무성을 담지한다. 이 점은 지구공동체를 하나의 체제로 인식하는, 즉 세계시민교육론이 강조하는 글로벌 윤리와 도덕적 책무성과 깊은 연관성을 가진다.

따라서 한국이 글로벌 교육의제를 실현하는 것은 국제사회에서 외교 전략의 하나로 치부되는 것이 아니라, 이를 뒷받침하는 교육학적 인식론이 필요하다. '영구평화론'을 주장한 칸트의 논의를 거대 서사로 활용하면서 동시에 세계시민적 관념이 여기에 이론적 토대를 제공할 수 있다. 즉 우리 국민들이 글로벌 교육의제를 실천하는 것은 한국이라는 국민 국가의 경계를 넘어서, 세계간 상호 연계성을 가지고 살아가는 지구촌의 모든 사람을 위한 양질의 교육기회를 보장하는 것이 중요하다는 세계시민적 인식론을 기저에 깔고 있어야 이념적 정당성을 확보받을 수 있다.

요컨대 2015년은 앞으로 15년을 달려서 2030년까지 전 세계가 지속가능한 발전이라는 중장기적 목표를 달성하기로 합의한 해이다. 글로벌 교육의제를 통해서 국제교육의 새로운 틀이 정립 되었기에 교육분야에서도 세계시민적 인식론을 반영한 새로운 실천 방향과 전략이 필요한 시점에 당도했다. 국제교육협력 분야에서 활동하는 일군의 교육학자들은, 전 세계의 누구도 국적, 인종, 민족, 종교, 성의 구분없이 소외받지 않고 인권으로서의 교육 권리를 보장하고, 자신의 잠재력과 역량을 발전시킬 수 있어야 한다는 대의(大意)를 부정하지 않을 것이다. 문제는 이러한 총론에 대한 합의는 큰 저항없이 이루어지지만 글로벌 교육의제를 실천하는 단위영역에서 각론은 상당한 도전과 위기 상황에 놓일 수 있을 것이다. 그럼에도 불구하고 가장 민감하고 취약한 학습자 집단의 학습권과 양질의 교육을 보장할 수 있는 혁신적 방안은 최우선적으로 마련되어야 할 것이다. 예를 들어 재해 지역 및 분쟁, 취약 국가의 난민, 장애인, 여성, 아동 노동자 등 사회, 경제적 체제에서 불평등과 격차에 노출된 소외된 계층에 대한 포괄적 교육 지원은 반드시 놓치지 않아야 하는 영역이다(Walker & Unterhalter, 2010).

종합하자면 앞으로 한국의 국제교육개발협력 사업은 세계시민교육 차원에서 그것의 실천 구조와 외연을 확대할 필요가 있다. 이를 통해서 전 세계의 시민사회의 협력과 연대를 활용하여, 국경을 넘어서 모든 이의 존엄성을 높이면서 지속가능한 인간 성장을 도모할 수 있도록 효과적인 전략이 새로운 인식론과 새로운 방법론을 통해서 수립되어야 한다. 특히 교육은 불평등, 평화, 거버넌스의 문제와 직간접적으로 연계된 넓은 의미의 사회적 의제이므로 다른 개발 의제보다 중장기적인 파급력을 가진 영역이라는 점에서 국제사회의 공감대가 확산되었다. 이러한 시대적 조류를 반영하여 세계시민교육 차원에서 통합적이고 체계적인 글로벌 교육의제의 실천 지형을 탄탄하게 구축하고 혁신적 방향을 창출해 나가야 할 것이다.

교육부(2015). 한국의 교육분야 국제개발협력 성과와 과제, 전망. 교육개발 42(2). 한
국교육개발원.

김선(2014). 굿네이버스 해외교육지원사업 성과 및 발전방향. 서울대학교-KOICA 교
육 ODA 포럼 발표 자료.

김진희 외(2014). Post-2015 글로벌 교육의제 동향 분석. 서울: 한국교육개발원.

김진희 외(2015a). Post 2015 교육개발협력사업 활성화 전략: 교육의제 실천을 중심으
로, 한국교육개발원.

김진희(2015b). Post 2015 맥락의 세계시민교육 담론 동향과 쟁점 분석, 시민교육연
구. 47(1), 59-88.

아시아경제(2015). "지속가능한 미래위해 개발재원 마련 행동 나설 때"
http://www.asiae.co.kr/news/view.htm?idxno=2015071506543273518에
2015.07.26. 17:19분 접속.

유성상(2014). '국제교육개발협력담론: 왜, 무엇을, 어떻게 할 것인가?'. 국제개발협력
학회(KAIDEC) 춘계학술대회 발표자료.

Boni, A., & Walker, M. (2013). Human development and capabilities:
Re-imagining the university of the twenty-first century. New York, NY:
Routledge.

Heyneman. S. P. (2010). Education and development: A return to basic
principles. *Development*, 53(4). p.518-521.

Jarvis, P. (2010). Adult Education and Lifelong Learning, New York, NY: Routledge

McMahon, W. W. (2000). Education and Development: Measuring the Social Benefits: Measuring the Social Benefits. Oxford: The Clarendon Press.

McEvoy, P. (2013). Past and Current Experiences of Higher Education Partnership Approaches within the Wider Context of Development Cooperation with Africa. *Policy&Practice: A Development Education Review*, 16, 59−79.

Norwegian Ministry of Foreign Affairs (2015). Chairs' statement: The Oslo Declaration. Norway: Oslo.

OECD (2013). Assessing Global Education: an Opportunity for the OECD. retrieved from www.oecd.org/pisa/pisaproducts/Global−Competency.pdf.

OECD (2014). Development Co−operation Report 2014: Mobilising resources for sustainable development, p. 331. Paris: OECD.

OECD/DAC (2014). International Development Statistics: Creditor reporting system. Paris: OECD

Schultz, T. W.(1961). Investment in human capital. *The American Economic Review*, 51(1), 1−17.

Sen, A. (2008). The importance of basic education. The Speech to the Commonwealth Education Conference, Edinburgh. October 28, 2008.

Sinclair, M. (2007). Education in emergencies. Learning for a future: Refugee education in developing countries, 1−84.

UN (2015a). Outcome document of the Third International Conference on Financing for Development: Addis Ababa Action Agenda. Ethiopia: Addis Ababa.

UN (2015b). Transforming our World: The 2030 agenda for sustainable development.

UNESCO (2014). EFA Global Monitoring Report 2013/4: Teaching and Learning— Achieving quality for all. Paris. UNESCO.

UNESCO (2015a). EFA Global Monitoring Report 2015: Education for All 2000~2015 Achievements and challenges. France: Paris.

UNESCO (2015b). Incheon Declaration: Education 2030. Republic of Korea: Incheon.

UNESCO (2015c). 2015 NGO Forum Declaration.

UNHCR (2015). Global Trends Report "World at War". UNHCR

UNICEF & UNESCO(2013). Making Education a Priority in the Post— 2015 Development Agenda. UNICEF (2013). Ending child marriage: Progress and prospects. USA: New York.

Walker, M., & Unterhalter, E.(2010). Amartya Sen's capability approach and social justice in education, New York: Palgrave Macmillan.

World Bank(2015). Oslo Summit: Financing Education in Developing Countries.

World Education Blog(2015). World Education Forum declares: 'no target met unless met for all'. https://efareport.wordpress.com /2015/06/01/world—educa tion—forum—declares—no—target—met—unless—met—for—all/에 2015. 06. 05. 13:30분 접속.

CHAPTER 07

글로벌 교육의제에 반영된 학습 담론에 대한 비판적 고찰

요약

21세기 교육학의 패러다임 전환은 교수가 중심주의에서 학습자 중심주의로의 초점이동에 있다. 본 연구의 목적은 글로벌 교육의제들 속에서 드러나고 있는 학습 및 학습 성과에 대한 논의가 어떻게 변해 왔는지를 비판적으로 분석하고 이를 바탕으로 국제교육개발협력이 나아갈 방향성과 시사점을 얻는 데 있다. 이를 위해 국제교육계의 3대 글로벌교육회의라 일컬어지는 1990년 좀티엔 세계교육회의, 2000년 다카르 세계교육포럼, 그리고 2015년 인천 세계교육포럼으로 줄기를 잇는 국제 선언을 분석의 축으로 삼고자 한다. 여기서 다루어진 핵심 내용과 방향이 무엇이고 학습을 다루는 목적과 위상, 그리고 한계를 고찰하였다. 연구결과 글로벌 교육의제에서 '학습' 담론이 거의 생략되어 왔고, SDGs 교육의제하에서의 학습 담론도 개념의 모호성으로 인해서 개발도상국에서 제대로 수용되지 못하는 문제가 드러났다. 또한 '학습성과'를 '학습평가'로 등식화하면서 양질의 교육을 보장하기 위해서 '평가'에만 몰입하는 방향이 나타나는 모순적 상황이 한계로 드러났다. 이제 학습자 중심주의 관점에서 국제교육개발협력에서 '교육적' 의미를 높일 수 있는 방향이 무엇인지 열린 토론과 깊은 성찰이 필요하다.

주제어: 글로벌 교육의제, 세계교육포럼, 학습주의, 탈식민주의

▮ 문제 제기: 왜 학습이 중요한가?

존 듀이는 교육을 생활세계에서 일어나는 경험의 계속적인 재구성이라고 보았다(Dewey, 1938). 교육은 학교에서만 일어나는 것이 아니라 태어나면서부터 죽을 때까지 인간의 성장과정에서 시기별로 구획되지 않고 연속적으로 끊임없이 발생할 수 있는 것으로 본 것이다. 그런 측면에서 인간의 전인적 발달을 논할 때 교육을 하는 행위에 방점을 두는 것이 아니라 궁극적으로 학습자 안에서 어떠한 변화가 일어나는지, 학습자는 어떤 경험을 어떻게 사회적으로 상호작용하면서 재구성하는지를 고찰해야 하는 것이 중요하다. 더욱이 21세기 정보화 시대를 맞아 교육과 학습이 이루어지는 사회적 맥락이 급격하게 달라지고 있다. 정보통신기술(ICT)의 발달로 정보 접근성이 향상되고 교통 및 매체의 발달로 물리적 거리의 제한이 줄어듦에 따라 학습은 더 이상 교실이나 교육 현장에서만 일어나는 일이 아니라, 학습자가 다양한 매체를 활용하는 새로운 형태의 교수 학습 유형학(typology)이 나타나고 있다. 이는 학습 기회와 방법의 전방위적인 확대를 의미하며 이에 따라 학습은 시간과 공간을 초월하여 일어난다. 이러한 패러다임의 변화를 반영하여 우리 교육계에서도 기존의 교수 중심의 교육에서 탈피하여 학습자 중심 교육, 학습의 학습, 자기 주도적 학습, 협동 학습 및 공동체 학습, 평생 학습 등 학습의 중요성 및 기능을 강조하는 다양한 교육 이론들이 연구되고, 현장에 활발히 적용되고 있는 추세이다.

그러나 국내외의 교육학 연구의 역동적인 동향과 논의 방향과는 달리, 선진국 주도하에서 개도국의 교육 발전을 다루는 국제교육개발 영역의 이론과 실제에서는 여전히 교수 중심의 경직된 교육적 접근이 주류를 이루고 있고, 학습자의 경험과 변화를 논의하는 학습 담론이 소외되었다는 비판을 받고 있다(Barrett, Sayed, Schweisfurth, Tikly, 2015; Schweisfurth, 2015). 수많은 글로벌 교육 담론이 펼쳐지고 있지만 학습에 대한 진지한 성찰은 부재하다. 일단은 경제적으로 열악한 개도국의 아동과 청소년에게 교육 접근성부터 높여 놓고 나서 학습은 후차적으로 논하자는 입장인 것이다. 또한 지금까지 이루어진 많은 국제교육개발협력 사업들이 선진국을 비롯한 일련의 국제기구들이 저발전 상태의 개발도상국의 교육을 외부에서 '발전'시키는 형태로 이루어지다 보니 학습의 개념보다는 교육 인프라 조성, 교육 자료 제공 및 교사 연수 등 효율적인 가르침(teaching)에 초점을 맞춘 일방향적 공급(provision)과 보여주기식 프로젝트들이 주류를 이루었다 (김진희, 2016). 이는 공여국들이 단기간의 가시적 성과를 내기 위하여 정량 평가가 가능한 교육 사업에 초점을 맞출 수밖에 없는 구조 안에서 개발협력을 진행해 왔기 때문이다.

2015년 9월 유엔(UN)은 2030년까지 국제 사회가 공동의 번영을 위해 이행해야 하는 지속가능한 발전계획(Sustainable Development Goals: 이하 SDGs)을 전 세계에 천명하였다. 앞으로의 국제교육개발은 SDGs의 목표들과 전략, 이행 계획들하에서 진행될 것이다. 그러나 SDGs 교육의제가 구체적으로 지향하는 바가 무엇인지 모호하며, 그 실체에 대해서는 의견이 분분하다(김진희, 2016). 특히 SDGs 교육의제 속에서 학습과 학습 성과는 그 어느 때보다 강조되고 있으나 개발에서의 학습에 대한 구체적인 정의 및 실현 전략, 그리고 학습 성과(learning outcomes)의 판단 기준과 평가의 지표(indicator)에 대한 논의는 소극적으로 진행되고 있는 형국이다. SDGs 교육의제가 2030년까지의 전 국제교육개발의 방향과 이정표가 된다는 점을 고려할 때 교육의제 속에서 학습과 학습 성과가 어떻게 논의되고 있는지, 그리고 학습과 학습 성과의 강조가 무엇을 의미하며 어떤 쟁점을 가지고 있는지를 살펴보는 것은 새로운 의제하에서의 국제교육개발협력 사업이 본격화되는 현시점에서 놓치지 않아야 할 이슈이다.

개도국의 자립 및 지속가능한 발전을 위해서는 인간 역량의 개발이 필수적이고, 교육의 국면에서는 단순히 가르치는 일보다는 어떻게 학습이 일어나게 할 것인가에 대한 광범위하고 혁신적인 패러다임의 전환이 요구된다. 왜냐하면 기존의 교육 인프라 구축 및 교수 제공 중심의 교육개발 방식은 서구 문물과 학문을 개도국에 단기간에 주입하고 전달하기에는 적합하지만, 개도국의 지속적 발전과 변영을 위해서는 학습자가 기존 지식을 수용하고 암기하는 수준을 넘어서 자신의 필요와 맥락에 맞는 학습을 선택하고 창의적 사고를 통하여 새로운 지식을 구성하는 능력이 절대적으로 필요하기 때문이다(Schweisfurth, 2015).

이에 본고에서는 먼저 글로벌 교육의제들 속에서 학습 및 학습 성과에 대한 논의가 어떻게 변해 왔는지를 분석하고 관련 담론 및 쟁점을 비판적으로 고찰하고자 한다. 이를 바탕으로 교육개발협력사업에서 우리가 취해야 할 방향성과 시사점을 얻고, 더 나아가 개발도상국의 학습자들의 잠재적 성장과 글로벌 교육의 질 높고 정의로운, 그리고 지속가능한 발전 방향을 사유하고자 한다. 왜냐하면 교육개발협력이 국제사회가 합의한 글로벌 의제의 거시적인 목표와 실행 전략하에서 진행된다는 점을 고려하면 글로벌 교육의제에서의 학습 논의와 이 쟁점의 변화 과정을 살펴보는 것은 유의미한 좌표가 되기 때문이다. 이에 구체적으로 본 연구에서는 국제교육계의 3대 글로벌교육회의라 일컬어지는 1990년 좀티엔 세계교육회의, 2000년 다카르 세계교육포럼, 그리고 2015년 인천 세계교육포럼의 선언 내용을 분석의 축으로 삼아, 여기서 다루어진 ① 핵심 내용과 방향이 무엇이고 ② 학습을 다루는 목적과 위상, 그리고 한계는 어떻게 도출될 수 있는지를 맥락적으로 살펴보고자 한다.

Ⅱ 이론적 배경

1. 국제교육개발 의제에서 주체와 학습의 문제

이제까지의 글로벌 교육의제 수립 및 국제교육개발사업들은 자본과 시스템을 제공하는 국제기구 및 선진 공여국을 주축으로 진행되어 왔다(Moyo, 2012). 선진국의 논리에서 교육개발의 필요성이 주창되었으며 개도국에 선진국의 교육 시스템이 장착되는 과정에서 개도국의 가치, 환경, 필요보다는 개도국 교육을 선진국 교육의 모조품으로 재생산하는 과정에 집중되어졌다. 그 과정에서 개도 국은 모종의 스탠다드보다 결핍되고 열등한 하위체(subaltants)로 전락하였으며, 국제교육개발에서의 개도국의 주도적인 문제의식과 목소리는 소외되어 왔다. 국제개발의 자본 및 시스템에 대한 주도권이 철저히 선진국에 있으며 국제개발은 선진국이 권력을 가지고 자본 및 시스템을 하사하는 구도로 고착되어 있기 때문이다(Mentan, 2011).

제2차 세계대전 직후 물리적 식민 지배가 끝나고 독립한 신생 독립국들은 탈서구화, 탈식민지화(post-colonialism)를 주장하며 정치, 문화, 사회 등 전 영역에서 자국의 가치와 태도를 확립하고자 하는 노력들을 활발히 진행해왔다. 그런데 그와는 별개로 국제 원조 및 국제개발협력이란 이름으로 선진국의 개도국 원조 및 개입이 시작되었다. 그리고 이와 관련한 개발의 신식민지화에 대한 우려가 지속적으로 제기되어왔다(Cobbs, 1996; Nkrumah, 1966; 주재홍, 김영천, 2013). 신식민화는 식민화가 식민지배의 종말과 함께 끝나는 것이 아니라 여전히 피지배국가의 지배적 담론으로 남아서 그들의 삶과 세계관에 깊은 영향을 끼치며 은밀하고 교묘한 방식으로 자본주의, 경제적 세계화, 그리고 문화적 제국주의 등을 통한 실천으로 남아있는 것을 말한다(Sartre, 2006). Nkrumah(1966)에 의하면 피지배국들의 정치적 독립 이후에도 지배국들의 경제적 침탈 행위는 계속해서 발생하고 그 상황에서 서구와 제3세계의 경제 격차는 더 확대되었다. 신식민주의는 경제적 침탈뿐만 아니라 문화 및 교육을 통하여도 자행되고 있는데 Ayittey(1992)는 아프리카의 파멸은 제국주의나 국제관계의 구조적 종속보다는 오히려 '서양 숭배'의 '굴종'의 문화에서 온다고 지적한다.

문제는 교육이 신(新)식민지화의 우려에서 자유롭지 못하다는 것이다. Mentan (2011)은 신식민주의의 기원에 대한 논의에서 유럽과 미국식 모델을 그대로 차용한 아프리카의 고등교육에 대해 논의하면서 선진국의 이해관계를 반영한 교육받은 엘리트를 재생산하고 이것이 다시 아카데믹 세계의 자본주의를 통하여 식민지국가에 잠재적인 영향력을 미치려 하고 있다고 주장한다. 한양환(2005:

6-8) 또한 아프리카의 쇠락 원인을 정치 엘리트의 외향성에서 찾고 있는데, 그가 독립 이후 서구로부터 정권을 물려받은 유럽 및 북미에서 유학한 정치 엘리트들의 서구 문명에 대한 맹종으로 백인 식민통치 당시 존재하던 지배와 착취구조가 여전히 유지된다고 비판한 것도 같은 맥락이다.

바로 여기에 국제교육개발에서 세계가 경계해야 할 문제 지점이 존재한다. 세계는 일찍이 교육의 중요성을 강조하며 개도국에서의 교육 인프라 구축, 교육과정 및 교재의 제작 및 배포, 교사 교육 등의 서구식 교육 시스템을 개도국에 정착시키고자 하였다. 서구 선진국은 전통적이고 우월한 공급자의 역할로 위치하고, 개도국은 결핍된 수혜자로 자리 매김하는 구조이다. 물론 모두의 교육받을 권리를 위한 이러한 공여국들의 일련의 노력을 전부 비판적으로 볼 수는 없지만, 문제는 그 과정에서 개도국의 교육자 및 학습자가 철저하게 객체(客體)로 전락하여 목소리를 낼 수 없었던 거대 구조에 대해서 침묵하지 않아야 한다는 점이다. 개도국의 요구, 상황, 가치가 열등한 것으로 무시되어 국제개발의 방향이 서구에서 개도국으로 일방향적으로 전수되는 양태, 더욱이 공여국의 편의와 수월성에 의거한 사업들로 개도국이 난개발의 장으로 몸살을 앓기도 하였다. 실제로 그 과정에서 공여국의 무의식적 이익 추구 경향도 무시할 수 없다(허창수, 2015: 92). 이러한 일방적 교육개발의 또 다른 문제는 서구를 통한 교육과정 편성 과정에서 서구의 교육 시스템을 우월한 것으로 합리화하는 인식론적 틀이 함께 이식되었을 가능성이 크다는 것이다(홍원표, 2010: 56).

그런데 개도국에서의 탈식민지주의에 대한 논의와 운동에도 불구하고 국제교육개발협력에서 어떻게 탈식민주의 노력이 배제되어 왔을까? 그 원인으로 정기오(2016: 4-5)는 1960, 70년대 종속이론(Dependency Theory)을 거쳐 국제사회가 교육에 있어서 상호의존(Dependence and Interdependence in Education)이라는 새로운 방향을 찾았기 때문이라고 설명한다. Robert F. Arnove(1980, 재인용)는 교육과 문화에서의 종속 현상이 존재하는 가운데서도 동일성을 지닌 분석단위로서 세계교육체제(world education system)라 할 만한 것이 존재하고 있으며 이를 세계 속의 고등교육, 국제교육개발협력 연결망, 지식창출과 확산이라는 범국제적 네트워크라는 맥락에서 포괄적으로 설명하였다. 이처럼 1980년대 후반 이후 상호의존에 입각한 구성주의가 교육에 접목되며 국제사회의 서구식 보편 교육의 확산이 가능하였으며, 교육에 있어서 지역의 특수성, 개별 국가와 환경의 고려에 대한 색채가 옅어지면서 특수성이 후순위로 밀려났던 것이다. 그리고 종속이론을 통하여 탈식민주의적 접근을 해온 유네스코가 80, 90년대에 유니세프 및 세계은행, UNDP등으로 국제교육개발협력의 중심을 내어준 결과, 국제교육개발협력에서 탈식민주의적 노력은 더 시도되기 어려웠다(정기오, 2016: 25). 그러나 분명한 것은 글로벌 교육의제에서의 학습 강조가 실질적 성과를 얻기 위해서는 개도국의 학습자 및 교육자가 교육의 주체가 되어야 하고 이를 위해서는 신식민주의에 대한 저항 및 이미 이식된 식민지배의 인식론적 유산을 극복하고자 하는 탈식민주의 노력이 전제되어야 한다(홍원표, 2010: 56; 강민건, 2016: 10).

국제교육개발협력에서 우리가 또 하나 비판적으로 고찰한 부분은 국제개발 자체가 자선적 자본주의(philanthro-capitalism)로 진행될 우려가 있다는 것이다. 자선적 자본주의는 자선(philanthropy)과 자본주의(capitalism)의 합성어로, 새로운 공여자들이 자선을 사업적 형태로 이용하는 것이다(Edwards, 2009). Wiebe Nauta와 Ludek Stavinoha(2012)는 그들의 연구에서 프로덕트 레드(Product RED),[1] 반에이즈 패션(fashion against AIDS), LIVE 8 콘서트,[2] 디지털 데스 운동(Digital Death)[3]을 예로 들며 최근 많은 기업 및 유명인들이 아프리카 에이즈 희

---

1 프로덕트 레드(2006년)는 락 그룹 U2의 보노와 DATA의 바비 쉬라이버로부터 시작된 에이즈, 결핵, 말라리아 퇴치 기금이다. 프로덕트 레드는 제휴한 회사와 함께 프로덕트 레드 로고를 단 제품을 만들고, 프로덕트 레드와 제휴한 회사는 로고를 다는 대가로 제품의 판매액 중 일정 부분을 국제 기금에 기부한다.

2 LIVE8 콘서트는 2005년 열린 자선 콘서트이다. 이 콘서트는 G8 정상회담에 앞서 열려 상징적인 의미를 가지고 있으며, 그 수익금은 아프리카를 빈곤 퇴치에 이용하고자 하였다.

3 디지털 데스 운동(2010)은 세계 에이즈 날을 맞아 Alicia Keys 등 미국의 유명인사들이 '어린이에게 생명을'(Keep a Child Alive)을 슬로건으로 자선행사를 벌였다. 이 자선행사에서 톱스타들은 디지털과의 모든 인연을 끊고 그 시간 동안 에이즈에 대한 경각심을 불러일으키는 데

생자들의 절망을 그들의 캠페인에 이용하고 있다고 비판한다. 위의 예시들은 모두 유명인들 및 제휴 기업이 그들의 제품 및 이미지를 소비하도록 광고하고 그 수익금을 가난과 질병에 허덕이는 국가들을 돕는 데 사용하겠다는 새로운 원조의 형태를 보여준다. 이전의 자선적 원조가 아프리카의 영양실조 아이들과 여성들의 참담한 현실을 보여주며 도움을 호소하는 형태[4]로 이루어졌다면 최근의 이러한 세태는 원조를 보다 '매력적인'[5] 것으로 포장하고 재브랜드화(rebranding)하는 경향을 띠고 있는 것이다(Cameron, Haanstra, 2008). 여기서 개발도상국은 또다시 탈식민주의 담론의 무능한 객체로 전락한다. 이러한 자선적자본주의의 사례는 근래 우리나라에서도 어렵지 않게 찾아볼 수 있다. CJ그룹은 2014년 유네스코와 파트너십을 맺고 소녀교육 인식 제고와 모금 사업을 시작하였다. 한류음악 축제를 통하여 세계 젊은이들에게 소녀교육의 필요성을 알리고 헬스앤뷰티스토어(Health and Beauty Store)인 올리브영(OliveYoung)을 통하여 모금 행사를 진행했다. 화장품을 하나 살 때마다 개도국의 소녀에게 학용품을 사줄 수 있다는 올리브영의 노골적 광고는 자선적자 본주의의 극명한 예시라고 할 수 있다. 소비 권력을 가진 선진국의 국민들은 가난한 국가의 궁핍한 소녀들에게 학용품을 선사하는 자선적인 소비자로서 우월의식을 가지거나 자칫 선민주의의 유혹에 빠지게 하는 구조이다.

우리는 가진 자가 소비를 하면, 가지지 못한 자가 하나씩 얻을 수 있다는 구도가 무엇을 의미하는지 분석할 필요가 있다. 가진 자는 소비의 주체이자, 자선을 '베푸는' 공여자가 되지만, 개발도상국의 소녀들은 그 소비의 잉여 산물을 수동적으로 받는 객체로 전락하게 된다. 또한 Richey와 Ponte(2008)의 주장처럼 이런 경향은 아프리카에 대한 세계의 걱정과 우려를 상품의 물신성(commodity fetishism)을 통한 '패션 잡지의 광택으로' 재포장하는 일일 뿐 근본적 해결에는

집중하겠다는 의미로 관에 누운 모습의 광고를 기획했다.

4 이는 흔히 pornography of poverty로 명명된다.

5 Cameron과 Haanstra(2008)는 이를 'sexy'라는 단어로 표현한다.

도움이 되지 못한다. 즉, 이러한 재포장은 아프리카에 대한 고정적 이미지를 탈피하는 데는 도움이 될지 모르나, 국제개발 및 원조에 있어 선진국(North)과 개발도상국(South)이라는 남북의 양분적인 구도가 편향성을 가지는 것, 공여국과 수혜국의 권력 관계의 고리, 공여국과 수혜국의 정치적 이슈의 해결과는 무관하다는 것이다(Nauta et al., 2012). 또한 자선적 자본주의가 대중에게 올바른 국제교육개발협력에 대한 이미지를 심어주기는 어려우며, 오히려 현상의 근본적인 구조에 대한 질문과 문제 제기의 힘을 약화시키고, 소비자들로 하여금 문화와 제품을 소비하는 것을 통하여 자신이 가진 풍요에 감사하고 동시에 '국제원조'에 참여하고 있다는 부담감을 경감시킬 뿐이다.

아프리카의 굶주리는 아이들에게 영양식을 제공한다고 해서 아프리카의 빈곤이 끝나지 않듯이, 단순히 학교를 짓고 학용품을 제공하는 것으로 개도국의 소녀 교육(girls education)이 이루어질 수는 없다. 오히려 소비함으로써의 원조에 참여하고 있다는 '자기 위안'이 그 이상의 국제교육개발에 대한 고민 및 논의를 제한하고, 국제적으로 만연한 부의 불평등과 정의와 평등의 구조적 문제에 침묵하도록 하는 대안적 타협안이라 할 수 있다(Richey, Ponte, 2008).

국제교육개발의 여러 목적 중 가장 중요시 되어야 하는 부분은 수혜국의 구성원들이 자율성을 가지고 개발을 추진할 수 있는 역량을 갖도록 하는 것, 그리고 그 잠재력을 밖으로 끌어내는 것이다(허창수, 2016: 92). 개도국 아동 및 청소년의 교육을 통해서 자신의 잠재력과 삶의 주체성을 고양할 수 있는 방향이 무엇인지 고찰해야 한다. 아울러 학습자로서 주체성과 자기주도적 탐구력을 어디서 키워가야 하는가에 대한 교육적 디자인을 고안해야 한다. 앞으로의 국제교육개발은 개도국에게 교육 수혜를 제공하는 형태를 넘어, 수혜국의 역량을 키워 스스로 발전이 가능하도록 지원하는 방향이 되어야 할 것이다. 난제이지만 이를 어떻게 구체적으로 실현할 것인지에 대해서는 철학적 고민과 실천적 변화가 시급하다.

2. 국제교육개발협력에서 학습의 중요성과 그 위치

상기의 논의는 Amartya Sen(2013)의 토대역량접근법(Capability Approach)에서 Sen이 토대역량으로 명명한 것과 맥을 같이 한다. Sen은 토대역량을 "가치 있는 상태에 이르거나 가치 있는 행위를 하는 능력"(Sen, 1993), 즉 삶의 다양한 기능을 실현할 수 있는 개인의 능력이라고 정의한다. 또한 발전을 이러한 기능을 얻는 데 있어서의 토대역량(Capability)의 증가와 개인 자유의 확대로 본다. 정윤경(2015: 142)은 Sen이 인간의 잠재적 가능성과 개인 자유의 확대를 진정한 발전으로 보는 것은 교육의 논의와 상당히 중첩된다고 말한다. 왜냐하면 교육은 궁극적으로 개인의 잠재 가능성을 실현해 나가는 과정이기 때문이다.

Sen(2013)은 자신의 발전관에서 핵심이 '행위능력(agency)'이라고 보고, '행위자(agent)'를 '행동하고 변화를 가져오며, 그의 성취를 외부적 기준에서 평가하는지의 여부와 상관없이, 그 자신의 가치와 목표에 따라 평가될 수 있는 사람'으로 정의한다. 정윤경(2015: 143)과 유성상(2015: 38-41)은 Sen의 토대역량이론의 교육적 시사점은 바로 인간을 행위 능력을 갖는 능동적 존재로 바라보고, 교육이 교육을 포함한 지배적인 사회 구조와 시스템에 수동적으로 편입시키는 과정이 아니라, 각자 가진 잠재가능성을 발휘하고 자신이 살고 싶은 방식으로 삶을 이끌 수 있는 '자유'와 '힘'을 갖출 수 있는 가능성에 기초한다고 말한다. 이것이 바로 탈식민지화 교육의 방향이기도 하다. 그리고 이러한 교육적 해석은 근래에 국제교육개발에서 강조되어지는 학습 논의와 밀접하게 맞닿아 있다고 볼 수 있다. Sen이 말하는 발전의 측면에서 교육은 기존의 교육 시스템을 답습하고, 지식을 주입하여 인간 자원을 개발하는 데 국한되는 것이 아니라, 학습자 스스로 삶의 목표를 설정하고 학습을 선택하고 주체적으로 나아가는 것을 말한다. 그것이야 말로, 개인 토대역량의 증가이고 자유의 확대이며 진정한 의미의 발전이다.

그 전제에는 학습자를 교육의 중심에 놓고자 하는 학습중심적 인식(learning centered consciousness) 전환이 필수적이다. 그렇다면 개발도상국의 교육에 있어

학습 개념은 어떤 방향성을 가져야 하는가? 이에 대한 대답으로 A. Barrett (2015)는 다음과 같이 말한다.

> 학습(learning)을 이해하는 데 있어 현재까지 지배적이었던 경험주의(empiricist)와 구성주의자(functionalist)의 주장보다 폭넓은 관점을 수용할 필요가 있다. 이는 존재론적(ontological)이고 인식론적(epistemological) 기본으로 되돌아가는 것을 의미한다. 그리고 복잡한 시스템의 일부로서의 학습의 완전성을 존중하며, 포용적이고 다원론적 접근법을 취하여야 한다.

이는 앞서 논의한 탈식민주의 관점을 수렴하여 교육개발협력을 구상하고 실천할 때 어떻게 학습에 접근해야 하는지를 날카롭게 보여주고 있다. 공여국이 수원국의 학습자에게 완벽한 패키지의 교육 프로그램을 그대로 전수하고, 교육 자본을 원조 행위의 전리품처럼 물리적으로 이식하고 나오는 것이 아니라, 개발 도상국의 학습자가 스스로 교육을 둘러싼 사태를 비판적으로 인식하고, 개인의 삶과 사회 공동체의 번영을 위해서 무엇이 필요한지를 다각적으로 사유하며, 스스로 목소리를 높이고 문제 해결에 참여할 수 있도록 학습의 경험을 지속적으로 재구성할 수 있도록 해야 한다. 이런 관점에서 글로벌 의제에서의 학습 논의는 어떻게 이루어지고 있으며 그것의 특성과 흐름을 분석하고 방향성을 모색하는 일은 매우 의미 있는 일이다.

Ⅲ 주요 글로벌교육회의에 반영된 학습 논의 특성과 분석

1. 1990년 태국 좀티엔 세계교육회의(1990-2000)

(1) 주요 논의 및 강조점

세계는 일찍이 세계 인권 선언(the Universal Declaration of Human Rights, 1948)을 통하여 교육을 인간의 기본권으로 전제하고 모든 이를 위한 기초 교육의 달성에 힘써왔다. 그리고 그 구체적 실행의 일환으로 1990년 3월 태국 좀티엔 (Jomtien, Tailand)에서는 기초 교육을 보편화하고, 2000년까지 문맹률을 낮추는 것을 목적으로 한 교육회의를 열고 모두를 위한 교육 선언(The World Declaration on Education for all: Meeting Basic Learning Needs)을 선포하였다(UNESCO, 1990).

표 1 좀티엔 EFA 교육의제(1990)

목표1	학습접근기회의 보편화
목표2	학습의 평등성 실현
목표3	학업성취도 제고
목표4	기초교육의 개념 확대 및 실천
목표5	학습 환경 마련
목표6	2000년까지의 목표 달성을 위한 협력 파트너십 강화

출처: www.unesco.org

좀티엔 EFA 교육의제는 국제사회가 교육을 인간의 기본권으로 천명하고 이를 이행하고자 시도한 최초의 글로벌 교육의제라는 점에서 그 의의가 크다. 과거에도 인권선언을 통하여 모든 인간의 교육받을 권리가 천명되기는 하였으나, 구체적 목표 설정과 실행 도구 개발이 이루어지지 않았다. 더욱이 교육이 전세계인의 글로벌 의제로 공론화되고 실천 기제로 떠오른 것도 처음이다. 이 의제의 주요 특징은 개도국의 교육 시스템 구축을 통하여 모든 아동의 기초 교육 및 문해 교육 완수를 목표로 하는 점이다. 국제사회에서 좀티엔 교육의제는 개도국에서의 학교 시스템 구축과 아동의 학교 등록률 향상의 효과를 낳은 것으로 평가된다. 그러나 각 목표가 지나치게 광범위하여 목표에 대한 이해도 및 실행가능성이 낮고, 구체적 실행 전략의 부재로 글로벌 실행과제로 실천되기는 어렵다는 한계가 지적되었다. 결과적으로 교육개발사업은 공여국들의 일방적인 교육 환경 정비 사업과 학교 등록율을 높기기 위한 프로그램 개발 등으로 이루어졌다.

또한 의제 설정 후 개도국의 교육 하드웨어 확대 및 학교등록률 상승의 결과는 고무적이라고 할 수 있으나, 좀티엔 의제는 선진국을 통한 일방적 교육개발을 전제하고 있다는 태생적 한계를 가진다. 개도국의 교육자 및 학습자의 주체적 역할이 생략되고 개도국의 가치 및 맥락에 대한 고려가 실천과정에서 생략되어 있기 때문에 단순히 선진국의 교육 시스템을 개발도상국에 이식하여 교육 발전을 도모한다는 구조적 제약을 가진다. 이를 볼 때 좀티엔 EFA 교육의제는 그 시도는 획기적이나, 전세계를 아우르는 발전의제로 보기는 어렵다.

(2) 학습 논의의 위상과 한계

좀티엔 EFA 교육의제하에서 학습 논의는 의제 수립 단계에서 표면적으로 언급되고 있을 뿐이다. 당시 학령기 아동이 77%가 학교 교육을 받지 못하고 있었고 청소년 및 성인의 기초교육(basic education) 참여도 50% 이하라는 사회적 상황을 고려할 때, 의제의 가장 큰 목표가 초등의무교육의 완수와 문해교육으로 설정되고 이행된 점은 충분히 이해가능하다. 그러나 학습의 중요성에 대한 인식을 가지고서도 교육에서의 학습 개념의 분리, 이행 방법 강구 및 전략 개발 등으로 발전시키지 못하여 의제가 정확히 무엇을 목표하는지 어떻게 실행되어야 하는지 정확하게 규정하지 못하는 결과를 낳았다. 이는 글로벌 교육의제의 해석과 실행 단계에서 교육학적(Pedagogy) 고민이 배제된 결과이며, 동시에 교육의제의 이행 주체인 유네스코가 의제를 범세계적 실행 과제로 부상시키고 공론화시키는 데 실패한 결과로 볼 수 있다.

결과적으로 좀티엔 의제는 기초교육으로의 접근성 강화 및 문해교육에 올인한 의제로 인식되어, 단순화되고 기계적인 자본의 양적 투입으로 해결되는 교육사업들이 우후죽순으로 시도되었다. 이는 과거 자선적 원조 형태의 답습일 뿐이며, 그 속에는 개발도상국의 아동 및 청소년에게 무엇을 어떻게 가르쳐서 그들의 내적 역량을 증진시키고 삶의 질을 향상시킬 수 있는지에 대한 고민이 빈약했던 것이 사실이다. 즉 교육발전의 진정한 주체가 누구인지에 대한 근원적인 고민이 배제되었던 것이다.

목표의 완수 여부를 떠나서 개도국의 학습자를 객체로 만드는 이러한 형태의 교육 목표와 사업은 철저히 선진국의 시각과 소수의 엘리트그룹의 논리에서 만들어진다(Moyo, 2012). 선진국의 물질적 원조 제공 및 자선적 자본주의를 통한 교육원조하에서는 궁극적으로 개발도상국의 시민들의 역량 강화 및 개인 주체의 자유의 확대는 닫혀있으며, 교육을 통한 신(新)식민지화의 재시도일 뿐이라는 오명에서 자유롭지 못하다.

2. 2000년 세네갈 다카르 세계교육포럼(2000-2015)

(1) 주요 논의 및 강조점

2000년 4월 세네갈 다카르 세계교육포럼에서는 좀티엔 교육의제의 성과를 점검하고 추상적이라고 평가되었던 EFA 목표를 보다 구체적이고 행동 가능한 목표로 개정하고 세부교육 목표를 발표하였다. 2015년까지 달성을 목표로 한 다카르 의제는 다음과 같다.

다카르 교육의제는 좀티엔 교육의제에서 한계로 지적되었던 목표의 모호성을 극복하기 위하여 목표들을 구체적으로 달성 가능한 목표로 인식하고 이를 실현하기 위한 구체적인 추진전략 및 재원조달방법을 제시하였다는 점에서 보다 현실적인 의미를 갖는다. 다카르 교육의제는 이전 의제에 비하여 구체성 확보 및 실행 전략 설정에는 성공적이었으나, 개도국의 교육 주체성 확보 및 실질적

표 2 다카르 EFA 교육의제

목표1	가장 취약하고 소외된 계층의 아동을 중심으로 포괄적인 영유아 보육 및 교육을 확대 및 개선하여 제공한다.
목표2	2015년까지 특히 여아와 열악한 환경의 아동, 소수 민족 아동을 염두에 둔 모든 아동이 양질의 무상 의무 초등교육을 제공받고 완료할 수 있도록 한다.
목표3	적절한 학습 및 생활 기술 프로그램을 제공함으로써 모든 청소년 및 성인층의 학습에 대한 요구가 충족되게 한다.
목표4	2015년까지 현재의 성인 비(非)문해율을 50% 이상 개선하고, 특히 여성의 비문해율 개선이 강조되어야 하며, 모든 '성인'에게 기본적이고 지속적인 교육 기회가 평등하게 제공되어야 한다.
목표5	2005년까지 초, 중등학교 교육에서 성별 간 격차를 일소하며, 2015년까지 교육에 있어서의 양성평등을 달성한다. 이를 위해 여아의 완전하고 동등한 양질의 기초 교육 기회 및 교육 이수를 보장한다.
목표6	모든 교육 분야의 질적 수준을 혁신하고, 특히 문자 문해, 수문해, 그리고 필수적 생활 기술의 교육에 있어 인식, 측정 가능한 학습 성과를 제시하고, 이를 달성하도록 한다.

출처: 유네스코(2015: 5−8)

인 교육을 통한 개도국의 발전에 관심이 배제된 선진국 주도의 의제라는 한계를 여전히 답습하고 있다.

(2) 학습 논의 위상과 한계

다카르 교육의제에서의 학습 강조는 교육의 질(quality) 향상 및 학습 성과 제고로 표면화된다. 유네스코는 실제로 질 높은 교육은 학습자의 교육에 대한 기본적 욕구를 충족시키고, 삶을 윤택하게 하며 삶의 경험을 풍부하게 한다며 양질의 교육을 통한 교육 성과 출현을 강조하였다(UNESCO, 2000). 그러나 다카르 교육의제에서도 교육의 실질적 결과인 학습 성과에 대한 언급이 나타나고 있기는 하지만, 그 개념 정립 및 방법 개발에 있어서는 여전히 미흡한 상태이다. 양질의 교육에 대한 명확한 개념 정의가 이루어지지 않았고, 학습 결과에 대한 평가와 규정화가 필요하다면서도 그 이행 방안에 대한 연구가 불충분하며 (UNESCO, 2000) 교육의제의 성과를 어떻게 평가할 것인가에 대한 평가 방법에 대한 논의 역시 전무하다.

또한 의제가 구체성을 지향하여 지표(indicator) 개발과 함께 제시되다 보니, 의제 자체는 보다 명확해졌으나 학습의 본질에 대한 고민은 더욱 소외되고 있는 것 같다. 학습 성과 촉구 외에 학습 개념의 정의 및 그 방안에 대한 연구는 미흡한 수준이며 학습 과정에서의 개도국의 맥락 및 상황에 대한 이해 노력도 생략되고 있다. 다카르 교육회의 이후에 유네스코가 격년으로 작성하고 있는 EFA 성과 보고서(EFA Global Monitoring Report)는[6] 여전히 교육 시설 구비 및 등록률 제시 등의 양적 수준에서 EFA 달성도에 대한 보고가 이루어지고 있으며, 학습은 개념의 모호함으로 인하여 평가가 어렵다는 의견을 보고함으로써 스스로의 한계를 인정하였다(유네스코, 2015).

한편 이 의제가 좀티엔 교육의제에서 보다 더 강조하는 점 하나는 교육 취약 계층 및 여성의 교육 기회의 형평성이다. 다카르 교육의제는 여러 목표에 걸쳐 교육 형평성의 보장을 강조하고 있다. 그러나 이 또한 개도국의 교육 취약계층의 기회의 형평성을 최대한 열어둘 것을 의미할 뿐이며 개도국 교육 취약계층의 실질적 학습을 통한 권력 분배를 목표하고 있는 것은 아니며 실질적 학습의 형평성을 의미하고 있지도 않다. 현실적으로 많은 국가에서 여성을 포함한 교육 취약 계층에 대하여 교육 기회를 제공하고 있으나, 실질적으로는 그 중 다수가 사회, 문화, 경제적 이유 등으로 교육을 받기 어려운 상황에 놓여 있고, 정규 교육 과정 입학 후에도 중도 탈락하거나 학습 결손이 생겨 학습 성과를 내기 어려운 경우도 많다. 이런 상황적 고려 없이 단순히 교육 접근성에 있어서의 형평성 달성만을 목표로 설정한 것은 의제에서의 학습 논의가 누락되어 있다는 한계를 분명히 보여준다.

실제 EFA 교육의제 하에서 학습에 대한 전략 및 노력이 실행되었다는 연구는 찾아보기 힘들며, 교육 등록률이라는 양적 목표는 일부 달성하였을지 모르나

---

6 2012, 2013/4, 2015년 발간되었다.

학습 성과에 대해서는 많은 연구자들이 회의적 입장이다(Barrett 외, 2015, McGrath, 2014). 그 결과 브루킹스(brookings) 통계를 분석한 Simon(2014)에 따르면 아프리카 26개국에서 약 45%의 아프리카 어린이가 4~5년 동안의 기초교육을 받은 후에도 수학과 언어의 기초학습에 실패하고 있으며, 나이지리아의 소코토(Sokoto) 주에서는 학교를 다니는 3학년 학생의 80% 정도가 단 한 단어도 읽지 못하는 일이 벌어진다(Wakins, 2013). 이는 개도국에서의 교육 양적 증가와 실질적 학력 상승은 별개의 개념임을 반증하는 것이자, 이미 완벽히 세팅된 교육 시스템의 제공 속에서도 여전히 많은 아동들이 단순히 객체로 머물러 있을 수 있음을 의미하는 것이다. 그리고 국제교육개발협력의 방향성이 학습과 학습 성과에 있음이 더욱 강조되고 있는 것이라 하겠다.

가장 근본적으로는 지금까지의 글로벌 교육의제들에서 언급되고 있는 학습 개념은 교육과정에서 주어지는 교육 내용의 학습을 의미할 뿐이지 개도국의 상황 및 학습자의 욕구를 반영한 학습은 아니다. 두 의제 모두에서 학습 논의가 학습을 강조한 사업을 이끌어내지 못한 한계를 가지지만, 그 이전에 왜 학습 개념이 필요한지, 무엇을 학습할 것인지, 학습을 통하여 궁극적인 추구점이 어디에 있어야 하는지에 대한 탈식민주의적 관점이 생략되고 있으며, 학습자는 여전히 교육의 주체로 복원되지 못했다.

3. 2015년 인천세계교육포럼(2015-2030)

(1) 주요 논의 및 강조점

2015년 5월 인천에서 열린 세계교육포럼에서 교육의제에 포함되어야 할 다섯 가지 주제가 발표되었다. 이는 1. 교육을 받을 권리(Right to education), 2. 형평성(Equitable), 3. 포괄성(Inclusive), 4. 양질의 교육(Quality Education), 5. 평생학습(Lifelong Learning)이다. 그리고 이 주제는 같은 해 9월 뉴욕에서 열린 UN 정상회의에서 채택된 지속가능한 발전목표(Sustainable Development Goals, 이하

SDGs)의 교육목표(SDG4)와 세부 과제들 속에 모두 반영되었다.

목표 4. 모두를 위한 포괄적이고 평등한 양질의 교육 보장 및 평생학습 진흥

SDGs 교육의제의 가장 큰 특징은 문자 그대로 '모두를 위한 교육 목표'(education for all)라는 점이다. 동 교육의제는 교육 범위가 유아교육부터 고등교육, 나아가 평생학습까지 확대되었다. 그 대상 또한 기존의 개발도상국 발전 중심이 아니라 선진국과 개도국 등 모든 국가를 포함한다. 개발의 대상을 개도 국으로 국한하는 것이 아니라, 소득 수준 및 발전 정도와 상관없이 모든 국가의 보편 의제(Universal Agenda)인 것이다. 이는 국제개발협력이 개도국의 서구화 및 선진국화에 그치는 것이 아니라 모든 국가의 지역적, 상황적 맥락에 맞추어 진행되어야 한다는 것을 전제한다. 또한 국제개발의 참여국이 공여국과 수혜국 으로 이분화되었던 것에서, 공여국도 수혜국도 아닌 국가들의 의제 및 국제개발 에의 참여를 촉구하는 계기가 될 수 있다. 모든 나라가 글로벌 교육의제의 주체 가 되어서 자국의 교육 발전을 위해, 글로벌 교육 프로그램의 기획 – 실행, 성과 관리의 전 과정에 참여하는 노력을 경주할 수 있다는 점을 의미한다.

SDGs 교육의제의 또 하나의 특징은 교육이 다른 의제들과 상호작용하고 서로 연계된 크로스섹터의 기제라는 점이다. 의제 안에서의 교육 목표는 목표 4 에 제한되어 생각되지만, 다른 의제들과 전혀 분리되어 논의될 수 없다. SDGs 안에서의 교육은 목표 4 외에도 목표 3. 건강과 복지, 목표 5. 양성 평등, 목표 8. 양질의 일자리와 경제 성장, 목표 12. 책임 있는 소비와 생산, 목표 13. 기후 변화 완화의 5개의 다른 목표들에서도 논의되며, SDGs의 모든 목표와 긴밀하게 연결되어 있다고 할 수 있다(UNESCO, 2016). 교육이 지속가능한 발전을 위한 기 본 전제이자 핵심이 될 수 있는 근거가 여기에 있다.

이처럼 SDGs 교육의제는 그 범위와 대상의 양적 확대뿐만 아니라 학습 성 과를 강조하겠다는 교육의 질적 확장을 도모하고 있다. 특히 양질의 교육을 조작적으로 정의하고 이를 실현하기 위한 구체적인 실행전략을 채택하고 있다. 이를 위하여 학습 성과 측정 및 비교, 교사교육 및 훈련을 강조하여 교사들의 교수학습역량을 강화하고 구체적인 교육재정을 투입하는 것을 강조한다(유성상, 2015: 123). 또 교육 성과로 학교 교육이 직업기술교육과 연계되어 교육이 앞으로의 삶에 도움이 되는 방향으로 나아가도록 목표하고 있다는 점도 눈여겨 볼 만하다. 그리고 마지막으로 세계시민교육을 강조함으로써 유네스코가 강조해온 비(非)인지 의제로서 평화, 문화다양성, 세계 공영의 번영 정신을 반영하고 있다(김진희, 2016).

그러나 SDGs 교육의제는 교육의 목표로 설정할 수 있는 모든 것이 포함되어 있어 그로 인한 우선순위 책정이 어렵고 지나친 교육 성과 강조로 인해서 교육개발의 도구화 가능성, 지나친 학습 성과 강조의 부작용, 성과 측정이 어려운 주제들이 외면될 수 있는 점, 범 세계적 교육지표 적용의 탈맥락성 등의 한계점도 있다(유성상, 2015: 124; 김진희, 2016). 여전히 글로벌 교육의제를 실천하는 플랫폼에서 개도국의 주체성 확보와 탈식민주의적 교육 사업 개발, 일방향식 의사소통방식에 대한 고민 등이 과제로 남아 있다.

(2) 학습 논의 위상과 한계

SDGs 교육의제는 이전의 교육의제들의 한계로 지적되어온 구체성 결여와 성과 측정의 어려움 부분을 보완하고자 한 측면, 그리고 교수와 교육 인프라 구축보다는 학습자의 학습을 가장 전면으로 강조한 점이 대표적인 특징이다(김진희, 2016). 즉, EFA 의제 이후 국제교육개발에서 학습 개념의 도입 필요성에 공감하고 실질적 학습과 학습 성과를 촉구하고 있다. SDGs 교육의제에서 학습 논의는 교육의 질, 교사의 질, 학습 성과 제고, 평생 학습에 대한 강조로 나타난다. SDGs 교육의제에서는 특히 양질의 교육(Quality Education)을 여러 목표에 걸쳐 언급하고 있는데 이는 양질의 교육 환경과 교사 공급을 학습에 가장 직접적인 영향을 미치는 요인으로 보고 있기 때문이다.

그러나 교육의 질에 대한 높아진 관심과 중요성에도 불구하고 실제로 학습이 일어나는 양질의 교육이 명확하게 정의되지 않았고 그에 따른 지표의 부재와 정량화의 어려움으로 측정과 점검이 쉽지 않다(김희웅, 2012: 99). 유네스코의 주장처럼 교육의 질이 작은 학급에서 높아지며 교사의 양적 투입이 양질의 교육제공을 의미한다면 이 또한 형평성의 문제를 유발한다. 교육의 질이 학습이 일어날 수 있는 환경의 제공 및 양질의 교사 공급이라고 규정하는 순간 국가간, 지역간, 계층간 불평등이 전제되며 이는 학습의 불평등을 야기한다. 그러나 여러 연구에서 교사 대 학생 비율과 교육의 질 사이 상관성에 대한 의문이 제기되고, 선진국과 개도국 사례를 적용한 다양한 연구에서 두 변수 사이 관계가 미약하다는 주장이 이어졌다(OECD, 2010). 그리고 이를 대신할 교육의 질에 대한 정의와 지표가 부족한 상황이다.

한편 SDGs 교육의제에서 학습에 대한 강조는 가시적 학습 성과(learning outcomes)에 대한 요구로 이어졌다. 유네스코(2015)는 학습 성과를 공식적이고 지속적(formative and continuous)으로 관리할 수 있는 체계와 다양한 수준을 평가할 수 있는 누적적(summative) 평가 시스템 구축을 강조하고 나섰다. OECD(2016)도 기존의 국제 평가 프로그램인 PISA(Programme for International Student Assessment)의 확장판인 PISA－D(PISA for Development)를 개발하여 전통 OECD 회원국이 아니라, 개도국의 회원가입을 촉구하고 있으며 유엔(UN)도 Brookings 연구소를 주축으로 학습 성과에 대한 다양한 연구를 진행하고 있다. 앞으로 글로벌 교육의제의 실천 과정에서 우수한 교사가 참여하는 질 높은 교육 환경을 제공하고, 그 성과를 평가하여 교육 효과성을 판단하고 투자의 효율성을 보겠다는 것이다. 그러나 이러한 학습 성과에 대한 지나친 강조는 학습 본질에 대한 간과, 신식민지적 교육 체제 이식, 국제 비교가 부추기는 경쟁과 불평등 문제, 교육 시스템의 획일화, 교육개발에 있어서의 효과성과 효율성의 논리 적용 등 풀어야 할 많은 과제를 남기고 있다.

이처럼 좀티엔 교육의제에서부터 SDGs 교육의제까지 세 번의 세계교육회의를 거치면서 교육의제는 시대적 변화와 시류에 맞추어 그 주요 내용 및 강조점이 변해왔다. <좀티엔 교육의제>에서는 모두를 위한 기초교육을 주요 내용으로 교육 접근성을 강화시키고자 하였고, <다카르 교육의제>에서 학습 논의가 본격화되고 그 방법론으로 양질의 교육 및 교사 역량 강화를 내세웠으나 구체적인 방법이 모색되지 않은 한계를 보였다. 이후 2015년 <SDGs 교육의제>에 와서야 학습 개념이 전면적으로 강조되고 학습 성과와 평생학습의 개념이 도입되었다. 이를 비교해 보면 다음과 같다.

표 3　3대 글로벌 의제에서의 학습 논의의 변화

	3대 글로벌 교육의제		
	좀티엔 EFA 교육의제	다카르 EFA 교육의제	SDG 교육의제
주요 내용 및 강조점	기초교육 등록	양질의 교육 (현실적으로는 등록률)	학습 및 학습 성과
학습논의 위상과 한계	교육과 학습 개념의 혼용	학습 논의 본격적 등장 - 양질의 교육 - 교사 역량 강화 - 학습 성과: 문해력, 수리력 성취 수준	교육과 분리된 학습자와 학습 개념 강조 - 양질의 교육 - 교사 역량 강화 - 학습 성과 평가 문제 대두 - 평생 학습

　SDGs 교육의제에서의 학습 및 학습 성과 출현을 강조하고, 그 방법으로 교사 역량 강화 및 평가 체제 구축, 평생학습을 목표로 세운 것은 매우 바람직한 일이다. 그러나 무엇을 학습할 것인가, 어떻게 교육의 주체성을 확보할 것인가, 무엇이 개도국 학습자의 진정한 발전을 야기하는가, 어떻게 학습을 이루어지게 할 것인가에 대한 고민이 묵직하게 상존하며, 동시에 교사 역할 모색, 평가 방법 및 체제 개발, 세계시민교육 및 평생 학습 개념 정립 및 방법 모색 등이 여전히 해소되지 않은 과제로 남아있다.

1. 양질의 교육이 가지는 모호성: 학습자 중심주의의 재조명 필요

3대 글로벌 교육의제에서는 학습의 구체적 방안의 하나로 양질의 교육을 강조해 왔다. 그러면 과연 학습을 가능하게 하는 양질의 교육은 무엇이며 어떻게 제공되어야 하는 것일까? 그리고 탈식민주의 관점에서 양질의 교육은 어떻게 제공되어야 할 것인가? 앞서 논의한 대로 학습이 학습자가 주체가 되어 학습을 선택하고 자신의 삶과 주변을 변화시켜 가는 과정이라면, 그 해답 중 하나는 학습자 중심 교육(learner-centered education)에서 찾을 수 있다. M. Schweisfurth(2015)도 「학습자 중심 교육학: 교수 학습을 위한 post-2015 의제를 위하여」[7]라는 그의 연구에서 SDGs 교육의제에서 강조하는 양질의 교육에서 '양질(Quality)'의 개념은 모든 이행 기관이 당면하고 있는 과제임에도 불구하고 어느 누구도 그 실체를 정확히 파악하지 못하고 있음을 지적하며 양질의 교육의 최고의 이행방법은 학습자 중심 교육이라고 말한다.

보다 근본적인 관점에서 정기오(2016: 27)도 SDGs 교육의제가 여전히 교육 기회의 확장이라는 전통적 시각에 머물러 있다는 것은 학습자의 시민적 권리로서의 학습권이 인정되지 못한 것이라고 역설했다. 학습자의 참여를 통한 변혁적 교육(transformative pedagogy)이 이루어지려면 시민적 권리로서의 학습권을 추상적으로 강조하는 것이 아니라, 삶 속에서 구현되어야 한다. 학습자를 중심에 두고 학습이 이루어지도록 하고 이것이 개인의 지식 및 행동의 변화를 일으키는 교육개발협력방식을 강조한 것이라 할 수 있다. 이를 강인애(2017)는 학습자가 자신의 상황 및 관심, 경험, 지식을 반영하여 학습을 하고(맥락성, context), 그 과정에서 학습 목표와 전략을 선택하고 평가에도 참여함으로써 자기조절학습, 자

---

7 Learner-centered pedagogy; Towards a post-2015 agenda for teaching and learning

기성찰학습 등의 학습역량(competencies)을 기를 수 있다고 말했다. 또한 학습자는 동료, 교사, 공동체와 소통하고 협력하는 관계(connection) 속에 있으며 학습에 대한 선택권(choice)과 통제권(control)이 학습자에게 부여될 가능성이 높다. 이렇듯 학습자 중심 교육에서 맥락성, 학습역량, 관계성, 선택권과 통제권이 전제되는 것은 매우 중요하다. 이것은 기존의 전통적 글로벌 교육의제가 교육의 공급(education provision)만 강조했던 패러다임과 질적으로 다른 시각을 보여준다.

그러나 여전히 우리가 글로벌 교육의제에서의 학습 및 학습 성과를 논의할 때 이러한 지역적 사회적 맥락성, 학습자의 학습 역량 함양, 공동체 속에서의 관계를 통한 학습, 학습의 선택과 통제 가능성에 대한 논의는 제외되고 있다. 물론 대부분의 개발도상국에서 모든 학습자를 위한 공적 교육체제가 안정적으로 확보되지 않고, 교육접근성이 낮다는 하부구조의 제약에도 불구하고 우리는 교육개발협력의 새로운 방향성을 궁구(窮究)하면서 학습자 중심주의를 재조명할 필요가 있다. 학습자 중심 교육이 앞으로의 국제교육개발의 방향에 절대적인 해답은 아니지만(Shweisfurth, 2015), 국제교육개발에서 개도국의 학습자가 주체가 되어 진정성 있는 학습이 일어나기 위해서는 선진국의 논리와 편의가 아니라 개도국의 지역적, 국가적, 문화적 맥락 및 학습자가 놓여 있는 개인 환경의 특이성이 고려되어야 하고(context), 또 교육 인프라와 자원의 부족 및 여러 사회 문화적 제약은 동료, 교사, 지역사회의 학습 공동체 속에서 보완(connection)될 수 있으며, 환경의 변화가 큰 학습 상황 속에서 단편적 내용의 습득보다는 학습 역량(competencies)을 갖추어 변화하는 상황에 유연하게 대처하도록 하는 학습자 주도의 교육(learners's choice and control)이 필수적이라는 것이 충분히 설득력을 가진다.

이러한 학습자 중심의 맥락은 교사 이슈와 밀접하게 연관된다. 유엔의 교육추진 전략 3[8]에서 명시하고 있는 양질의 교사 양성 및 훈련도 단순히 교육받은

---

8 SDG 목표 4.c. 2030년까지 개발도상국, 특히 최빈국 및 도서개발국(SIDs)의 교사훈련을 위해

교사를 채용하여 충분히 제공하는 선에서 이해되어서는 안 된다. 학습자 중심교육에서 교사는 학생이 학습을 선택, 지속할 수 있도록 동기부여하고, 지식을 얻는 방법을 제시하며, 적절한 피드백을 통하여 학습자의 학습을 촉진시키는 조력자(facilitator)로서의 역할을 가진다(강인애, 주현재, 2009: 14). 교사 양성 및 공급에 있어서 양질의 교사를 선발하여 권한을 부여하고 충분히 공급하는 것이 기본이지만 이에 더하여 학습자 중심교육에서 강조하는 촉진자, 소통 창구로서의 교사의 역할을 충분히 달성할 수 있도록 교사들을 지속적으로 훈련하는 시스템 마련을 고민해야 할 것이다.

이처럼 앞으로의 교육의제 해석 및 국제교육개발협력 사업에서의 학습 개념은 교육학적 접근에서 이루어져야 한다. 지금까지의 국제교육개발은 교육학의 주류 논의들과 떨어져 개별적으로 진행되어왔다(Schweisfurth, 2015; Barrett et al; 2015; Murphy and Wolfenden, 2013). 그 결과 실행에 있어 수혜국의 상황과 맥락이 배제된 공여국의 자의적 해석과 자국의 이익 반영 등이 문제가 되었다. 수혜국에 필요한 교육 협력의 형태보다는 공여국의 수월성과 이익, 그리고 사업적 측면에서의 효과성이 더 고려된 것도 사실이다. SDGs 교육의제가 교육학 아래에서 이해되고 실천되지 않는다면 의제는 방향을 잃고 목적 없는 교육사업 위주로 진행되어 전 세계를 아우르는 교육발전을 이루기 어렵다. SDGs 교육의제는 개도국뿐만 아니라 전 세계의 교육의제이다. 또한 교육의 양적 확대뿐만 아니라 학습이라는 질적 개념이 강조되고 투입된 교육의 학습 성과가 촉구되는 상황에서 개발학에서의 교육이 교육학의 이론과 실천경험과 동떨어져서 논의되어서는 안 될 것이다.

한 걸음 더 나아가, 21세기 학습자의 참여가 어느 때보다 강조되는 4차 산업혁명 시대에 국제교육개발이 선진국 중심의 자선적 원조에 그치는 것이 아니라, 전 세계의 동반 성장을 진정으로 목표한다면 개도국민이 기존 지식의 '소비

국제협력 등을 통해 양성된 자격을 갖춘 교사 공급을 확대한다.

자'에서 벗어나 창의성을 가진 '생산자'로서의 역할 전환을 꾀하도록 견인할 수 있는 기제가 될 것이다. 이것이 진정한 탈식민주의 교육 정신을 반영한 것이라 할 수 있다.

2. 학습 성과와 기준 문제: 평가 몰입주의, PISA-D 모순, 선진국 중심의 평가 가버넌스

글로벌 교육의제 속에서 학습에 대한 강조는 많은 부분 학습 성과에 대한 강조로 실현된다. 이는 SDGs 글로벌 의제 자체가 구체적이고 정량 지표를 지향하는 의제로 구성되어 있고 많은 공여국이 개발 피로도를 느끼는 상황에서, 투입에 대한 성과 요구는 당연해 보인다. 그러나 많은 연구자들이 성과 측정에 대한 필요는 공감하면서도 글로벌 교육의제 안에서 학습 개념의 모호함을 지적하며 학습이 지나치게 학습 성과를 촉구하는 형태로 나타나고 있는 점을 우려하고 있다(Murphy, Wolfenden, 2013; Barrett et al., 2015; Schweisfurth, 2015; McGrath, 2014). 지나친 학습 성과의 강조에 대한 우려는 여러 가지 측면에서 나타나고 있다.

첫째, 학습 성과를 학습 평가로 등식화하는 오류의 문제이다. '학습성과＝학습평가'라는 등식이 국제교육개발협력에서 재생산되고 있는 것을 경계해야 한다. 학습 성과에 대한 지나친 강조는 학습의 본질을 해치고 학습 과정 자체를 간과하게 될 우려가 있다. 실제로 모든 종류의 학습이 평가되기도 어렵고 성과를 낳을 수 있는 것이 아니며, 성과가 낮게 측정된다 하더라도 학습과정 자체가 의미 있는 경우도 많다. 그러나 SDGs 교육의제하에서 과정에 대한 모니터링과 성과 측정의 필요가 대두되면서, 국제교육개발 주체들은 무엇이 측정가능하며 어떤 투자가 가장 큰 성과를 가져올 것인가에 대한 고민을 하게 되었다. 학습의 본질 및 과정, 그리고 신체적, 사회적, 감정적, 문화적, 예술적 성취 같이 측정되기 어려운 학습 부분들에 대한 논의는 약화되고, 측정이 용이하고 성과가 가시적인 요소들이 포함된 교육이 주목받을 가능성이 높게 된 것이다(Schweisfurth, 2015).

예컨대 OECD가 국제 학습 성과 평가의 전면에 내세우고 있는 PISA − D (PISA for Development)의 경우 평가 영역이 언어, 수리, 과학에 한정된다(OECD, 2016). 이 지표를 사용하고 있는 국가가 평가 과목의 교육에 집중할 경우 평가 과목의 학습이 왜곡되거나 그 외의 영역에서의 소외 현상이 발생하게 된다 (Mcgrath, 2014). 이는 국제교육개발이 개도국의 교육에 대한 진정성 있는 고민을 배제하고 투자성과를 위한 선진국들의 경쟁의 장으로 전락할 가능성을 만든다. 평가 도구가 교육과정에 미치는 영향이 절대적이어서 교육 목적을 훼손하는 일이 발생해서는 안 될 것이다. 또한 학습 결과에 과도하게 치중한 나머지 학습 과정이나 개인 역량의 함양 자체를 간과하는 것은 경계해야 한다. 개발도상국의 잠재력은 시민이 어떤 지식을 학습하였는가보다는 '지식과 기술의 습득을 내재화하여 행위의 변화를 이끌 역량(capability)이 있는가'라는 지점이 보다 중요하다는 Sen(2013)의 주장을 곱씹어 볼 필요가 있다. 인간을 진정한 발전으로 이끄는 학습 과정에서의 경험적 성취나 기능을 습득할 역량, 학습을 통한 창의성 함양 등은 단편적 성취도 테스트로 평가될 수 없다.

둘째, 동일한 평가도구가 적용될 경우 평가의 결과가 한 국가의 학력의 전체인 것처럼 일반화의 오류가 생길 수 있다. Schweisfurth(2015)는 국제 평가의 부작용으로 PISA 테스트에서 좋은 결과를 얻기 위하여 정부차원에서 학교에 PISA테스트를 위한 수업을 요구하기도 했다는 사례9를 소개하며, 평가의 결과에 대한 국가적 자긍심이나 정치적 고려사항 등이 학습자가 주체가 되는 학습 그 자체보다는 학습 결과에 초점을 맞추게 한다고 지적한다. 그래서 개도국에게 교육개발 과정을 모니터링하고 그 성취를 평가할 목적으로 PISA − D(PISA for Development)활용이 권고되는 것은 '국제 순위(global ranking)'라는 이름하에 OECD 국가들이 경험하는 모종의 압박 아래 개도국을 종속시킬 우려가 있다.

---

9 Welsh 정부의 사례(Time의 교육란 기사. 2012년 3월 9일).

PISA의 등위는 그 국가의 교육 수준을 전적으로 대변할 수는 없다. 유대인의 교육은 세계적으로 명성을 인정받고 있지만, 이스라엘의 PISA 등위는 2006년 이후로 평균 이하에 머무르고 있다는 점은 국제적 평가 시스템의 아이러니를 보여준다.

셋째, 학습 성과에 대한 평가가 단일 평가 도구로 전 세계의 학습 성취를 동일하게 평가하는 것을 의미할 경우 발생하는 문제점은 곧 평가 결과 자체가 낳는 불평등에 있다. 2013 EFA 세계 현황 보고서(Education for All Global Monitoring Report)에 따르면 가난한 나라에 사는 아동은 부유한 나라보다 학습의 평가에서 낮은 성취를 보인다고 한다(UNESCO, 2013). 학습이 교육 환경과 교사 영향 등의 환경적 영향을 직간접적으로 받고, 동일하게 평가된 교육 내용이 선진국의 아동에게 보다 익숙하다면 이는 당연한 결과일 수밖에 없다. 가난한 국가의 취약한 계층의 학습자가 과연 세계가 정한 영역과 수준의 학습을 이행하고 평가받는 것이 현실성 있는지, 그 평가가 공정한 결과를 낼 것인지를 고려해 본다면 단일한 평가도구로 세계인의 학습을 평가하여 교육의 효과성을 판단하겠다는 것은 선진국의 일방적 논리일 뿐이다.

또한 국제적 단일 평가 도구로 개도국의 학습을 평가할 때 발생하는 또 다른 문제는 교육의 몰개성 및 교육시스템의 획일화이다. OECD(2016)는 개발도상국의 PISA-D의 참여를 독려하며, 'PISA-D 평가를 통해 다른 PISA 회원국과의 교육 시스템을 비교할 수 있고, 보다 발달된 교육 시스템을 벤치마킹하여 교육 발전에 도움을 주는 학습(peer-to-peer learning)을 할 수 있다'고 홍보해 왔다. 그런데 PISA 평가를 통한 절대적 비교는 PISA 평가를 교육의 전부로 확정하는 일방적 발상이며 지역과 문화적 특성이 배제된 교육 획일화를 양산할 뿐이다. 이 또한 선진국의 교육 시스템의 우월성을 홍보하고 개도국을 미개로 전락시키며, 계몽의 대상으로 이미지화한다. 결과적으로 선진국으로부터의 교육시스템 이식을 야기하며, 개도국의 평가 체계 구축의 자립을 방해한다. 이에 세계적 등위의 평가보다는 학습자의 학습 향상 정도에 대한 평가, 교육과정과 함께 하는 평가, 국가 수준(national level)에서의 평가 개발이 제안된다(Winthrop, Anderson, 2014; Barrett, 2015). 그러나 개도국이 자국의 평가 체계 구축을 통하여 학습을 평가하고, SDGs 교육 목표의 달성 정도를 확인한다고 하였을 때 그 실효 가능성은 또 다른 이슈가 될 수 있다.

넷째, 일반적으로 평가는 학습자의 학습평가의 질(quality)을 관리하고 향상시키는 역할을 하지만 글로벌 의제에서의 학습 성과는 평가에서 학습자로 되돌아오는 피드백의 방법이 구상되어 있지 않다. 평가의 결과가 국제교육개발협력 사업의 효과성을 평가할 뿐 국가 교육 과정의 재정비, 교육 환경의 개선, 교사교육, 학습자의 학습 등에 유의미한 피드백을 주지 못한다면 이는 결국 학습을 위한 평가가 아니라 평가를 위한 학습이 될 위험성이 발생한다. 국제적 평가 시스템으로 개도국의 학습을 평가할 때는 이 피드백의 과정이 원활하게 이루어지지 않을 가능성이 커 외부 전문가에 대한 의존성을 높이고 개별 국가의 교육 책무성을 잃는 결과를 낳을 우려가 있다(Barrett, 2015).

마지막으로 국제교육개발협력에서 학습 성과에 대한 평가가 본격화되면 이 거대 데이터를 누가 어떻게 관리할 것인가의 문제가 발생한다. Winthrop와 Anderson(2014)는 이에 대하여 '누구나 자유롭게 이용 가능한 국제적 플랫폼'을 제안하고 있지만, 아직 여러 가지 평가 시스템이 검토되고 있을 뿐 그 결과와 관리에 대한 구체적인 논의가 이루어지지 않고 있는 실정이다. 평가 개발은 교과서 편찬처럼 거대 시장을 형성하게 되는데, 누가 이 시장을 통제하고 이득을 얻는가에 대한 논의도 반드시 선행되어야 한다. 개별 국가 및 영향력 있는 국가기관이 평가 정보를 독식하여 선진국 중심의 평가 가버넌스로 전 세계의 교육발전을 지배하는 일이 일어나선 안 될 것이다.

글로벌 교육의제에서 학습 성과의 강조는 이제 피해갈 수 없는 이슈이다. 그러나 그 과정에서 선진국이 기준을 정해서 따르는 학습 성과가 아니라, 개도국 맥락 안에서 학습자의 수요와 필요에 맞는 학습 성과 기준 정하기, 디자인하기, 교사 양성하기 등 다각적 측면으로 종합적으로 평가 시스템을 구축해야 하는 과제가 남아 있다. 선진국의 논리로 학습 성과를 측정하고 비교하게 되면, 개도국의 교육은 또 다시 선진국의 교육과정을 식민주의적 구조로 따라야 하고 선진국의 교육 시스템 및 결과와 비교 당하는 재생산의 구조에 놓이게 된다. 단기적인 교육원조 사업에 대한 성과평가 측정에 매몰될 것이 아니라, 듀이가 말한 인간 경험의 계속적 성장을 어떻게 볼 것인지 국제교육개발협력에서도 이러한 묵직한 질문들에 대해서 이제는 깊은 고민과 성찰을 할 시점이다.

Ⅴ 결론: 지구촌의 교육 형평성 제고를 위한 방향

세계는 지금 '컴퓨터 혁명' 혹은 '디지털 혁명'으로 대표되었던 제3차 산업혁명시대를 지나 디지털 혁명을 기반으로 한 제4차 산업혁명의 변혁의 패러다임에 놓여 있다. 그러나 동시에 세계 인구의 17%가 아직 제2차 산업혁명을 경험하지 못한 상태이며, 전기를 사용하기 어려운 사람이 약 13억 명에 이른다. 또한 세계 인구의 절반이 넘는 40억 명은 인터넷을 사용하지 못하고 있으며, 이들 대부분이 개발도상국에 살고 있다(Schwab, 2016). 제4차 산업혁명이 보다 본격화되면 국가 간 발전의 차이는 더욱 극명해지고, 이 혁명에 편승한 국가의 영향력은 보다 막강해지게 된다. 그리고 2차 산업혁명, 3차 산업혁명10조차 경험하지 못한 개발도상국의 경제, 사회, 문화적 지체는 더욱 심화될 것이다. 전 세계가 이러한 흐름에 부응하고 경쟁 우위를 점하기 위하여 마음이 조급해질 필요는 없지만, 이러한 시대를 앞두고 개발도상국의 발전을 생각해볼 때 찾을 수 있

---

10 Klaus Schwab(2016)은 제1차 산업혁명은 철도 건설과 증기 기관의 발명을 바탕으로 기계에 의한 생산, 제2차 산업혁명은 전기와 생산 조립 라인의 출현으로 대량생산이 가능해진 것, 제3차 산업혁명은 반도체와 메인프레임 컴퓨터, PC, 인터넷 발달을 특징으로 한다. 그리고 제4차 산업혁명은 유비쿼터스 모바일 인터넷, 저렴하면서 작고 강력해진 센서, 인공지능과 기계학습이 특징이라고 말한다.

는 해답은 또다시 '교육'일 수밖에 없다. 그리고 이 교육은 선진국 중심의 교육 시스템 제공 및 기존 지식 전달이 아니라, 개도국의 학습자가 지식을 융합하고 새로운 것을 창조할 수 있는 역량을 지속적으로 발전시키는 혁신적 교육이어야 만 한다. 지구촌의 정치, 사회적, 교육적 격차를 해소하고 모든 세계시민의 교육 의 질 향상과 학습 권리보장을 위해 비전과 전략이 필요하다.

첫째, 선진국의 교육 시스템 및 기존의 지식을 제공하는 방식이 아니라 개 도국민이 주체가 되어 자신의 발전과 자유를 위해 나아갈 수 있도록 탈식민주의 관점에서 글로벌 교육협력 사업이 추진되어야 한다. 그리고 본 연구에서 주장했 듯이 이는 필연적으로 학습자 중심주의의 교육적 접근을 요구한다. 학습자의 지 역, 국적, 사회, 문화, 경제, 개인적 맥락이 고려되어야 하며, 맥락 속에서 다양 한 교육 형태로 교육이 지원되어야 하고 학습이 촉진되어야 한다. 또한 공동체 속에서의 소통과 학습을 선택 통제하는 능력의 함양, 이를 통한 학습 역량 강화 를 위한 구체적 방법이 개발, 적용되어야 하며 이를 평가할 국가 및 지역 차원 의 환원적 평가 시스템이 개발되어야 한다.

둘째, 일회성의 국제교육개발협력 사업이 아닌 개도국 학습자의 성장을 지속 가능하도록 지원하는 방식으로 전체 틀이 새롭게 설계될 필요가 있다. Dambisa Moyo(2009)는 아프리카에 투입되는 원조를 비판하며, 다른 문명국과 달리 경쟁할 수 있는 지점을 찾아주고 동등한 경쟁자로 대해주는 것이 필요하다고 주장하였다. 국제교육개발협력 사업이 그의 주장처럼 죽은 원조(Dead Aid)가 되지 않도록 노골 적 원조 호소(pornography of poverty)나 자선적 자본주의(philanthro-capitalism)에 의존한 원조를 지양하며, 개도국의 자립과 지속가능한 발전을 위한 사업들이 추 진되어야 할 것이다. 그리고 여기에는 공여국의 교육사업 지속성 및 책무성이 전제되어야 한다. 또 이를 위한 교육 사업 평가 틀의 전면적 재구성이 요구된다.

셋째, 앞으로의 교육개발사업은 그 발굴단계에서 하드웨어가 아니라 학습 자의 학습과정과 삶의 성취(life achievement)를 고려한 소프트웨어 개발 중심으 로 추진될 필요가 있다. 개발도상국의 역사적, 사회문화적 맥락과 학습자 중심적 관점을 반영하여 국제교육개발협력 사업이 디자인될 수 있도록 교육학적 지식활용 및 연구 개발이 질적으로 향상되어야 한다. 또한 교육개발사업이 긍정적 학습 성취와 연계되기 위해서는 학습지표를 재구성하고, 교육 전문가인 학습자 문관(learning advisor)이 글로벌 교육사업에 참여하거나 컨설팅하는 구조가 필요하다. 학습이 지식을 생산하는 인간과정이라고 본다면(한숭희, 2010: 182) 2016년부터 2030년까지 이어질 SDGs 교육의제를 실천하는 데 있어서 개도국 스스로가 지식생산 과정에 적극적으로 참여해야 하며, 학습자 중심적 교육협력사업을 추진할 필요가 있다. 선진국과 국제기구가 짜놓은 판에서 수동적으로 교육개발사업을 수립하고 받아들이는 교육협력이 아니라, 글로벌 시민사회의 대등한 주체로서 개도국이 자체적인 발전 역량(capability)을 함양하게 될 때 진정한 자립과 동등한 파트너십을 향한 긴 여정에 한 걸음 더 나아갈 것이다.

참고
문헌

강민건(2016). 되받아쓰는 탈식민주의: 파농, 잔모하메드, 스피박, 영어권문화연구 9(3), 7-27.

강인애·주현재(2009). '학습자 중심 교육'의 의미에 대한 재조명: 현직교사들의 이해 와 실천을 중심으로, 학습자중심교과교육연구, 9(2), 1-34.

강인애(2017). 학습자 중심 교육의 중요성 및 성공적 정착을 위한 제언, 교육정책 네 트워크 교육정책포럼, 제285호. 교육시론.

김진희(2016). 유엔 글로벌 교육의제의 내용 분석과 쟁점 -교육개발협력에의 시사점-, 비교교육연구, 26(1), 91-116.

김희웅(2012). 2015년 이후 글로벌 교육개발 의제를 찾아서: 모두를 위한 교육 (Education for All)의 성과와 미래방향 연구, 국제개발협력연구, 4(2), 81-118.

유네스코(2015). 모두를 위한 교육현황 보고서, 5-8.

유성상·이재준·남유진(2015). 역량기반 대학교육 담론의 한계 및 대안적 논의 탐색, 평생학습사회, 11(2), 21-52.

유성상·장은정(2015). 효과적인 SDGs 이행을 위한 KOICA 중장기 전략 수립 논의: KOICA 교육전략(2016-20)(안), 국제개발협력, 2015(4), 119-129.

정기오(2016). 21C 세계교육질서와 2015 인천 세계교육포럼의 의의 분석, 교육정책연 구, 3, 1-38.

정윤경(2015). 아마티야 센(Armartya Sen)의 잠재가능성 접근(capability approach) 과 교육, 교육사상연구, 29(3), 129-155.

주재홍·김영천(2013). 다문화 교육 연구를 위한 탈식민주의 이론의 역할과 가능성, 열린교육연구, 21(4), 69−93.

한양환(2005). 후기신식민주의(Post−neocolonialism): 21세기 불어권 중부아프리카의 정치변혁 역동성 연구. 세계지역연구논총, 26(1), 277−404.

한숭희(2010). 평생학습사회연구, 서울: 교육과학사

허창수(2016). 비판 교육학을 통항 국제교육자원 활동의 이해, 한국콘텐츠학회논문지, 16(5), 87−95.

홍원표(2010). 탈식민주의와 교육과정 연구: 다문화 시대의 새로운 인식론적 기반을 찾아서, 교육과정연구, 28(1), 47−65.

Angeline Barrett, Yusuf Sayed, Michele Schweisfurth, Leon Tikly(2015). Learning pedagogy and the post−2015 education and development agenda, *International Journal of Educational Development*, 40, 231−236.

Ayittey, G. (1992). Africa Betreayed, New York: St. Martin's Press.

Cameron, J.& Haanstra, A.(2008). Development made sexy: how it happened and what it means, Thrid World Quarterly, 29(8), 1475−1489.

Dambisa Moyo (2012). 죽은 원조: 아프리카 경제학자가 들려주는 [Dead Aid: Why Aid Is Not Working and How There Is a Better Way for Africa] (김진경 역), 알마.

Dewey, John (1938). Experience and Education. New York: The Macmillan Company.

E. Cobbs (1966). Decolonization, the Cold War, and the Foreign Policy of the Peace Corps, Diplomatic History, 20(1), 79−105.

Edwards, M. (2009). Why 'Philanthrocapitalism' is not the answer: private initiatives and international develoment, in M. Kremer et al. (eds) Doing Good or Doing better: Development Policies in Globalizing World (Amsterdam: Amsterdam University Press)

Klaus Schewab (2016), 클라우스 슈밥의 제4차 산업혁명[The Fourth Industrial Revolution] (송영진 옮김), 새로운 현재.

Mentan, T. (2011). The Recolonization of Africa: With Neither Guns nor Bullets. Academica Press.

Michele Schweisfurth (2015). Learner−centred pedagogy: Towards a post−2015 agenda for teaching and learning, *International Journal of Educational Development, 40,* 259−266.

Murphy, P. & Wolfenden, F. (2013), Developing a pedagogy of mutuality in a capability approach: teachers' experiences of using the Open Educational Resources (OER) of the teacher education in sub−Saharan Afria(TESSA) programme. Int. J. Educ. Dev. 33(3), 263−271.

Nkrumah. K. (1966). Neo−Colonialism: The Last Stage of Imperialism. *International Publishers Co.*

OECD (2010), PISA 2009 Result: What makes a school successful? −Resources, Policies and Practices(Volume IV). *Paris: OECD Publishing.*

OECD (2016), PISA for Development Brief. http://www.oecd.org/pisa/aboutpisa/pisafordevelopment−documentation−briefs.htm에서 2017.3.27.인용

Rebecca Winthrop & Kate Anderson(2014). A review of policy debates around learning in the post−2015 education and development agenda, *International Journal of Educational Development, 40,* 297−307.

Richey, L.A. & Ponte, S.(2008). Better(RED) then dead? Celebrities, consumption and international aid, *Third World Quarterly, 29*(4), 711−729.

Sartre, J. (2006). Colonialism and Neocolonialism, Routledge.

Sen, A. (1993). Capability and well−being. In M.C. Nussbaum & A. Sen (Eds.), The quality of life (31−53). *Oxford: Clarendon.*

Sen, A. (2013). 자유로서의 발전[Development As Freedom](김원기 역). 갈라파고스.

Simon McGrath (2014). The post−2015 debate and the place of education in development thinking, *International Journal of Education Development, 39*, 4−11.

Spivak, Gayatri (1988). "Can the Subaltern Speak?," Eds. C. Nelson and L.Grossberg. *Marxism and the Interpretation of Culture*. Basingstoke: Macmillan.

UNESCO (1990). World Declaration on Education For All and Framework For Action To Meet.

UNESCO (2000). The Dakar Framework For Action.

UNESCO (2015). Incheon Declaration and Framework for Action for the implementation of Sustainable Development Goal 4.

UNESCO (2016) Unpacking Sustainable Development Goal 4 Education 2030.

Watkis, K. (2013). Too Little Access, Not Enough Learning: Africa's Twin Deficit in Education. http://www.brookings.edu/research/opinions/2013/01/16−africa−learning−watkins에서 2017.3.22. 인용.

Wiebe Nauta & Ludek Stavinoha(2012). Framing AIDS in Times of Global Crisis: 'Wasting' Africa yet Again?, *Globalization, 9*(5), 695−711.

찾아보기

저자약력

김진희

　　김진희는 이화여대 사회교육과를 졸업하고, 서울대학교 교육학과에서 석사학위를 받고, 동 대학원에서 박사과정을 수료하였다. 이후 영국 University of Surrey에서 「Border Crossing on Migrant Workers' Lifelong Learning」으로 박사학위를 받고 단과대 최우수 박사논문상을 수상한 바 있다. 박사 학위 취득 이후 호주 연방정부의 신진학자 연구상(Endeavour Awards)을 수상해서 University of Technology Sydney의 기금교수로 재직하고 남아프리카공화국 Free State University의 특임교수로 활동했으며, 현재 한국 교육개발원 연구위원으로 재직하고 있다. 그동안 국제이주와 교육학이 교차하는 다양한 이론 연구와 실천 지형에 관심을 가지면서 다문화교육, 세계시민교육, 국제교육개발 협력 연구에 매진해 왔다. 제70차 유엔(UN) 총회의 글로벌교육우선구상(GEFI)에 관한 한국 정부의 정책자문관으로 참여한 바 있으며, 현재 유네스코 프랑스 본부의 자문위원과 한국다문화교육학회 및 한국국제이해교육학회의 이사로 활동하고 있다. 국내의 교육실천 현장에서 교육부 외국인유학생 자문위원, 서울시 민주시민교육 자문위원, 삼성꿈장학재단 전문위원, 한국국제협력단 심사위원으로서 참여하고 있다. 저서로는 『Transnational Migration and Lifelong Learning』, 『다문화교육과 평생교육』, 『글로벌시대의 세계시민교육』, 『간문화주의와 다양성관리』 등 50권의 논저가 있다.

주요 논저

- Development cooperation and post-colonial critique : an investigation into the south Korean model(런던, 2019)

- Anti-multiculturalism and Future Direction of Multicultural Education in the context of South Korea(시드니 & 홍콩, 2017)

- Racism, Equity, and Quality of Education for International Students(베이징, 2016)

- Learning treasures within an unauthorized migrant workers community (싱가포르 & 마닐라, 2015)

- Transnational Migration and Lifelong Learning(런던 & 뉴욕, 2014)

- A changed context of lifelong learning under the influence of migration: South Korea(런던, 2010)

다문화교육과 세계시민교육의 이론과 쟁점

초판발행	2019년 10월 30일
중판발행	2021년 9월 10일
지은이	김진희
펴낸이	노 현
편 집	전채린
표지디자인	이미연
제 작	고철민·조영환
펴낸곳	㈜ 피와이메이트
	서울특별시 금천구 가산디지털2로 53 한라시그마밸리 210호(가산동)
	등록 2014. 2. 12. 제2018-000080호
전 화	02)733-6771
f a x	02)736-4818
e-mail	pys@pybook.co.kr
homepage	www.pybook.co.kr
ISBN	979-11-89643-74-4 93370

정 가   19,000원

박영스토리는 박영사와 함께하는 브랜드입니다.